LA FRANCE

LE ROYAUME-UNI

LA MER DU NORD

Langues maternelles
- Le français langue maternelle majoritaire
- Le français langue maternelle d'une minorité importante

Langues officielles
- Le français est la seule langue officielle
- Le français est une des langues officielles du pays ou de l'état
- Le français est la langue de culture ou des affaires pour une partie importante de la population

LES PAYS-BAS (m. pl.)

LA MANCHE

LA BELGIQUE
la Wallonie

LE LUXEMBOURG

Dunkerque
Calais
Boulogne
Lille
LA PICARDIE
Amiens
Dieppe
Charleville-Mézières
Cherbourg
Le Havre
Rouen
LA CHAMPAGNE
Reims
Verdun
Metz
LA LORRAINE
Caen
la Seine
Paris
 I'ÎLE-DE-FRANCE (f.)
Nancy
Strasbourg
St. Malo
LA NORMANDIE
Versailles
Chartres
Fontainebleau
Troyes
L'ALSACE (f.)
Brest
LA BRETAGNE
Rennes
le Mont-St. Michel
LES VOSGES
Colmar
L'ALLEMAGNE (f.)
Le Mans
Orléans
la Loire
Angers
Tours
Blois
Dijon
la Saône
Besançon
Nantes
la Loire
Bourges
LA TOURAINE
LA BOURGOGNE
LA SUISSE
LA VENDÉE
Poitiers
LA FRANCE
LE JURA
LE POITOU
La Rochelle
le Val d'Aoste
Limoges
Clermont-Ferrand
Lyon
L'OCÉAN TLANTIQUE (m.)
L'AUVERGNE (f.)
Rocamadour
Grenoble
L'ITALIE (f.)
Bordeaux
LES ALPES
la Garonne
LE MASSIF CENTRAL
le Rhône
LE DAUPHINÉ
Moissac
Albi
Nîmes
Avignon
Nice
MONACO
Montpellier
LA PROVENCE
Cannes
Toulouse
Arles
Aix-en-Provence
Biarritz
Carcassonne
Marseille
LE PAYS BASQUE
Lourdes
LES PYRÉNÉES (f.pl.)
LE LANGUEDOC
Perpignan
la Corse
LA MER MÉDITERRANÉE
L'ANDORRE (f.)
L'ESPAGNE (f.)

0		50		100 MILLES
0	50	100		150 KILOMÈTRES

LE MONDE

À L'ÉQUATEUR
0   1,000   2,000 MILLES
0   1,000   2,000   3,000 KILOMÈTRES

LE GROENLAND

L'OCÉAN
ARCTIQUE (m.)

LA
FÉDÉRATION
RUSSE

l'Alaska (m.)
(LES
ÉTATS-UNIS)

le
Yukon

les Territoires
du Nord-Ouest
(m.)

LE CANADA

l'Alberta
(m.)

la Colombie Britannique

le
Manitoba

la
Saskatchewan

le Québec

l'Ontario
(m.)

le Maine

Terre-
Neuve (f.)

Saint Pierre et Miquelon
(LA FRANCE)

L'AMÉRIQUE
DU NORD (f.)

LES
ÉTATS UNIS
(m. pl.)

le New-Hampshire

le Vermont

le Nouveau-Brunswick

la Nouvelle-Écosse

le Massachusetts

le Rhode Island

la Louisiane

le Connecticut

L'OCÉAN
ATLANTIQUE (m.

Les Îles Hawaii (m. pl.)
(LES ÉTATS-UNIS)

L'AMÉRIQUE
CENTRALE (f.)

LE
MEXIQUE

LE BELIZE

LES CARAÏBES (m. pl.)

LE GUATEMALA
LE SALVADOR
LE HONDURAS
LE NICARAGUA
LE PANAMA

LE COSTA
RICA

LE VENEZUELA

LA
COLOMBIE

la Guyane française
(LA FRANCE)

VANUATU (m.)

Wallis-et-Futuna
(LA FRANCE)

TUVALU   KIRIBATI

LES SAMOA
(f.pl.)

FIDJI   TONGA
(m.)   (m.)

LA POLYNÉSIE
FRANÇAISE

la Nouvelle-Calédonie
(LA FRANCE)

L'ÉQUATEUR
(m.)

LA GUYANA

LE SURINAM

LE PÉROU

L'AMÉRIQUE
DU SUD (f.)

LA
BOLIVIE   LE BRÉSIL

LE PARAGUAY

L'ARGENTINE (f.)

LE CHILI

L'URUGUAY (m.)

LA NOUVELLE-ZÉLANDE

L'OCÉAN
PACIFIQUE (m.)

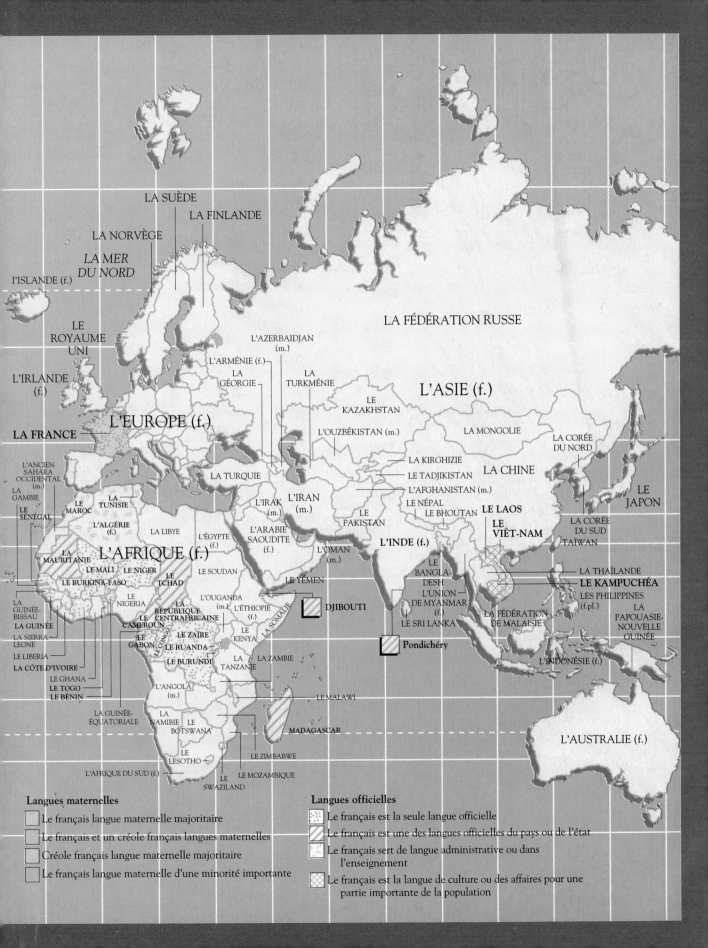

LA SUÈDE

LA FINLANDE

LA NORVÈGE

*LA MER
DU NORD*

l'ISLANDE (f.)

LE
ROYAUME
UNI

L'IRLANDE
(f.)

LA FRANCE

L'EUROPE (f.)

L'ANCIEN
SAHARA
OCCIDENTAL
(m.)

LA
GAMBIE

LE
SÉNÉGAL

LE
MAROC

LA
TUNISIE

L'ALGÉRIE
(f.)

LA LIBYE

L'ÉGYPTE
(f.)

LA
MAURITANIE

L'AFRIQUE (f.)

LE MALI

LE NIGER

LE
TCHAD

LE SOUDAN

LE BURKINA-FASO

LA
GUINÉE-
BISSAU

LE
NIGERIA

LA GUINÉE

LA SIERRA
LEONE

LE
CAMEROUN

LA
RÉPUBLIQUE
CENTRAFRICAINE

L'OUGANDA
(m.)

L'ÉTHIOPIE
(f.)

LE LIBERIA

LE
GABON

LE ZAÏRE

LE
KENYA

LA CÔTE D'IVOIRE

LE CONGO

LE RUANDA

LE GHANA

LE BURUNDI

LE TOGO

LE BÉNIN

LA
TANZANIE

LA ZAMBIE

L'ANGOLA
(m.)

LE MALAWI

LA GUINÉE-
ÉQUATORIALE

LA
NAMIBIE

LE
BOTSWANA

MADAGASCAR

LE LESOTHO

LE ZIMBABWE

L'AFRIQUE DU SUD (f.)

LE
SWAZILAND

LE MOZAMBIQUE

L'AZERBAIDJAN
(m.)

L'ARMÉNIE (f.)

LA
GÉORGIE

LA
TURKMÉNIE

LA FÉDÉRATION RUSSE

LE
KAZAKHSTAN

L'ASIE (f.)

L'OUZBÉKISTAN (m.)

LA MONGOLIE

LA CORÉE
DU NORD

LA TURQUIE

LA KIRGHIZIE

LE TADJIKISTAN

LA CHINE

L'IRAK
(m.)

L'IRAN
(m.)

L'AFGHANISTAN (m.)

LE JAPON

L'ARABIE
SAOUDITE
(f.)

LE NÉPAL

LE BHOUTAN

LE LAOS

LA CORÉE
DU SUD

LE
PAKISTAN

LE
VIÊT-NAM

TAÏWAN

L'OMAN
(m.)

L'INDE (f.)

LE YÉMEN

LE
BANGLA-
DESH

LA THAÏLANDE

LE KAMPUCHÉA

L'OUGANDA
(m.)

L'UNION
DE MYANMAR
(f.)

LES PHILIPPINES
(f.pl.)

DJIBOUTI

LE SRI LANKA

LA PAPOUASIE-
NOUVELLE
GUINÉE

LA SOMALIE

LA FÉDÉRATION
DE MALAISIE

Pondichéry

L'INDONÉSIE (f.)

L'AUSTRALIE (f.)

Langues maternelles

- Le français langue maternelle majoritaire
- Le français et un créole français langues maternelles
- Créole français langue maternelle majoritaire
- Le français langue maternelle d'une minorité importante

Langues officielles

- Le français est la seule langue officielle
- Le français est une des langues officielles du pays ou de l'état
- Le français sert de langue administrative ou dans l'enseignement
- Le français est la langue de culture ou des affaires pour une partie importante de la population

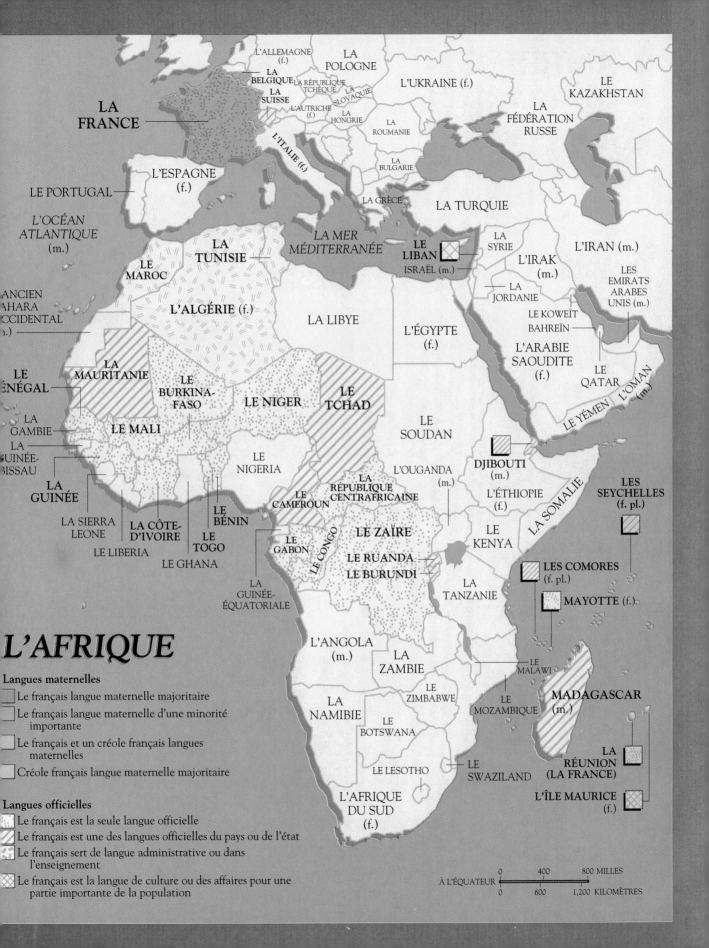

L'ALLEMAGNE (f.)

LA POLOGNE

LA BELGIQUE

L'UKRAINE (f.)

LA SUISSE

LE KAZAKHSTAN

LA RÉPUBLIQUE TCHÈQUE

LA SLOVAQUIE

LA FÉDÉRATION RUSSE

L'AUTRICHE (f.)

LA HONGRIE

LA FRANCE

LA ROUMANIE

L'ITALIE (f.)

LA BULGARIE

LE PORTUGAL

L'ESPAGNE (f.)

LA GRÈCE

LA TURQUIE

L'OCÉAN ATLANTIQUE (m.)

LA MER MÉDITERRANÉE

LE LIBAN

LA SYRIE

L'IRAN (m.)

LA TUNISIE

ISRAËL (m.)

L'IRAK (m.)

LES EMIRATS ARABES UNIS (m.)

LE MAROC

LA JORDANIE

L'ALGÉRIE (f.)

LA LIBYE

L'ÉGYPTE (f.)

LE KOWEÏT

BAHREÏN

ANCIEN SAHARA OCCIDENTAL (m.)

L'ARABIE SAOUDITE (f.)

LE QATAR

LA MAURITANIE

LE BURKINA-FASO

LE NIGER

LE TCHAD

LE SOUDAN

LE YÉMEN

L'OMAN (m.)

LE SÉNÉGAL

LA GAMBIE

LE MALI

LA GUINÉE-BISSAU

LE NIGERIA

L'OUGANDA (m.)

DJIBOUTI (m.)

L'ÉTHIOPIE (f.)

LES SEYCHELLES (f. pl.)

LA GUINÉE

LA CÔTE-D'IVOIRE

LE BÉNIN

LE TOGO

LE CAMEROUN

LA RÉPUBLIQUE CENTRAFRICAINE

LA SIERRA LEONE

LE GABON

LE ZAÏRE

LE KENYA

LA SOMALIE

LE LIBERIA

LE GHANA

LE CONGO

LE RUANDA

LE BURUNDI

LES COMORES (f. pl.)

LA GUINÉE-ÉQUATORIALE

LA TANZANIE

MAYOTTE (f.)

L'ANGOLA (m.)

LA ZAMBIE

LE MALAWI

LE ZIMBABWE

LE MOZAMBIQUE

MADAGASCAR (m.)

LA NAMIBIE

LE BOTSWANA

LE LESOTHO

LE SWAZILAND

LA RÉUNION (LA FRANCE)

L'AFRIQUE DU SUD (f.)

L'ÎLE MAURICE (f.)

L'AFRIQUE

Langues maternelles

- Le français langue maternelle majoritaire
- Le français langue maternelle d'une minorité importante
- Le français et un créole français langues maternelles
- Créole français langue maternelle majoritaire

Langues officielles

- Le français est la seule langue officielle
- Le français est une des langues officielles du pays ou de l'état
- Le français sert de langue administrative ou dans l'enseignement
- Le français est la langue de culture ou des affaires pour une partie importante de la population

0   400   800 MILLES

À L'ÉQUATEUR

0   600   1,200 KILOMÈTRES

L'AMÉRIQUE DU NORD

LE GROENLAND

L'OCÉAN ARCTIQUE (m.)

L'Alaska (LES ÉTATS-UNIS)

les Territoires du Nord-Ouest (m.)

le Yukon

Saint Pierre et Miquelon (LA FRANCE)

L'AMÉRIQUE DU NORD (f.)

LE CANADA

la Colombie Britannique

l'Alberta (m.)

le Manitoba

le Québec

la Saskatchewan

l'Ontario (m.)

Terre-Neuve (f.)

le Maine

le New-Hampshire

le Vermont

l'Île du Prince-Edouard (

la Nouvelle-Écosse

le Nouveau Brunswick

le Massachusetts

le Rhode Island

le Connecticut

LES ÉTATS-UNIS (m. pl.)

la Louisiane

L'OCÉAN ATLANTIQUE (m

Langues maternelles

Le français langue maternelle majoritaire

Le français et un créole français langues maternelles

Créole français langue maternelle majoritaire

Le français langue maternelle d'une minorité importante

Langues officielles

Le français est la seule langue officielle

Le français est une des langues officielles du pays ou de l'état

Le français sert de langue administrative ou dans l'enseignement

Les Îles Hawaii (m. pl.) (LES ÉTATS-UNIS)

LE MEXIQUE

GOLFE DU MEXIQUE

LE BELIZE

LES CARAÏBES

CUBA (m.)

L'AMÉRIQUE CENTRALE

LA JAMAÏQUE

HAÏTI (m.)

LA GUYANE FRANÇAISE (LA FRANCE)

LE GUATEMALA

LE SALVADOR

LE HONDURAS

LE NICARAGUA

LE COSTA RICA

LE VENEZUELA

LE PANAMA

LA COLOMBIE

LA GUYANA

LE SURINAM

L'OCÉAN PACIFIQUE (m.)

L'ÉQUATEUR (m.)

L'AMÉRIQUE DU SUD

LE BRÉSIL

LE PÉROU

LA BOLIVIE

LES CARAÏBES

CUBA (m.)

LA RÉPUBLIQUE DOMINICAINE

la Guadeloupe (LA FRANCE)

HAÏTI (m.)

DOMINIQUE (f.)

la Martinique (LA FRANCE)

LA MER DES CARAÏBES

SAINTE LUCIE (f.)

| 0 | 150 | 300 MILLES |

| 0 | 200 | 400 KILOMÈTRES |

À 45° LATITUDE

| 0 | 400 | 800 MILLES |

| 0 | 600 | 1,200 KILOMÈTRES |

Invitation
Essentials

Second Edition

Gilbert A. Jarvis
The Ohio State University

Thérèse M. Bonin
The Ohio State University

Diane W. Birckbichler
The Ohio State University

Holt, Rinehart and Winston
Harcourt Brace College Publishers
Fort Worth · Philadelphia · San Diego · New York · Orlando · Austin · San Antonio
Toronto · Montreal · London · Sydney · Tokyo

Publisher	Ted Buchholz
Senior Acquisitions Editor	Jim Harmon
Developmental Editor	Nancy Geilen
Project Editors	Erica Lazerow/Annelies Schlickenrieder
Senior Production Manager	Kathleen Ferguson
Senior Art Director	David A. Day
Illustrations	Susan Swan
Picture Development Editor	Greg Meadors
Composition and Film	CRWaldman Graphic Communications

Cover photo of "Stravinsky Fountain," Pompidou Center, Paris by Barbara Alper/Stock Boston.

ISBN: 0-03-006282-9
Library of Congress Catalog Card Number: 94-75546

Address for Editorial Correspondence: Harcourt Brace College Publishers, 301 Commerce Street, Suite 3700, Fort Worth, TX 76102.

Address for Orders: Harcourt Brace & Company, 6277 Sea Harbor Drive, Orlando, FL 32887. 1-800-782-4479, or 1-800-433-0001 (in Florida).

Printed in the United States of America

5 6 7 8 9 0 1 2 3   048   9 8 7 6 5 4 3 2

Invitation Essentials is a beginning French text that presents essential language for developing cultural and communicative proficiency. It provides insights into French-speaking cultures through cultural information, authentic documents, and realia that are integrated throughout *every* chapter. ***Invitation Essentials*** invites students to understand, examine, and appreciate differences and similarities among individuals and cultures in a pluralistic world.

Invitation Essentials presents the vocabulary and patterns of French that provide the greatest communicative and functional usefulness. Pedagogical efficiency results from carefully sequenced structural patterns in French, each of which is immediately applied functionally in communicative situations. Vocabulary is presented in contemporary contexts that are enriched by abundant use of drawings, photographs, and realia and is immediately practiced in a variety of communicative activities and role-play situations.

Invitation Essentials is written with the student prominently in mind. Material is presented in a streamlined and easily accessible way; activities are sequenced from structured to unstructured to maximize student confidence; material is presented both verbally and visually to respond to different learning preferences; and students are asked to examine their reading and listening strategies throughout the book. Instead of promising students that someday they will be able to communicate in French, ***Invitation Essentials*** creates the opportunity to communicate immediately. It invites success.

Organization of the book

Invitation Essentials has a preliminary chapter, fourteen regular chapters, and appendixes. Each of the fourteen chapters includes the following sections.

Mise en train

This section introduces new vocabulary centered around a topic that is related to the chapter theme. Varied communication activities involve the student in the active use of this newly presented vocabulary. An **Info-culture** section describing important aspects of French culture is also included in the **Mise en train**. An **Et vous?** activity that invites the student to compare and contrast cultures or to interpret a piece of realia accompanies each cultural segment.

Explorations

Each chapter introduces three grammar topics that are presented, practiced, and expanded upon in the following phrases.

Présentation: This section introduces the grammar topic and its functional use and presents sample sentences that illustrate the structure.

Situation: The **Situation** conversations that follow each structural topic not only show how a particular structure can be used in a real-life setting but also introduce numerous language functions, cultural settings, and conversational patterns that can be used by students.

Premiers pas: The grammar is then practiced in structured, lifelike situations. Many exercises are set in cultural contexts, thereby reinforcing the authenticity of the language used and its potential value for real-life communication while providing, at the same time, insights into francophone cultures. The Instructor's Edition contains simple mechanical drills for each topic.

Communication et vie pratique: The varied formats in this section give students the opportunity to communicate about a wide variety of topics. In addition to the personal communication of some formats, students are also given different types of survival situations and role-plays that enable them to see how well they would get along in a French-speaking country. Ample use of drawings and realia further enhance these activities.

Intégration et perspectives

This reading recombines and integrates the grammar and vocabulary used in the chapter and provides additional cultural and/or human interest perspectives. It also provides reading practice and introduces new words in context. **Avez-vous bien compris?** and **Info-culture** sections follow this end-of-chapter reading.

Communication et vie pratique: This section presents communication and survival situations that are related to the chapter theme and that require students to further integrate and use in new contexts the language they have already learned. The use of realia and authentic documents and the inclusion of survival and role-playing situations are important aspects of these activities. The range of survival and communication situations and the varied cultural settings in which they take place help develop the student's range of expression. A listening comprehension activity, **Invitation à écouter,** is also included at the end of each lesson.

Prononciation et orthographe

The most significant features of spoken French (and their written counterparts) are described in the first ten chapters. Practice of both individual sounds and longer conversations containing critical sounds is included.

Vocabulaire

Each chapter is followed by a list of vocabulary words intended for active use in that chapter and in subsequent chapters. The lists contain the most important noncognate and cognate vocabulary used in the lesson or page references for thematically grouped vocabulary. Where appropriate, the vocabulary lists are organized in thematic clusters (e.g., sports, food).

Supplementary materials

Student Workbook/Laboratory Manual and Tape Program

The combined workbook and laboratory manual (**Invitation à écouter et à écrire**) contains written and oral activities for each chapter. The first half of each chapter contains writing activities; the second half oral exercises.

The workbook component has been designed to expand the student's ability to communicate in writing. Each chapter of **Invitation Essentials** has accompanying exercises in the student workbook section of this manual. A series of exercises and communication activities ranging from simple to more complex is coordinated with each section of the chapter and with each structural topic. New features include a **lecture** section containing a short unedited reading or document with exercises that help develop the student's reading strategies and prewriting activities added to end-of-chapter writing activities to provide more guidance, support, and structure for the student.

The tape program and laboratory section of the manual have been designed to provide students with the opportunity to practice their oral skills outside class. Each chapter in ***Invitation Essentials*** has accompanying taped material: (1) two or three activities for each grammar topic; (2) readings of the **Situation** conversations; (3) a listening comprehension passage based on the chapter theme that integrates chapter grammar and vocabulary. In addition, a pronunciation section (chapters 1–10), and a short thematic dictation are included.

Acknowledgments

Special thanks are owed to the students, instructors, and teaching assistants at The Ohio State University who have used the first four editions of **Invitation**. Their reactions, comments, and suggestions have been very helpful in the preparation of this *essential* version of **Invitation**. We are particularly grateful to Melissa Gruz for her outstanding proofreading and copyediting skills and for her continued inspiration for workbook and laboratory activities and to Pat Myhren for her excellent work on the testing program. We also owe a debt of gratitude to Micheline Besnard who served as an ever-patient consultant on linguistic and cultural questions, and many thanks to Nelly Toinet from Lyon, whose suggestions on language and culture were very helpful. The enthusiasm, support, and expertise of Nancy Geilen and Erica Lazerow at Holt are also very much appreciated.

We would also like to thank the following reviewers whose insights and comments have helped to shape the second edition of ***Invitation Essentials:*** Roger Blais, Saint Anselm College; Sherry Dean, Mountain View College; Kathleen Doig, Georgia State University; Randa Duvick, Valparaiso University; Pierre François, SUNY—New Paltz; Charles Hayes, Lock Haven University; Wolf Hollerbach, University of Alaska; Nancy Hoy, Irvine Valley College; Janine Kreiter, University of the Pacific; Anne Lutkus, University of Rochester; George McCool, Towson State University; Margaret Marshall, Southeastern Louisiana University; Frauke Ramin, University of Colorado at Colorado Springs and Pikes Peak Community College; Christiane Reese, Florida Atlantic University; Larry Schehr, University of South Alabama.

Table des matières

Invitation Essentials

Second Edition

CHAPITRE
PRÉLIMINAIRE

DÉCOUVERTE DU MONDE FRANCOPHONE

French

- The main language of 130 million people.
- Widely spoken in North and West Africa, the Middle East, Southeast Asia, and the Caribbean.
- An official language of Belgium, Switzerland, Luxembourg, and Canada.
- An official language of the United Nations, the European Economic Community, and many other international organizations.
- Spoken by two and one-half million people in the United States.

1

Première rencontre

SALUTATIONS

Salut

MICHELINE   Salut, je m'appelle Micheline. Et toi?
CLAUDE   Je m'appelle Claude.

• Greet and introduce yourself to other students in your class.

Comment ça va?

MICHELINE   Comment ça va?
CLAUDE   Ça va bien, merci. Et toi?
MICHELINE   Pas mal. Et toi, Gérard, ça va?
GÉRARD   Assez bien.

• Ask other students how they are. They in turn will ask how you are.

Au revoir

CLAUDE   Au revoir. À tout à l'heure.
GÉRARD   Au revoir.

• Say good-bye to other students and say that you will see them later.

A. Et toi? Imagine that a French student has said the following. How would you respond?

1. Je m'appelle Jean, et toi?
2. Comment ça va?
3. Au revoir. À tout à l'heure.

B. Faisons connaissance. Get together with another student and ask that person what his or her name is and how he or she is. Then say good-bye.

Bonjour, Madame

MADAME DURAND	Bonjour, Monsieur. Comment vous appelez-vous?
CLAUDE	Bonjour, Madame. Je m'appelle Claude Legrand.
MADAME DURAND	Et vous, Mademoiselle? Comment vous appelez-vous?
MICHELINE	Je m'appelle Micheline Dubourg.

• Greet your instructor and introduce yourself.

Comment allez-vous?

MICHELINE	Bonjour, Madame. Comment allez-vous?
MADAME DURAND	Très bien, merci. Et vous?
MICHELINE	Ça va très bien.

• Greet your instructor and ask how he or she is.

Au revoir, Madame

MICHELINE	Au revoir, Madame.
MADAME DURAND	Au revoir, Micheline. À demain.

- Say good-bye to your instructor and say that you will see him or her tomorrow.
- Greet your instructor, ask how he or she is, and then say that you will see him or her tomorrow.

L'ALPHABET FRANÇAIS

a	[a]	Albert	n	[ɛn]	Nicolas
b	[be]	Béatrice	o	[o]	Olivier
c	[se]	Cécile	p	[pe]	Paulette
d	[de]	Diane	q	[ky]	Quentin
e	[ø]	Eugène	r	[ɛR]	Renée
f	[ɛf]	Francine	s	[ɛs]	Serge
g	[ʒe]	Gérard	t	[te]	Thérèse
h	[aʃ]	Henri	u	[y]	Ursule
i	[i]	Irène	v	[ve]	Véronique
j	[ʒi]	Jean	w	[dubləve]	William
k	[ka]	Karima	x	[iks]	Xavier
l	[ɛl]	Luc	y	[igRɛk]	Yvette
m	[ɛm]	Monique	z	[zɛd]	Zoé

LES ACCENTS

l'accent aigu: é   Gérard
l'accent grave: è, à, ù   Michèle, où, à Paris
l'accent circonflexe: ê, â, û, î, ô   forêt, château, Jérôme
la cédille: ç   François
le tréma: ë, ï   Noël

A. Prénoms. According to a recent survey, the following names are among the most common first names in France. Pronounce and spell each of them.

	Filles		**Garçons**
1. Janine	6. Françoise	1. Daniel	6. Philippe
2. Jacqueline	7. Jeanne	2. René	7. André
3. Nathalie	8. Isabelle	3. Bernard	8. Pierre
4. Catherine	9. Monique	4. Jacques	9. Jean
5. Sylvie	10. Marie	5. Alain	10. Michel

B. Et vous? Imagine that you're filling out a work permit in France and are asked to spell your full name. Another student will play the role of the employer and will write it down. The employer will spell the name back to make sure that the spelling is correct.

C. Les pays francophones. With your instructor, repeat and spell the names of French-speaking countries in Europe and in Africa, using the maps at the front of your book.

Deuxième rencontre

DANS LA SALLE DE CLASSE

Dans la salle de classe, il y a...

A. Qu'est-ce que c'est? The above illustration shows objects typically found in the classroom. Name them when your instructor or another student asks you what they are.

    EXEMPLE   Qu'est-ce que c'est?
                   C'est une chaise.

B. Petits dessins. Draw a rough sketch of a classroom and put six or more items in your picture. Without seeing the drawing, another student will try to guess what you have included, and you will answer **oui** or **non**.

> EXEMPLES Est-ce qu'il y a une chaise?
> **Oui.**
> Est-ce qu'il y a une affiche?
> **Non.**

QUELQUES EXPRESSIONS UTILES

Below are some useful expressions.

A. En français, s'il vous plaît. The following expressions will be useful to you in the classroom and in other situations.

Est-ce que vous comprenez?	*Do you understand?*
Oui, je comprends.	*Yes, I understand.*
Non, je ne comprends pas.	*No, I don't understand.*
Je ne sais pas.	*I don't know.*
Répétez, s'il vous plaît.	*Please repeat that.*
Qu'est-ce que ça veut dire?	*What does that mean?*
Comment dit-on _____ en français?	*How do you say _____ in French?*

B. Expressions de politesse. Use the following expressions to thank someone for something or to excuse yourself.

Merci (beaucoup).	*Thanks (very much).*
De rien.	*You're welcome.*
Pardon.	*Pardon me.*
Excusez-moi.	*Excuse me.*

C. Écoutez bien. Learn to recognize the following expressions that your instructor will use in class.

Allez au tableau.	*Go to the board.*
Retournez à votre place.	*Go back to your seat.*
Écoutez bien.	*Listen carefully.*
Passez-moi vos devoirs.	*Give me your homework.*
Ouvrez votre livre.	*Open your book.*
Fermez votre livre.	*Close your book.*

D. Dites-le en français. What would you say in French in the following situations?

1. You don't understand what your instructor has said.
2. You want to ask how to say "computer" in French.
3. You don't know the answer to a question.
4. You want to ask what something means.
5. You want to thank another student.

E. Écoutez bien! What would you do if your instructor asked you to do the following?

1. Passez-moi un stylo, s'il vous plaît.
2. Allez au tableau.
3. Écoutez bien.
4. Ouvrez la porte.
5. Répétez, s'il vous plaît.
6. Fermez la fenêtre.

COMMENT ÉTUDIER UNE LANGUE ÉTRANGÈRE

What you know about English can help you as you begin to study French. First, see if you can get the general ideas in the following material taken from the **Journal de Genève.**

A good example of the head start that you have in learning French is the large number of words that are similar in French and English. These words (e.g., **qualité, crise, festival, environnement**) are called "cognates." You may also have noted the need to be flexible when you encounter an unfamiliar word. The word **journal,** for example, means *newspaper.* The English word *journal* would not be used in this context. Likewise, **enfants** means *children,* not *infants.*

Learning to guess the meanings of words is also important. In the headline about the Geneva fair (**Foire de Genève**), for example, a noncognate word, **attire,** appears. In this particular context, you can guess that a fair "attracts" many visitors. Likewise, from the section **offres d'emploi,** you can guess what **demandes d'emploi** means.

Troisième rencontre

LES JOURS DE LA SEMAINE

With your instructor, practice saying the days of the week shown on the calendar below.

Dimanche	Lundi	Mardi	Mercredi	Jeudi	Vendredi	Samedi
Les Archives de la Ville de Québec					**1** Confédération, fête du Canada	2
3 1608 Fondation de Québec, 386ᵉ anniversaire	**4** Fête nationale des Américains	5	6	**7** Du 7 au 17: Festival d'été de Québec	8 ● NL	9
10	11	12	13	**14** Fête nationale des Français	15 ○ PQ	16
17	18	19	20	**21** Fête nationale des Belges	22 ○ PL	23
24/31	25	**26** Sainte Anne, patronne du Canada	27	28	29 ○ DQ	30

Canal +. You and a friend are trying to decide what films to watch next week on the **Canal+** channel. Tell your friend what days you can watch each of the following films.

> **EXEMPLE** Un coeur qui bat?
> **C'est lundi, mardi, jeudi, et vendredi.**

1. La loi criminelle?
2. Casanova?
3. Madame Bovary?
4. Business oblige?
5. Toubib malgré lui?
6. Allô Maman, ici bébé?

CANAL +	SA	DI	LU	MA	ME	JE	VE
CATCHFIRE ♥♥ *Policier 95'*	03.00						
LA LOI CRIMINELLE ♥♥ *Aventures 105'*				16.05			
TOUBIB MALGRÉ LUI ♥♥ *Comédie 95'*				10.50			
ALLÔ MAMAN, ICI BÉBÉ ♥♥ *Comédie 95'*			16.30			22.35 ■	
CONTES DE LA NUIT NOIRE ♥♥ *Fantastique 90'*						01.25	03.45
LOLA ZIPPER ♥♥ *Comédie 95'*			20.35				05.25
ARSÈNE LUPIN DÉTECTIVE ♥♥ *Comédie 95'*			01.20			10.50	
CHEB ♥♥ *Drame 80'*	05.35					0.05	
CASANOVA ♥ *Comédie 95'*				01.05			
BUSINESS OBLIGE ♥♥ *Comédie 85'*		09.20	11.00	22.15 ■			0.45 ■
LE SANG DES HÉROS ♥ *Science-fiction 90'*			23.50		16.00		
URANUS ♥♥ *Comédie 100'*		10.50		20.35			13.35
GROSS ANATOMY ♥ *Comédie 100'*	08.40	18.00			10.40		16.15
PLACARD DE L'ANGOISSE ♥ *Fantastique 85'*	0.05			23.40			
MADAME BOVARY ♥ *Drame 140'*		20.30			23.05	13.35	
UN CŒUR QUI BAT ♥♥ *Drame 95'*			22.15	13.35		09.00	02.10

LES NOMBRES DE 0 À 20

0	zéro	7	sept	14	quatorze
1	un	8	huit	15	quinze
2	deux	9	neuf	16	seize
3	trois	10	dix	17	dix-sept
4	quatre	11	onze	18	dix-huit
5	cinq	12	douze	19	dix-neuf
6	six	13	treize	20	vingt

A. Quelques adresses. You're working at the Syndicat d'Initiative in Caen, and a tourist (played by another student) has asked you the addresses of several bars and restaurants. Role-play the situation.

EXEMPLE   La Poêle d'Or?
Quelle est l'adresse de la Poêle d'Or?
C'est 7, rue Laplace.

1. Le Normand?
2. La Toscane?
3. Le Garden Grill?
4. La Poterne?
5. Le Chantegrill?
6. Le Pub Concorde?

LE SOIR A CAEN
CAEN BY NIGHT

BARS DANSANTS / DISCOTHÈQUES (Dancing-disco)

LE DIAM'S, 10, place du 36e R.I.	Tél. 31 84 71 23
LE CHIC, place Courtonne	Tél. 31 94 48 72
LE PARADIS, 12, rue d'Enfer	Tél. 31 85 40 40

BARS DE NUIT (Night-bars)

LA CAVE DES CORDELIERS, 4, rue des Cordeliers	Tél. 31 86 37 15
LA FUGUE, 46, rue des Chanoines	Tél. 31 95 33 21
LA POTERNE, 20, rue Porte au Berger (*)	Tél. 31 93 57 46
LE CLUB 23, 23, rue Ecuyère	Tél. 31 85 23 23
LE COME BACK, (Piano-Bar), 26, rue du 11-Novembre	Tél. 31 84 52 50
ORIENT-EXPRESS (31 billards), 24, rue du 11-Novembre	Tél. 31 72 81 64
PUB CONCORDE, 7, rue Montoir-Poissonnerie	Tél. 31 93 61 29
RÉTRO PIANO BAR, 9, rue Fresnel (*)	Tél. 31 44 09 19
SAN ANTONIO, 53/55, rue Saint-Michel	Tél. 31 84 79 00

ÉPICERIE DE NUIT (All night grocery store and delicatessen)

ÉPICERIE DE NUIT DU VAUGUEUX, 23, rue Porte au Berger (ouvert de 20 h à 2 h, tous les jours sauf le lundi)	Tél. 31 93 07 81

RESTAURANTS AVEC ANIMATION

L'INSOLITE (Piano), 16, rue du Vaugueux	Tél. 31 43 83 87
LA POTERNE (*), 20, rue Porte au Berger	Tél. 31 93 57 46

RESTAURANTS OUVERTS TARD (Late dining)

CAPUCINE'S GRILL, route de Falaise (dernier service : 23 h - 23 h 15)	31 52 20 44
CHANTEGRILL, 17, place de la République (dernier service : 23 h)	31 85 23 52
CRÊPERIE CAROTTE, 63, rue de Geôle (dernier service : 23 h)	31 85 65 45
CRÊPERIE SUC-SEL, 24, rue du Vaugueux (dernier service : 1 h 30)	31 94 52 91
GARDEN GRILL, 20, rue de Bernières (dernier service : 23 h)	31 85 43 45
LA FROMENTINE, 25, rue Gémare (dernier service : minuit)	31 50 28 64
LA GALETTOIRE, 33, rue Saint-Sauveur (dernier service : 23 h)	31 85 45 28
LA POÊLE D'OR, 7, rue Laplace (dernier service : 23 h)	31 85 39 86
LA POTERNE, 20, rue Porte au Berger (dernier service : 1 h 30)	31 93 57 46
LA TAVERNE LOWENBRAU, 11 et 13, place Saint-Sauveur (dernier service : 0 h 15)	31 86 11 93
LA TOSCANE, 17, rue Porte au Berger (dernier service : 23 h)	31 94 44 40
L'ANECDOTE, 38, place Maurice Fouque (dernier service : 23 h)	31 94 48 15
L'ESQUISSE, Hôtel Mercure, 1, rue de Courtonne (dernier service : minuit)	31 93 07 62
L'ORIENT EXPRESS, 24, rue du 11-Novembre (brasserie de 19 h à 1 h)	31 72 81 64
LE BRASERO, 21, rue Porte au Berger (dernier service : 23 h)	31 47 43 97
LE NORMAND, Hôtel Friendly 2, place de Boston, Hérouville-Saint-Clair (dernier service : 23 h)	31 44 05 05
LE PANIER A SALADES, 24, rue Pierre Girard (dernier service : 23 h)	31 34 22 22
LE PAQUEBOT, 7, rue des Croisiers (dernier service : 0 h 30)	31 85 10 10
LE GRILL, Novotel, avenue de la Côte de Nacre (dernier service : minuit)	31 93 05 88
(*) Voir programme dans rubrique " Prenez date ".	

TAXIS ABBEILLES (54 voitures) 24 h/24	31 52 17 89

B. Les notes. In France students are graded on a 0–20 scale. Tell how well each of the following students did on their end-of-year exams.

> EXEMPLE Lamartine, Julien 13/20
> **treize sur vingt**

1. Verdur, Mathieu 8/20
2. Maréchal, Nicole 11/20
3. Démonet, Patrick 15/20
4. Verron, Annick 16/20
5. Roche, Caroline 9/20
6. Chesneau, Luc 18/20
7. Perron, Céline 12/20
8. Marcel, Jacques 5/20

C. Codes postaux. Read aloud the following postal codes for Quebec.

1. M3C 2T8
2. V5A 1S6
3. G1G 1P2
4. G1R 3Z3
5. H4T 1E3
6. H3A 1Y2
7. H3A 2J4
8. J3L 2M1
9. M1P 2J7
10. L4C 3G5

Prononciation et orthographe

The French vowel system differs from the English system in significant ways. Vowels play a more important role in French than in English. This affects the language in several ways.

A. Articulez bien! A clear differentiation in vowel sounds is much more important in French than in English. French vowels are never "glided" or "swallowed" as English vowels are. Compare:

English	French
key	qui
May	mai
oh	oh
patient	patient
probable	probable
probability	probabilité

B. Accentuation. In French the last syllable in a word or group of words is the only accentuated syllable. In an English word, one particular syllable is stressed (emphasized) and it remains stressed, regardless of the position the word occupies in a group of words. Compare:

English	French
music	musique
residence	résidence
university	université

Petite conversation

Practice repeating the following conversation.

—Bonjour, Monsieur.
—Bonjour, Madame.
—Comment allez-vous?
—Je vais très bien. Et vous?
—Assez bien, merci.
—Au revoir.

CHAPITRE 1

Point de départ

Dans ce chapitre vous allez apprendre à…

Parler de vos activités
1. *Identifier les objets et les activités*
2. *Parler de vos activités et de vos opinions*
3. *Poser des questions*

Vocabulaire et structures

Mise en train: À l'université
L'article défini et le nom
Les verbes de la première conjugaison et les pronoms sujets
La forme interrogative et la forme négative

13

Mise en train:
À l'université

Je m'appelle Catherine.   J'habite à Lyon.   À l'université, j'étudie...

la géographie   les mathématiques   l'informatique   les sciences: la biologie,
                                                                      la chimie, la physique

J'aime bien l'université. J'aime bien...   mais je n'aime pas beaucoup...

la résidence universitaire   les cours et les   le restaurant universitaire   la bibliothèque
                              professeurs

Après les cours, j'aime...

travailler   écouter la radio   regarder la télévision   parler avec des amis

Je m'appelle Daniel.   J'habite à Paris.   J'étudie...

la littérature

la musique

l'histoire

L. long

les langues: le français,
l'anglais, l'espagnol

G-N (N)
Sounds (N)

J'aime bien les cours mais j'aime mieux... (letter)   Je n'aime pas...

le sport

les vacances

les devoirs

les examens

During
Pendant le week-end, j'aime...

danser

nager

manger avec des amis

marcher

Réactions

Je trouve ça...	*I find that...*
facile/difficile	*easy/hard*
agréable/désagréable	*pleasant/unpleasant*
intéressant/ennuyeux	*interesting/boring*
utile/inutile	*useful/useless*

Communication et vie pratique

A. Opinions. Using the following expressions, give your opinion about each course.

Je n'aime pas... **J'aime...** **J'aime bien...** **J'adore...**

1. la biologie
2. la littérature
3. les mathématiques
4. l'espagnol
5. la chimie
6. la physique
7. l'anglais
8. l'histoire

B. Les cours. Tell what courses you are studying and ask another student if she or he has the same class.

> EXEMPLE **J'étudie les mathématiques. Et toi?**
> **J'étudie aussi les maths.**
> *ou:* **Moi, j'étudie l'histoire.**

C. Activités et préférences. Make a list of things you like to do. Another student will use the expression **Je trouve ça...** plus an adjective from the group below to give his or her reaction to each item on your list.

facile/difficile **utile/inutile**
agréable/désagréable **intéressant/ennuyeux**

> EXEMPLE **—J'aime regarder la télé.**
> **—Moi aussi. Je trouve ça intéressant.**
> *ou:* **—Pas moi. Je trouve ça ennuyeux.**

D. C'est votre tour. Imagine that you are going to have a new French roommate and you are exchanging videocassettes to introduce and describe yourselves. Use the following as a guide.

1. Je m'appelle...
2. J'habite à...
3. J'étudie à...
4. Après les cours, j'aime/je n'aime pas...
5. Pendant les week-ends, j'aime/je n'aime pas...

▍Info-culture:
Le baccalauréat

In order to enter the university, French students must pass the **baccalauréat d'enseignement général (le bac)**, a demanding examination taken at the end of the French **lycée** (*high school*). At the **lycée** a student chooses to emphasize literary, scientific, or economic studies in preparation for the **bac.** The following tables show (1) both required subjects (*matières* *obligatoires*) and elective subjects (**matières facultatives**) for each of these options, and (2) the number of hours of class each week (**horaires hebdomadaires**) for each subject in both the **première** (*next-to-the-last year*) and **terminale** (*the last year*).

Et vous?

What differences and similarities do you see between the types of courses French and American high school students take?

LA SERIE LITTERAIRE (L)

ENSEIGNEMENTS OBLIGATOIRES

	PREMIERE	TERMINALE
MATIERES DOMINANTES		
Français	5	-
Philosophie	-	7
LV1	3	3
Histoire - Géographie	3	3
Modules		
(portant sur les matières dominantes)	3	2
MATIERES COMPLÉMENTAIRES DE FORMATION GÉNÉRALE		
Mathématique	2	-
LV2 ou Latin ou Grec ancien ou Art		
(arts plastiques ou cinéma - audiovisuel		
ou musique ou théâtre - expression dramatique)	3 (1)	3
Enseignement scientifique	3	3
EPS	2	2

ENSEIGNEMENTS FACULTATIFS*

OPTION(S) FACULTATIVE(S)		
ART (arts plastiques ou cinéma - audiovisuel		
ou musique ou théâtre - expression dramatique)	4	4
Grec ancien	3	3
LV2	3	3
LV3	3	3
Latin	2	4
Mathématiques	-	3
Lettres		
HORAIRE HEBDOMADAIRE	26 à 28	26 à 30

*En 1ère: l'option porte sur une discipline non suivie dans les enseignements obligatoires. Ainsi, pour les disciplines artistiques il est possible de cumuler 3h en matière de formation générale et 4h en option, à condition qu'elles portent sur 2 matières artistiques différentes (ex. musique et cinéma).
En terminale : possibilité de poursuivre l'option suivie en 1ère, plus l'option lettre.
(1) Des horaires aménagés sont proposés pour les élèves n'ayant pas suivi l'option de langue en seconde.

LA SERIE SCIENTIFIQUE (S)

ENSEIGNEMENTS OBLIGATOIRES

	PREMIERE	TERMINALE
MATIERES DOMINANTES		
Mathématiques	5	7
Physique - Chimie	4	4
Biologie - Geologie	3	3,30
ou Technologie Industrielle	ou 6	ou 6
ou Biologie - Ecologie	ou 5	ou 5
Modules	3	2
(portant sur les matières dominantes)		
MATIERES COMPLÉMENTAIRES DE FORMATION GÉNÉRALE		
Français	4	-
Philosophie	-	3
Histoire - Géographie	3	3
LV1	3	2
EPS	2	2

ENSEIGNEMENTS FACULTATIFS*

LV2	3	3
Langue Ancienne (Latin ou Grec ancien)	3	3
Biologie - Geologie	2	2
Technologie	2	2
Physique - Chimie	2	2
Agronomie	3	3
Aménagement - Environnement	3	3
HORAIRE HEBDOMADAIRE	29 à 33	28,30 à 32

* En 1ère: les options biologie - géologie et technologie ne peuvent être choisies que par les élèves suivant ces disciplines dans les matières dominantes de la série. L'élève qui choisira l'option biologie-géologie (ou technologie ou physique-chimie) renforcera ses compétences dans cette même discipline à travers une approche plus expérimentale et pratique.
En terminale : possibilité de poursuivre l'option suivie en 1ère. Les options agronomie et aménagement-environnement sont assurées dans les lycées agricoles.

LA SERIE ECONOMIQUE ET SOCIALE (ES)

ENSEIGNEMENTS OBLIGATOIRES

	PREMIERE	TERMINALE
MATIERES DOMINANTES		
Sciences Economiques et Sociales	4	5
Mathématiques appliquées		
à l'Economie et aux Sciences Sociales	3	3
Histoire - Géographie	3	4
Français	4	-
Modules		
(portant sur les matières dominantes)	3	2
MATIERES COMPLÉMENTAIRES DE FORMATION GÉNÉRALE		
Philosophie	-	4
LV1	3	3
LV2	3(1)	3
EPS	2	2

ENSEIGNEMENTS FACULTATIFS*

LV3	3	3
Maths Appliquées Approfondies	2	3
Sciences Economiques et sociales	3	3
HORAIRE HEBDOMADAIRE	27 à 28	29

* Une option maximum
(1) Des horaires aménagés seront proposés pour les élèves n'ayant pas suivi l'option en classe de seconde.

Exploration 1

IDENTIFIER LES OBJETS ET LES ACTIVITÉS

L'article défini et le nom
Présentation

All nouns in French are either masculine or feminine. One way to tell whether the noun is masculine or feminine is by the definite article. The French definite article, which corresponds to *the* in English, has several forms.

Les articles définis		
Singular	Plural	
le professeur	**les** professeurs	Masculine before a consonant
la classe	**les** classes	Feminine before a consonant
l'étudiant (m)	**les** étudiants[1]	Masculine or feminine before
l'étudiante (f)	**les** étudiantes	any vowel sound

A. The definite article can be used much like *the* in English:

Je regarde **le** livre.	*I'm looking at the book.*
J'aime écouter **la** radio.	*I like to listen to the radio.*

It also precedes nouns used in a general sense and abstract nouns.

J'aime **le** sport.	*I like sports.*
J'étudie **le** français.	*I am studying French.*
J'aime **la** géographie.	*I like geography.*

B. The definite article **le** is used with a day of the week to say that you usually do the same thing on that day each week.

Le lundi je mange avec des‿amis.	*On Mondays I eat with friends.*
Lundi je mange avec des‿amis.	*(This) Monday I'm eating with some friends.*

Situation

Visite du campus.

Monique is showing a friend around her campus and is telling her what some of the buildings are.

MONIQUE	Regarde. **Voici** la résidence où j'habite.
ANNE	Et ça, qu'est-ce que c'est?
MONIQUE	**C'est le bâtiment** des sciences et le laboratoire de chimie.
ANNE	Et ça?

[1]When a masculine or feminine noun begins with a vowel or a mute h as in **histoire,** the **s** in **les** is linked to the next word with a **z** sound: **les‿amis** [lezami]. In this chapter, liaison will be marked with ‿ to remind you of it.

MONIQUE	C'est **le terrain de sport.**
ANNE	Et **ici?**
MONIQUE	C'est **la piscine** et le centre sportif.

Vocabulaire

Voici *Here is;* **c'est** *that is, it is;* **bâtiment** (m) *building;* **terrain de sport** (m) *sports field;* **ici** *here;* **piscine** (f) *swimming pool*

Avez-vous bien compris?

Indiquez si les phrases suivantes sont vraies ou fausses. Si la phrase est fausse, corrigez-la. (*Tell whether the following sentences are true or false. Correct the sentence if it is false.*)

1. Anne et Monique visitent le campus.
2. Monique habite dans une résidence.

Premiers pas

A. **Opinions.** Véronique and Gérard are telling what they think of the University of Grenoble. They disagree about aspects of university life. Tell what each says.

EXEMPLE	campus	
	VÉRONIQUE	**J'aime bien le campus.**
	GÉRARD	**Moi, je n'aime pas le campus.**

1. université
2. professeurs
3. bibliothèque
4. résidences
5. examens
6. étudiants
7. restaurant universitaire
8. cours

B. **Après les cours.** Several students are talking about what they generally like to do after class and on the weekend. Tell what they say.

EXEMPLE   mardi / travailler à la bibliothèque
Le mardi j'aime travailler à la bibliothèque.

1. samedi / manger avec des amis
2. lundi / regarde la télévision
3. mercredi / travailler
4. dimanche / écouter la radio
5. vendredi / danser avec des amis
6. mardi / étudier
7. jeudi / étudier à la bibliothèque

Communication et vie pratique

A. **Et vous?** Ask other students how much they like or dislike aspects of campus life.

EXEMPLE   —**Tu aimes l'université?**
—**Oui, j'aime beaucoup l'université. Et toi?**

B. Réactions. Tell how much you like different courses and then ask another student his or her opinion. Use the scale below to help formulate your ideas.

> EXEMPLE   maths
> —**Moi, j'aime beaucoup les maths. Et toi?**
> —**Moi, je n'aime pas les maths.**

Je n'aime pas...   J'aime bien...   J'aime beaucoup...   J'adore...

1. maths
2. anglais
3. sciences
4. chimie
5. informatique

6. éducation physique
7. littérature
8. biologie
9. histoire
10. géographie

C. Les différents bacs. Choose one of the **bacs** in the **Info-culture** section on pp. 16–17. Tell what courses you are taking and for how many hours per week. Other students will guess what **bac** you are taking and whether you are in **première** or in **terminale**.

> EXEMPLE   **J'étudie la philosophie sept heures par semaine. C'est le bac littéraire en terminale.**

C'est votre tour

Imagine that you and a French student are showing another student around your campus. Use the map below to answer his or her questions. Use the **Situation** as a guide.

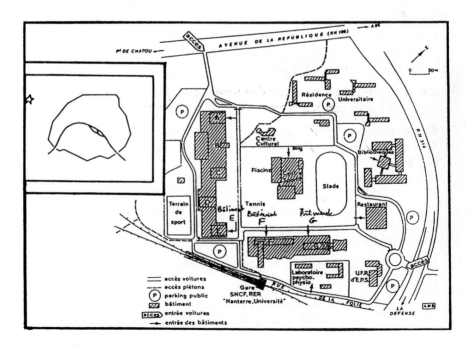

Exploration 2

PARLER DE VOS ACTIVITÉS ET DE VOS OPINIONS

Les verbes de la première conjugaison et les pronoms sujets
Présentation

In French, verb endings change according to the subject of the verb. One large group of verbs, called the first conjugation (**la première conjugaison**), with infinitives that end in **er,** has the following endings.

travailler			
(*I*)	**je** travaille[1]	(*we*)	**nous** travaill**ons**
(*you*)	**tu** travaill**es**	(*you*)	**vous** travaill**ez**
(*he/she/one*)	**il/elle/on** travaille	(*they*)	**ils/elles** travaill**ent**

[handwritten: elle songe travailla; (do not pronounce "ent"; elle travailla)]

étudier			
(*I*)	**j'**étudi**e**	(*we*)	**nous** étudi**ons**[2]
(*you*)	**tu** étudi**es**	(*you*)	**vous** étudi**ez**
(*he/she/it*)	**il/elle/on** étudi**e**	(*they*)	**ils/elles** étudi**ent**

A. The subject pronouns shown in the verb chart can replace nouns as the subjects of sentences. **Tu** is used to address a close friend, relative, child, or pet; **vous** is used in all other cases and always when addressing more than one person.

> Tu danses bien, Pierre!
> Paul et Nicole, vous travaillez beaucoup!
> Vous parlez anglais, Madame?

On is an impersonal pronoun that means *one, they, we,* or *people,* and in conversational French it is often used in place of **nous.**

On parle français en Belgique.	*They speak French in Belgium.*
On aime mieux écouter la radio.	*We prefer to listen to the radio.*

Il and **ils** replace masculine nouns; **elle** and **elles,** feminine nouns. A mixed group of masculine and feminine nouns is replaced by **ils.**

Alain et Patrick regardent la télé. →	**Ils** regardent la télé.
Monique et Catherine parlent anglais. →	**Elles** parlent anglais.
Henri et Julie étudient les maths. →	**Ils** étudient les maths.

[1]The present tense in French can express several meanings: *I work; I am working; I do work.*

[2]**Voyager** *(to travel),* **manger,** and other verbs ending in **ger** are first-conjugation verbs, except that in the **nous** form an **e** is added: **Nous mangeons beaucoup; Nous voyageons en France.**

B. Verbs can be modified by adverbs. An adverb usually follows the verb in a sentence.

rarement	*rarely*	Ils étudient **rarement.**
quelquefois	*sometimes*	Nous écoutons **quelquefois** la radio.
souvent	*often*	Vous regardez **souvent** la télévision.
tout le temps	*all the time*	Tu travailles **tout le temps.**
toujours	*always*	Ils restent **toujours** à la maison le dimanche.
bien	*well*	Elle nage **bien.**
mal	*badly*	Il danse **mal.**

Situation

Pendant le week-end

Patrick is asking Jacqueline, a student at the University of Strasbourg, what she likes to do during the weekend.

PATRICK	Qu'est-ce que tu aimes **faire** pendant le week-end?
JACQUELINE	Le **soir,** j'aime bien **sortir** avec des amis. Le reste **du temps,** je travaille.
PATRICK	**Même** le dimanche?
JACQUELINE	Oui, je **reste** à la **maison pour** étudier.

Vocabulaire

faire *to do;* **soir** (m) *evening;* **sortir** *to go out;* **du** *of the;* **temps** (m) *time;* **même** *even;* **rester** *to stay;* **maison** (f) *house, home;* **pour** *in order to, for*

Avez-vous bien compris?

Indiquez si les phrases suivantes sont vraies ou fausses. Si la phrase est fausse, corrigez-la.

1. Jacqueline aime rester à la maison le samedi soir.
2. Le dimanche elle aime sortir.
3. Le reste du temps elle reste à la maison.

Premiers pas

A. Préférences. Tell what each of the following likes to do.

> EXEMPLE Paul et Luc / regarder la télé
> **Paul et Luc aiment regarder la télé.**

1. Je / nager	3. Nous / regarder la télé	5. Tu / manger
2. Vous / danser	4. Anne et Michel / voyager	6. Michelle / nager

B. Activités. Solange is telling what she and her friends do. Using the cues provided, tell what she says.

> **EXEMPLE** nous / étudier
> **Nous étudions.**

1. Michel / nager
2. je / travailler
3. Paul et Luc / écouter la radio
4. vous / parlez anglais

5. tu / étudier
6. nous / regarder la télé
7. on / manger
8. vous / danser

Communication et vie pratique

A. Rarement ou souvent? Ask another student how often he or she does the following activities. Answer using words like **rarement, souvent,** or **quelquefois.**

> **EXEMPLE** parler souvent français
> —**Tu parles souvent français?**
> —**Non, je parle rarement français.**

1. étudier pendant le week-end
2. regarder souvent la télé
3. écouter quelquefois la radio
4. travailler tout le temps

5. nager bien
6. parler quelquefois français
7. étudier souvent à la bibliothèque
8. voyager souvent

B. Emploi du temps. Tell when Sébastien is doing the following activities, based on his weekly calendar. As you tell what he is doing, use the days of the week and expressions like **le lundi, le mardi,** etc., **pendant le week-end,** and **tous les jours.** Then jot down activities for your own calendar for the week and describe them to another student, who will fill out a schedule form according to your specifications.

L'Emploi du temps de Sébastien

lundi	étudier à la bibliothèque / parler anglais avec Jim
mardi	étudier à la bibliothèque
mercredi	nager / étudier à la bibliothèque
jeudi	parler avec le prof d'histoire / étudier à la bibliothèque
vendredi	nager / étudier à la bibliothèque
samedi	manger avec des amis / manger à Mc Do avec Anne
dimanche	nager / téléphoner à maman / manger au restaurant

L'Emploi du temps de ...

lundi	Je travaile le cheme
mardi	Je parler le frances
mercredi	Je sortir a danse
jeudi	Nous Restons toujours a la maison
vendredi	Ils écoutent quelque fois la radio
samedi	
dimanche	

C'est votre tour

Imagine that you are talking with French friends (played by other students) about the courses and activities that you enjoy. Tell them the following information and they in turn will tell you about their interests. Use the **Situation** as a guide.

1. Tell them two subjects that you are studying now.
2. Tell them whether you prefer watching television or listening to the radio.
3. Tell them when you like to go out.
4. Tell them two things that you like and two that you don't like.

Exploration 3

POSER DES QUESTIONS

La forme interrogative et la forme négative
Présentation

A. Here are three ways to ask yes/no questions in French:

By intonation	**Vous parlez anglais?**
	Il habite à Paris?
By placing **est-ce que** before a statement	**Est-ce que vous parlez anglais?**
	Est-ce qu'il habite à Paris?
By adding **n'est-ce pas?** to a statement	**Vous parlez anglais, n'est-ce pas?**
	Il habite à Paris, n'est-ce pas?

The meaning of **n'est-ce pas?** varies in English: *You're tired, aren't you?* *He doesn't speak French, does he?*

B. To answer a question negatively, **ne… pas** is used. **Ne** precedes the conjugated verb, and **pas** follows it. To indicate *never,* **ne… jamais** is used.

—Vous nagez souvent?
—Non, nous **ne** nageons **pas** souvent.
—Est-ce que vous aimez les maths?
—Non, je **n'**aime **pas** les maths.
—Tu travailles tout le temps?
—Non, je **ne** travaille **jamais.**

C. When an infinitive follows a conjugated verb, **ne… pas** still surrounds the conjugated verb.

Nous n'aimons pas voyager.
Gilbert n'aime pas danser.

Situation
Une camarade de chambre américaine

Marcelle is asking Brigitte about her American roommate.

MARCELLE   Est-ce que Catherine parle bien français?
BRIGITTE   Oui, **assez** bien.

MARCELLE	Elle aime bien l'université, n'est-ce pas?
BRIGITTE	Je **pense que oui.**
MARCELLE	Vous mangez **ensemble?**
BRIGITTE	Oui, quelquefois, mais elle n'aime pas le restaurant universitaire.

Vocabulaire

assez *rather;* **penser que oui** *to think so;* **ensemble** *together*

Avez-vous bien compris?

Répondez aux questions suivantes.

1. Est-ce que Catherine parle français?
2. Est-ce qu'elle aime l'université?
3. Est-ce que Brigitte et Catherine mangent toujours ensemble?
4. Est-ce que Catherine aime le restaurant universitaire?

Premiers pas

A. **Absolument pas.** Monique and Bernard are talking about their interests and preferences. Monique is positive about things, whereas Bernard is somewhat negative and contradicts everything that Monique says. What does Bernard say?

> EXEMPLE   Moi , j'aime le prof d'anglais.
> **Moi, je n'aime pas le prof d'anglais.**

1. Moi, j'aime bien parler anglais.
2. J'aime beaucoup les profs ici.
3. Je trouve les cours intéressants.
4. Les étudiants travaillent beaucoup.
5. Nous regardons souvent la télévision.
6. Nous voyageons beaucoup.
7. J'aime travailler à la bibliothèque.
8. Les étudiants aiment beaucoup l'université.

B. **Non, malheureusement.** Claire is asking Pierre-Philippe how well he likes university life. Unfortunately, things are not going well. What does he say?

> EXEMPLE   Claire: aimer l'université
> Pierre-Philippe: non... pas beaucoup
> Claire: **Est-ce que tu aimes l'université?**
> Pierre-Philippe: **Non, je n'aime pas beaucoup l'université.**

1. Claire: aimer les professeurs
   Pierre-Philippe: non...
2. Claire: trouver le cours d'anglais intéressant
   Pierre-Philippe: non...
3. Claire: parler bien anglais
   Pierre-Philippe: non... pas bien
4. Claire: étudier souvent
   Pierre-Philippe: non...

5. Claire: regarder quelquefois la télé
   Pierre-Philippe: non... jamais
6. Claire: travailler beaucoup
   Pierre-Philippe: non... pas beaucoup

Communication et vie pratique

A. Pas moi! Using vocabulary you know, tell what things you and the other people mentioned below don't do or never do.

> **EXEMPLE**   Les étudiants...
> **Les étudiants n'aiment pas les examens.**

1. Moi, je...
2. Les étudiants...
3. Les Français...
4. Les Américains...
5. Nous, les étudiants, nous...
6. Les professeurs...

B. Faisons connaissance. You're talking with Marc and want to find out more about him and his roommate Alexandre. What questions would you ask to find out the following information? What other questions could you ask?

> **EXEMPLE**   if he enjoys music
> **Est-ce que tu aimes la musique?**
> if Alexandre is studying math
> **Est-ce qu'Alexandre étudie les maths?**

1. if he works a lot
2. if he likes the university dining hall
3. if Alexandre studies often
4. if they like the teachers
5. if they like sports
6. if they watch television often
7. if Alexandre speaks English well
8. if they travel a lot

C. Vérification. Based on what you know about other students in your class, see if you can identify some of their activities or interests. Use **n'est-ce pas?** in your questions. The students will confirm whether or not you are right.

> **EXEMPLE**   —**Tu aimes beaucoup le sport, n'est-ce pas?**
> —**Oui, j'aime beaucoup le sport.**
> *ou:*   —**Non, je n'aime pas le sport.**

 ### C'est votre tour

Imagine that you are having a group of French students visit your class and that each of you is responsible for introducing another student to the visitors. Using vocabulary you know, ask another student about his or her likes and dislikes, typical activities, and courses that he or she is taking. Then be prepared to introduce this student.

Intégration et perspectives: Faisons connaissance

Several students from different French-speaking countries are getting acquainted at a neighborhood café in Paris.

Amadou Dadié (Dakar, Sénégal)

Je m'appelle Amadou. J'étudie la médecine. Je travaille beaucoup, mais je trouve ça **passionnant.** J'aime bien le campus et la **ville.** Je déteste le climat…. Je **partage** un appartement avec deux camarades du Cameroun. Le soir, nous mangeons au restaurant universitaire et après ça, nous aimons bien regarder la télévision ou parler ensemble.

Patrick et Fabienne (Trois-Rivières, Canada)

Patrick étudie le **droit** international et moi, j'étudie la **gestion.** Nous travaillons **presque** tout le temps mais, pendant le week-end, nous aimons sortir avec des amis **ou visiter** les **musées** de la ville. Nous ne mangeons pas souvent au restaurant **parce que** ça **coûte trop cher.** En général, nous trouvons la **vie ici** très agréable.

Gabrielle Martin (Lausanne, Suisse)

Je m'appelle Gabrielle Martin. Je travaille pour une compagnie multinationale et j'étudie pour **être** interprète à l'**ONU.** J'aime beaucoup la vie ici. J'aime danser, marcher dans les **rues,** regarder les **gens** et les **magasins.** J'adore voyager et **rencontrer** des gens. Je **cherche** une camarade de chambre **qui** parle anglais.

Djenat Youssef (Rabat, Maroc)

Je m'appelle Djenat Youssef. J'étudie la sociologie et je **donne** des cours d'arabe dans un lycée. Je trouve les cours et les profs très intéressants, mais les étudiants ne travaillent pas beaucoup. Je n'aime pas beaucoup le sport; je préfère[1] regarder des films à la télévision.

[1]**Préférer** is a regular **er** verb except that, in writing, the second accent changes in all the singular forms and in the **ils/elles** form: **je préfère, tu préfères, il/elle/on préfère, ils/elles préfèrent;** but **nous préférons, vous préférez.**

Vocabulaire

passionnant *exciting;* **ville** (f) *city;* **partager** *to share;* **droit** (m) *law;* **gestion** (f) *management;* **presque** *almost;* **ou** *or;* **visiter** *to visit;* **musée** (m) *museum;* **parce que** *because;* **coûter** *to cost;* **trop** *too, too much;* **cher** *expensive, dear;* **vie** (f) *life;* **ici** *here;* **être** *to be;* **ONU** (f) (**Organisation des Nations unies**) *United Nations;* **rue** (f) *street;* **gens** (m pl) *people;* **magasin** (m) *store;* **rencontrer** *to meet;* **chercher** *to look for, seek;* **qui** *who, that;* **donner** *to give*

Avez-vous bien compris?

Donnez les renseignements suivants sur chacun des étudiants présentés dans la lecture. *(Give the following information about each of the students described in the reading.)*

Nom: _____

Prénom: _____

Pays et ville d'origine: _____

Études: _____

Habitudes et préférences: _____

_____

Impressions: _____

_____

Faisons connaissance. Using the reading as a guide and using vocabulary you know, introduce yourself to another student in your class.

Info-culture:
Les universités en France

There are seventy-six universities in France, thirteen of which are located in the Paris area. Three general types of higher education are offered within the university system.

- Technological studies, which take place in the **instituts de technologie** and lead to the **D.U.T. (Diplôme universitaire de technologie)**

- Medical or health-related studies (**la santé**)

- General university studies leading to the **D.E.U.G. (Diplôme d'études universitaires générales)**, the **licence,** and other more advanced degrees such as **la maîtrise** and **le doctorat.**

In addition, students can take highly difficult and competitive examinations to enter the prestigious **grandes écoles** such as the **École normale supérieure** (education), the **École nationale d'administration** (government and diplomacy), and the **École polytechnique** (national defense). Students generally prepare for these exams for one to two years in **les classes préparatoires.**

Et vous?

Use the graph below to tell the different degree options that French students have after they have received the **baccalauréat** and the length of time required for each diploma. How does this compare with education in the United States?

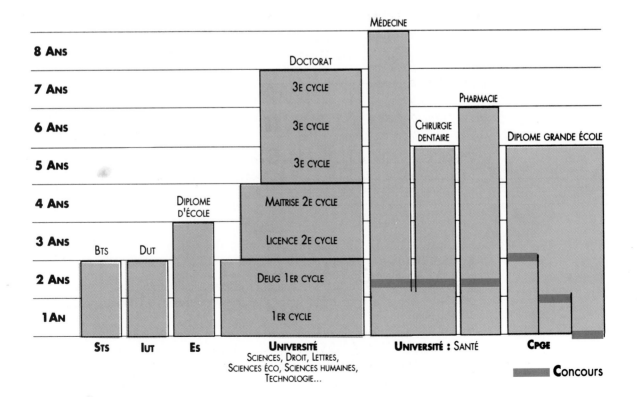

Communication et vie pratique

A. Petites annonces. The following ads were placed on bulletin boards by students looking for roommates. After reading each of them, match them with the descriptions of the American students who are also looking for roommates.

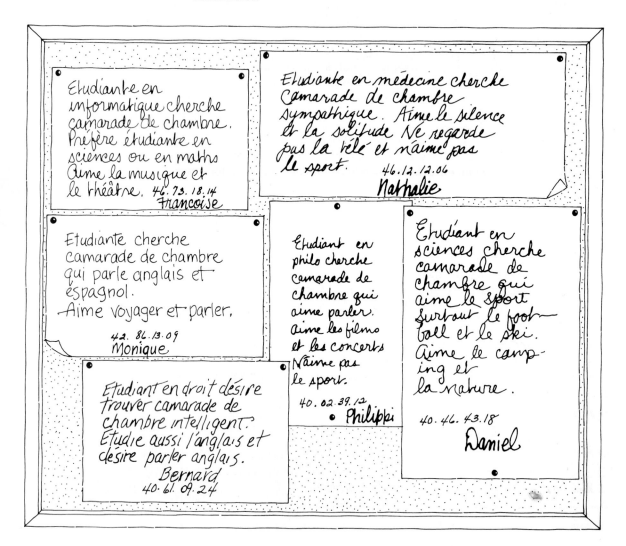

Etudiante en informatique cherche camarade de chambre. Préfère étudiante en sciences ou en maths. Aime la musique et le théâtre. 46. 73. 18. 14
Françoise

Etudiante en médecine cherche camarade de chambre sympathique. Aime le silence et la solitude. Ne regarde pas la télé et n'aime pas le sport. 46. 12. 12. 06
Nathalie

Etudiante cherche camarade de chambre qui parle anglais et espagnol.
Aime voyager et parler.
42. 86. 13. 09
Monique

Etudiant en philo cherche camarade de chambre qui aime parler. Aime les films et les concerts. N'aime pas le sport.
40. 02. 39. 12
Philippe

Etudiant en sciences cherche camarade de chambre qui aime le sport, surtout le football et le ski. Aime le camping et la nature.
40. 46. 43. 18
Daniel

Etudiant en droit désire trouver camarade de chambre intelligent. Etudie aussi l'anglais et désire parler anglais.
Bernard
40. 61. 09. 24

Les étudiants américains

1. Richard likes sports and the outdoors, especially camping.
2. Katie wants a roommate who shares her interests in languages and in traveling.
3. Michael is somewhat intellectual and wants to enjoy various cultural activities in France.
4. Susan is nearing the end of her year of study in France and needs to have peace and quiet while studying for her exams.

5. Joseph has just arrived in France and is looking for a roommate who speaks some English.
6. Elizabeth is majoring in math. In addition to her interest in computer science, she enjoys movies and music.

B. Premiers contacts. Use vocabulary that you know to make up questions you might ask a prospective roommate. Then choose one of the students in the ads (played by a student in your class) or in ads that you and the students in your class have prepared and get acquainted with that person.

C. Une lettre. Which of the students would you like to room with? Write a letter to introduce yourself. Tell the person your name, what you are studying, where you live, and talk about your interests and those that you share. Begin your letter with **Chère...** (for a feminine name) or **Cher...** (for a masculine name), then end the letter with **Amicalement** and your signature.

Invitation à écouter

Deux messages. Éric, a young Parisian, is going to Canada to study for a year. He and his future roommate, Philippe, have sent each other cassettes describing themselves. Listen to what each one says, then complete the following sentences about them.

Philippe	**Éric**
1. Philippe habite à...	1. Éric étudie...
2. Il parle...	2. Il trouve le Canada...
3. Il aime bien les cours...	3. Il aime bien les gens de...
4. Il préfère les cours de...	4. Il déteste...
5. Il aime beaucoup la... et les...	5. Il... souvent.

Prononciation et orthographe

Liaison refers to a consonant sound that is added to link one word to another. In French a liaison may occur when a word that normally ends in a silent consonant (**s, f, x,** or **n**) is followed by a word that begins with a vowel sound. For a liaison to occur, the first word must in some way modify or qualify the second.

Articles
les‿étudiants
un‿Américain
les‿examens

Subject pronouns
vous_étudiez
ils_habitent
on_aime
Adverbs or adjectives
très_intéressant
bien_agréable
C'est
C'est_intéressant.
C'est_assez facile.
Numbers
deux_hommes
trois_Anglais
six_enfants
seizafant

Petite conversation

Practice repeating the following conversation.

—Vous_aimez Grenoble?
—Oui, c'est_une ville très_agréable.
—Vous_habitez dans un_appartement?
—Oui, avec deux_amis.

Vocabulaire

la vie universitaire (Voir pp. 14–16)
les pronoms sujets (Voir p. 21)
les adverbes (Voir p. 22)

Noms

l'**ami(e)** (m, f)......*friend*
l'**appartement** (m)......*apartment*
le **bâtiment**......*building*
le/la **camarade de chambre**......*roommate*
le **campus**......*campus*
le **climat**......*climate*
la **compagnie**......*company*
le **film**......*film*
les **gens** (m pl)......*people*
la **gestion**......*management*
l'**interprète** (m, f)......*interpreter*
le **lycée**......*French secondary school*
le **magasin**......*store*
la **maison**......*house, home*
la **médecine**......*medicine*
le **musée**......*museum*
la **piscine**......*swimming pool*
la **sociologie**......*sociology*
le **soir**......*evening*
le **sport**......*sports*
le **temps**......*time*
le **terrain de sport**......*athletic field*
la **vie**......*life*
la **ville**......*city*

Divers

à......*to, in, at*
après......*after*
avec......*with*
beaucoup......*much, a great deal*
bien......*well*
c'est......*it is, that is*
cher......*dear, expensive*
des......*of the*
du......*of the*
en général......*in general*
ensemble......*together*
ici......*here*
mais......*but*
même......*same*
n'est-ce pas?......*right?*
ou......*or*
parce que......*because*
pendant......*during*
penser que oui......*to think so*
presque......*almost*
qui......*who, that*
trop......*too, too much*
voici......*here is, there is*

Verbes

chercher......*to look for, seek*
coûter......*to cost*
donner......*to give*
être......*to be*
étudier......*to study*
faire......*to do, make*
habiter......*to live (in)*
partager......*to share*
préférer......*to prefer*
rencontrer......*to meet, run into*
rester......*to stay*
sortir......*to go out*
travailler......*to work*
visiter......*to visit*
voyager......*to travel*

CHAPITRE 2

Identité

Dans ce chapitre vous allez apprendre à...

Dire qui vous êtes
1. *Décrire les gens et les choses*

2. *Identifier les gens et les choses*
3. *Dire comment vous trouvez les gens et les choses*

Vocabulaire et structures

Mise en train: Qui êtes-vous?
*Le verbe **être** et l'utilisation des adjectifs*
Les articles indéfinis
Les adjectifs qualificatifs

Mise en train: Qui êtes-vous?

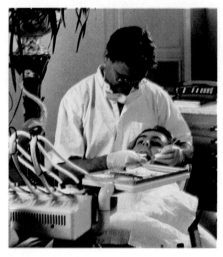

Je vous présente Stéphane Simon.
Il est dentiste.
Il est suisse.
Il habite maintenant (*now*) à Genève, mais il est de Lausanne.
Il est marié.

Je vous présente Danielle Petit.
Elle est française. Elle est de Toulouse.
Elle est étudiante. Elle étudie la biologie.
Elle désire être vétérinaire.
Elle n'est pas mariée. Elle est célibataire.

Quelques nationalités

Il est...
américain  Elle est...
américaine

Il est...
allemand (*German*) Elle est...
allemande

canadien canadienne

espagnol espagnole

anglais anglaise

italien italienne

belge belge

Quelques autres professions

Il est… Elle est… Il est… Elle est…

médecin
SON

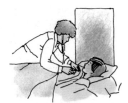

médecin

avocat

avocate *with t*

psychologue
PISEEROLOG

psychologue

comptable
Kontable

comptable

ingénieur
ANJNUER

ingénieur

informaticien
ANFORMATICION

informaticienne
ANformati

technicien
TEKNICIAN

technicienne
teknsene

acteur

actrice

Il est…

musicien
muoohan

Elle est…

musicienne
MUSISHEN

Communication et vie pratique

A. **Présentations.** You have been asked to introduce students to each other at an international student conference. Based on the information on the name tags, what would you say?

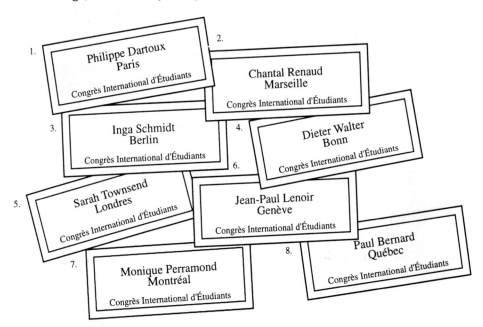

1. Philippe Dartoux
Paris
Congrès International d'Étudiants

2. Chantal Renaud
Marseille
Congrès International d'Étudiants

3. Inga Schmidt
Berlin
Congrès International d'Étudiants

4. Dieter Walter
Bonn
Congrès International d'Étudiants

5. Sarah Townsend
Londres
Congrès International d'Étudiants

6. Jean-Paul Lenoir
Genève
Congrès International d'Étudiants

7. Monique Perramond
Montréal
Congrès International d'Étudiants

8. Paul Bernard
Québec
Congrès International d'Étudiants

EXEMPLES   **Je vous présente Pierre Ledoux. Il est français.**
Je vous présente Marie-Claire Charton. Elle est française.

B. **Les cartes de visite.** The **cartes de visite** of various people are shown below. Describe each of these people by giving the information required in the **Renseignements à donner.**

Renseignements à donner

nom et prénom	Il/Elle s'appelle…
adresse	Il/Elle habite…
profession	Il/Elle est…
ville d'origine	Il/Elle est de…

Anne-Marie Joureau
Ingénieur
44, rue de la Poste
33018 Bordeaux

Denis Journeau
Comptable
44, rue de la Poste
33018 Bordeaux

JEAN-CLAUDE ANDRÉ
MÉDECIN
25 AVENUE JEAN-JAURÈS
29421 BREST
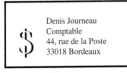

Sylvie Jobert
Architecte
3, quai Saint-Hubert
45001 Orléans

Armand Simon
Avocat
18, cours Franklin-Roosevelt
44005 Nantes

Sabine Mercier
Psychologue
39, promenade des Anglais
06002 Nice

André Seguin
Commerçant
79, rue du Mont-Blanc
74061 Annecy
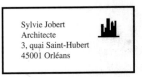

Jacqueline Bertrand
Journaliste
68, rue du Port
13001 Marseille
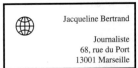

Sh wa

C. **Choix d'une profession.** Tell whether or not you would like to be in each of the following professions.

EXEMPLE   médecin *dizav*
   Je désire être médecin. Je trouve ça intéressant.
   Je ne désire pas être médecin. Je n'aime pas les sciences.

1. professeur
2. comptable
3. informaticien(ne)

AN

4. acteur (actrice)
5. ingénieur
6. avocat(e)

7. dentiste
8. musicien(ne)
9. vétérinaire

Info-culture:
Les papiers d'identité

French people carry several types of identification papers.

Une carte d'identité: Used for all major identification purposes and for travel within the **CEE** (**Communauté économique européenne**).

Un passeport: Needed for travel to countries outside the **CEE**.

Une carte d'électeur: Acquired at age 19 and required in order to vote.

Un permis de conduire: Obtained at age 18 after taking special courses at an **auto-école** and passing a written and a driving test.

Une carte d'assuré social: Allows for coverage in a variety of areas such as medical and dental insurance, maternity leave, disability insurance, and accident insurance.

Une carte d'étudiant: Required for university identification purposes and used for discounts in places such as museums, movies, trains, etc.

Et vous?

What types of identification papers do Americans generally carry and, how are they similar or different from those used in France?

Exploration 1

DÉCRIRE LES GENS ET LES CHOSES

*Le verbe **être** et l'utilisation des adjectifs*
Présentation

The irregular verb **être** (*to be*) is used to tell who or where you are, where you are from, or what you are like.

être	
je **suis**	nous **sommes**
tu **es**	vous **êtes**
il/elle/on **est**	ils/elles **sont**

—Est-ce que vous **êtes** étudiant?
—Non, je **suis** professeur.
—Ils **sont** à la bibliothèque?
—Non, ils ne **sont** pas à la bibliothèque.

A. Adjectives, which are often used with **être,** agree in number and gender with the nouns they modify. Some adjectives (including several that you know already, such as **agréable** and **facile**) have identical masculine and feminine forms and simply add **s** for the plural.

Je suis optimiste.	Nous sommes optimistes.
Tu es optimiste.	Vous êtes optimiste(s).
Il/Elle/On est optimiste.	Ils/Elles sont optimistes.

Other useful adjectives of this type are:

optimiste/pessimiste	honnête (*honest*)
pauvre/riche	moderne
possible/impossible	modeste
agréable/désagréable	sévère
célèbre (*famous*)	sympathique/sympa (*nice*) — same work
formidable (*great*)	timide — sympathique

B. Adjectives can also be modified by adverbs.

pas assez	assez	très	trop
not enough	*fairly*	*very*	*too (much)*

Il est **assez** timide.
Les professeurs sont **trop** sévères.
Ce n'est pas **assez** moderne.

Situation

Demande de travail

Christine, an American student, is applying for a job in a French hotel during her stay in France.

L'EMPLOYÉE	**Nom** et prénom, s'il vous plaît?
CHRISTINE	Je m'appelle Christine Miller.
L'EMPLOYÉE	Vous êtes mariée ou célibataire?
CHRISTINE	Je suis célibataire.
L'EMPLOYÉE	Nationalité? *Nationalité*
CHRISTINE	Américaine.
L'EMPLOYÉE	**Quelle** est votre adresse?
CHRISTINE	18 avenue Washington, San Diego, Californie.

Vocabulaire

demande (f) *application;* **travail** (m) *work, job;* **nom** (m) *name;* **quel(le)** *what*

Avez-vous bien compris?

Indiquez si les phrases suivantes sont vraies ou fausses. Si la phrase est fausse, corrigez-la.

1. Le nom de famille de Christine est Miller.
2. Elle est mariée.
3. Christine est française.
4. Elle est professeur de français.
5. Christine est de Washington.

Premiers pas

A. Professions. Tell what the following people do for a living. Use the cues provided.

> **EXEMPLE**   elle
> **Elle est architecte.**

1. je

4. vous

2. tu

5. elle

3. nous

6. ils

B. Descriptions. André is describing himself and people he knows. Using the cues provided, tell what he says.

> **EXEMPLES** Paul / assez timide
> **Paul est assez timide.**
> Mireille / pas très modeste
> **Mireille n'est pas très modeste.**

1. je / trop pessimiste
2. Maryse / très sympathique
3. nous / pas assez modestes
4. tu / pas très riche
5. Richard et Jean / pas sympathiques
6. vous / assez optimistes
7. Mme Lagrange / pas trop sévère
8. Robert / pas très honnête

C. La résidence universitaire. Students at Laval University are trying to find out where some of their new acquaintances are from. What do they say?

> **EXEMPLE** Geneviève / Trois-Rivières
> **Est-ce que Geneviève est de Trois-Rivières?**

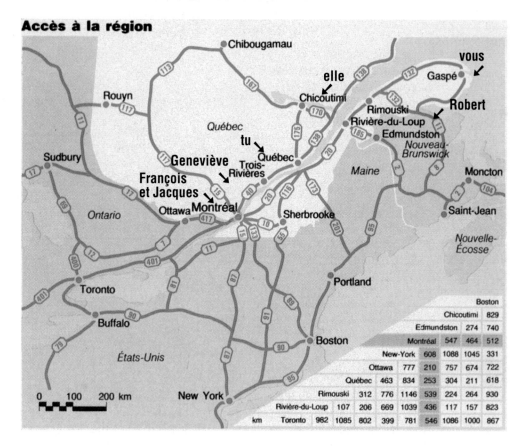

Accès à la région

	Boston
Chicoutimi	829
Edmundston	274	740
Montréal	547	464	512
New-York	608	1088	1045	331
Ottawa	777	210	757	674	722
Québec	463	834	253	304	211	618
Rimouski	312	776	1146	539	224	264	930
Rivière-du-Loup	107	206	669	1039	436	117	157	823
km Toronto	982	1085	802	399	781	546	1086	1000	867

Communication et vie pratique

A. Et vous? Ask other students what they are generally like. They will use the scale below to tell you whether they never, rarely, sometimes, or always have the qualities given below.

jamais	rarement	quelquefois	toujours

> EXEMPLE pessimiste
> **En général, est-ce que tu es pessimiste?**
> **Je suis rarement pessimiste.**

1. optimiste
2. pessimiste
3. désagréable
4. honnête
5. modeste
6. triste (*sad*)

B. Opinions. Using the cues provided, ask other students their opinions about aspects of campus life. Use adverbs such as **assez**, **très**, and **trop** in your answers. *fairly very to much*

> EXEMPLE professeurs / sympathiques
> **—Est-ce que les profs sont sympathiques?**
> **—Oui, les profs sont assez sympathiques.**
> **—Non, les profs ne sont pas très sympathiques.**

1. français / facile
2. étudiants / sympathiques
3. cours / difficiles
4. profs / sévères
5. examens / difficiles
6. campus / agréable
7. restaurants universitaires / formidables

C. Interview. Ask another student for the information below.

> EXEMPLE Quelle est votre nationalité?
> **Je suis américain(e).**

1. Quel est votre nom de famille?
2. Quel est votre prénom?
3. Quelle est votre nationalité?
4. Quelle est votre profession?
5. Quelle est votre adresse?

 C'est votre tour

You are working at the reception desk of a hotel in Nice and are helping guests to register. Other students will choose one of the **cartes de visite** on page 38 (or will make up cards of their own) and will play the roles of the hotel guests. Ask them for the following information: name, nationality, profession, address.

FICHE D'ÉTRANGER

CH. N° _____

NOM : _____
Name in capital letters   (écrire en majuscules)
Name in Druckschrift

Nom de jeune fille : _____
Maiden name
Mädchenname

Prénoms : _____
Christian names
Vornamen

Date de naissance : _____
Date of birth
Geburtsdatum

Lieu de naissance : _____
Place of birth
Geburtsort

Domicile habituel : _____
Permanent address
Gewöhnlicher Wohnort

Profession : _____
Occupation
Beruf

NATIONALITÉ
Nationality
Nationalität

Passeport N° : _____
Pass - Ausweis

Date d'arrivée en France : _____
Date of arrival in France
Einreisedatum in Frankreich

Date probable de sortie : _____
Probable date of your way out
Voraussichtliches Ausreisedatum

_____ , le _____
Signature :
Unterschrift :

Nombre d'enfants de moins de 15 ans
accompagnant le voyageur
Accompaning children under 15
Zahl der begleitenden Kinder unter 15 Jahren   **109258 ORLANDI**

Exploration 2

IDENTIFIER LES GENS ET LES CHOSES

Les articles indéfinis
Présentation

The indefinite articles **un, une,** and **des** correspond to *a, an,* and *some* in English.

Les articles indéfinis		
	Singular	Plural
Masculine	un étudiant	des étudiants
Feminine	une étudiante	des étudiantes

A. To ask what something is, use the question **Qu'est-ce que c'est?** To ask the identity of a person, use **Qui est-ce?** To answer, use **c'est** (*it/he/she is*) or **ce sont** (*they are*) followed by a noun with an indefinite article or a proper name.

> —**Qu'est-ce que c'est?**
> —**C'est** un restaurant. **Ce n'est pas** une bibliothèque.
> —**Qui est-ce?**
> —**C'est** Jacques. **C'est** un étudiant.

B. When talking about people's professions, nationalities, and religions, the indefinite article must be used with **c'est** and **ce sont.** It is also used whenever the profession is modified by an adjective.

> C'est **un** professeur.
> Ce sont **des** professeurs formidables.

The indefinite article is not used when the profession follows any other pronoun or a noun and the verb **être.**

> Catherine est avocate.
> Elle est avocate.

Situation

Qu'est-ce que tu fais maintenant?

Jean and Marianne have not seen each other for a long time and are talking about what they are now doing.

JEAN	**Où** est-ce que tu travailles maintenant?
MARIANNE	Je suis ingénieur dans une **usine** de la région.
JEAN	C'est un travail agréable?
MARIANNE	Oui, assez. Et toi, **qu'est-ce que** tu **fais** maintenant?
JEAN	Je travaille dans un **bureau.**
MARIANNE	Et Céline?
JEAN	Elle est **infirmière** dans un hôpital.

Vocabulaire

où *where;* **usine** (f) *factory;* **qu'est-ce que** *what;* **tu fais (faire)** *you are doing;* **bureau** (m) *office;* **infirmier/ière** (m, f) *nurse*

Avez-vous bien compris?

Complétez les phrases suivantes.

1. Marianne est...
2. Elle travaille dans...
3. Jean travaille dans...
4. Céline est...
5. Elle travaille dans...

Premiers pas

A. Qu'est-ce que c'est? Identify the items Maryse Perrin has bought to put in her room.

> **EXEMPLE** Qu'est-ce que c'est?
> **C'est un livre.**

1.

2.

3.

4.

5.

6.

7.

8.

B. Identité. Robert is describing what some of his friends are doing and where they are working. Tell what he says.

> **EXEMPLE** Vincent? (médecin / Toronto)
> **C'est un médecin. Il est médecin à Toronto.**

1. Michelle? (avocat / Paris)
2. Roger? (journaliste / Montréal)
3. Anne? (professeur / Grenoble)
4. David? (comptable / Bordeaux)
5. Martine? (médecin / Bruxelles) *Bruselle*
6. Sophie? (architecte / Lyon) *ARShitecte*

Communication et vie pratique

A. **Visite de Québec.** Imagine that you are a tour guide in Quebec and are showing visitors around the city. Use the cues provided to describe the monuments and attractions shown below.

EXEMPLE   **C'est une université.**
                      C'est l'Université Laval.

B. Célébrités. Make a list of famous people or television characters who have the following professions. As you name them, other students will identify their professions.

Catégories: acteur/actrice, musicien(ne), professeur, médecin, psychologue, journaliste, avocat(e), etc.

> EXEMPLE   **Qui est Gérard Depardieu?**
> **C'est un acteur français.**

C'est votre tour

Imagine that you're staying in a youth hostel in Quebec city and are getting acquainted with the other travelers (played by other students who will choose a profession and city or country that they're from). Before role-playing the situation, list the possible questions you might use to find out about these people (e.g., name, profession, nationality, married or single, where they are from, where they work).

Exploration 3

DIRE COMMENT VOUS TROUVEZ LES GENS ET LES CHOSES

Les adjectifs qualificatifs
Présentation

French adjectives agree in number (an **s** is usually added in the plural form) and in gender (an **e** is usually added in the feminine form) with the nouns or pronouns they describe.

Les adjectifs qualificatifs		
	Singular	Plural
Masculine	patient	patient**s**
Feminine	patient**e**	patient**es**

If the masculine singular form ends in **s** or **x**, no **s** is added in the plural form.

> Il est français.
> Ils sont français.

An adjective that describes a combination of masculine and feminine nouns is always masculine plural.

> Alain et Yvonne sont intelligents.

A. Some adjectives are pronounced the same, whether masculine or feminine.

> Paul est fatigué.
> Jeanne est fatiguée.

Useful adjectives of this type are:

compliqué(e) (*complicated*)	fatigué(e) (*tired*)
marié(e)	vrai(e) (*true*)

B. When the masculine singular form ends in an unpronounced consonant, the consonant in the corresponding feminine form is pronounced.

> Marc est patient, mais Monique n'est pas patien**t**e.
> C'est une femme très intéressan**t**e.

Adjectifs de nationalité

allemand(e)
américain(e)
anglais(e)
français(e)
québécois(e)

Adjectifs descriptifs

amusant(e)	indépendant(e)
content(e)	intelligent(e)
OM embêtant(e) (*annoying*)	intéressant(e)
excellent(e)	parfait(e)
fort(e) (*strong*)	passionnant(e) (*exciting*)
impatient(e)	patient(e)

C. Some adjectives do not fit into the general pattern but can be grouped into specific patterns.

		Singular	Plural
Masculine		sportif	sportifs
Feminine		sportive	sportives

impulsif, impulsive
naïf, naïve

		Singular	Plural
Masculine		sérieux	sérieux
Feminine		sérieuse	sérieuses

ambitieux, ambitieuse
courageux, courageuse
heureux, heureuse (*happy*)
paresseux, paresseuse (*lazy*)
travailleur, travailleuse (*hardworking*)

		Singular	Plural
Masculine		canadien	canadiens
Feminine		canadienne	canadiennes

algérien, algérienne
italien, italienne
tunisien, tunisienne

Situation

Un travail intéressant

Denise and Robert are two students looking in the classified ads for part-time jobs.

DENISE   Tiens, voici un travail intéressant.
ROBERT   Ah oui?
DENISE   Regarde, c'est parfait pour toi! On cherche un **type fort** et sportif et qui aime les enfants.
ROBERT   Tu es sérieuse?
DENISE   Oui, c'est pour travailler avec des enfants handicapés.
ROBERT   Formidable! Je **vais** téléphoner **tout de suite.**

Vocabulaire

type (m) *guy;* **fort** *strong;* **je vais (aller)** *I am going;* **tout de suite** *right away*

Avez-vous bien compris?

Répondez aux questions suivantes.

1. Quelle sorte de personne est-ce qu'on cherche?
2. Comment est Robert?
3. C'est quelle sorte de travail?
4. Comment est-ce que Robert trouve ça?

Premiers pas

A.   À bas le sexisme. Fabien is convinced that men are superior to women. Fabienne, of course, does not agree. Tell what she says.

> **EXEMPLE**   Les hommes sont ambitieux.
> **Les femmes aussi sont ambitieuses.**

1. Les hommes sont sérieux.
2. Les hommes sont sportifs.
3. Les hommes sont intelligents.
4. Les hommes sont honnêtes.
5. Les hommes sont indépendants.   *indepondant*
6. Les hommes sont amusants.
7. Les hommes sont parfaits.
8. Les hommes sont courageux.

B.   Curiosité. A friend is asking Martine how well she is getting along at the University of Bordeaux. Use the cues provided to formulate her questions.

> **EXEMPLE**   les professeurs / intéressant
> **Est-ce que les professeurs sont intéressants?**

1. les examens / difficile
2. les professeurs / sympathique
3. les cours / intéressant
4. les étudiants / amusant
5. la bibliothèque /excellent
6. la classe de géographie / intéressant
7. tu / content
8. tu / fatigué

C.   Qualités et défauts. Alain is telling which of his friends fits each of the following categories. Tell what he says.

> **EXEMPLE**   une personne pas très patiente (Robert)
> **Robert n'est pas très patient.**

1. une personne assez naïve (Catherine)
2. une personne très patiente (Marc)
3. une personne très ambitieuse (Janine)

4. une personne pas très contente (Brigitte et Luc)
5. une personne trop sérieuse (Claudine et Roger)
6. une personne très intelligente (Josette)
7. une personne pas très sympathique (Michel)
8. une personne pas très courageuse (Hubert)

Communication et vie pratique

A. Préférences. Ask other students what types of teachers, classes, books, etc., they prefer. They will answer using adjectives they know.

> **EXEMPLE** les professeurs
> —**Quelle sorte de professeurs aimez-vous?**
> —**J'aime les professeurs amusants; je n'aime pas les professeurs trop sérieux.**

1. les professeurs
2. les hommes
3. les femmes
4. les cours
5. les films
6. les enfants
7. les gens
8. les examens

B. Description. Using adjectives you know, describe yourself or someone you know. Use words like **en général, rarement, souvent, assez, trop,** etc., in your description.

> **EXEMPLE** **En général, je ne suis pas très modeste, mais je suis honnête, etc.**

C. Interview. Ask questions to find out if other students think the following adjectives describe their personalities. Be sure to use the feminine form of adjectives if your partner is a woman.

> **EXEMPLE** ambitieux
> —**Marie, est-ce que tu es très ambitieuse?**
> —**Oui, je suis assez ambitieuse.**

1. ambitieux
2. paresseux
3. sérieux
4. impatient
5. sportif
6. impulsif
7. content
8. indépendant
9. fort
10. travailleur

C'est votre tour

You are the personnel manager for a firm. Below are evaluations of several employees. Report this information to your boss, who will decide which of the employees gets a promotion.

> **EXEMPLE**   **Jean Leblanc n'est pas très travailleur.**

Rating scale

1 = pas très
2 = assez
3 = très

	Jean Leblanc	Sylvie Deschamps	Marguerite Bérenger
travailleur	1	2	3
intelligent	3	2	3
honnête	2	3	2
modeste	1	2	2
optimiste	3	3	2
indépendant	2	3	2
patient	2	1	3
sérieux	3	3	3

Intégration et perspectives: Images du Québec

Le pays

Le Québec, une des dix provinces canadiennes, est un vaste territoire composé de **mers,** de lacs, de rivières, de montagnes et de plaines.

«**Mon** *pays, ce n'est pas un pays, c'est l'hiver.*
Mon **jardin,** *ce n'est pas un jardin, c'est la plaine.*
Mon **chemin,** *ce n'est pas un chemin, c'est la* **neige.**
Mon pays, ce n'est pas un pays, c'est l'hiver.»

(Refrain de *Mon pays,* une **chanson** de Gilles Vigneault.)

Les gens

L'histoire du Québec commence avec la découverte du Saint-Laurent **par** l'explorateur français Jacques Cartier et avec la fondation de la ville de Québec par Samuel de Champlain. L'histoire et l'identité des Canadiens français est marquée par la **lutte contre** un climat difficile et contre la domination anglaise.

«*Les gens de ce pays,*
Ce sont gens d'aventure....
Gens de mer, gens de **vent**....
Gens de danses, gens de chants....
Gens de nature aussi....
Travailleurs, inventeurs.»

(Extrait de *Les gens de ce pays,* une autre chanson de Gilles Vigneault.)

«*Je suis de lacs et de rivières.*
Je suis d'Amérique et de France.»

(Extrait d'une chanson de Claude Gauthier.)

Vocabulaire

mer (f) *sea;* **mon** *my;* **jardin** (m) *garden;* **chemin** (m) *road;* **neige** (f) *snow;* **chanson** (f) *song;* **par** *by;* **lutte** (f) *struggle;* **contre** *against;* **vent** (m) *wind*

Avez-vous bien compris?

Quelle définition correspond à chacun des termes suivants? *(Which definition corresponds to each of the following terms?)*

> **EXEMPLE**   Le Canada
> **C'est un pays.**

1. *le Québec*
2. *Jacques Cartier*
3. *Le Canada*
4. *"Mon pays"*
5. *Gilles Vigneault*
6. *Samuel de Champlain*
7. *le Saint-Laurent*
8. *Québec*

un explorateur
un chanteur
une rivière
une montagne
une province
une chanson
une ville
une mer
un pays
un lac

Info-culture: L'histoire du Québec

The following dates are important in Canadian history and in the history of Quebec in particular.

1554 Jacques Cartier landed in the **Baie de Gaspé** and took possession of the territory in the name of François Ier, King of France. This act marked the discovery of Canada by the French.

1608 Samuel de Champlain founded Quebec and made peace with the Indians.

1630 Cardinal Richelieu sent Jesuit missionaries to convert the Indians.

1642 Paul de Chomedey de Maisonneuve founded Ville-Marie, a small colony that later became Montreal.

1663 Louis XIV proclaimed **La Nouvelle-France** to be a royal province.

1759 The French were defeated by the English at the Battle of the Plains of Abraham. Large numbers of Acadians were forced into exile, and many settled in Louisiana (**les Cajuns**).

1763 Canada was officially ceded to England under the Treaty of Paris.

1960 Formation of the **F.L.Q. (Front pour la libération du Québec)**.

1970 French and English were established as the two official languages of Quebec.

1977 The Quebec government established French as the official language of Quebec.

1979 The Canadian Parliament rejected a bill that would establish Quebec's independence.

1990 Two out of ten provinces failed to ratify a Constitutional Accord, better known as the Meech Lake Accord, which would have recognized Quebec as a "distinct society" within Canada. In order to become a part of the Canadian Constitution, this Accord required unanimous consent. Quebec now intends to redefine its status within the Canadian Constitution.

Et vous?

In your opinion, what are some important dates in American history during the same time period? What do you know about French history during that same period?

Communication et vie pratique

A. Et la France? Identify the following people and places.

> **EXEMPLE** le Louvre
> **C'est un musée.**

1. *la Seine*	*une mer*
2. *l'Alsace*	*une rivière*
3. *Bordeaux*	*des montagnes*
4. *les Alpes*	*une ville*
5. *la Bretagne*	*une plaine*
6. *Strasbourg*	*un monument*
7. *l'Arc de Triomphe*	*un château*
8. *le Louvre*	*un musée*
9. *la Sorbonne*	*une grande école*
10. *l'École polytechnique*	*une rue de Paris*
	une université
	un magasin
	une région

B. Fiche d'inscription. Imagine that you are planning to study in France. Another student will play the role of a clerk who is asking you questions in order to fill out the registration form given below.

```
✤✤✤✤✤✤✤✤✤✤✤✤✤✤✤✤✤✤✤✤✤✤✤✤✤✤✤✤✤✤✤✤✤✤✤✤✤✤✤✤✤✤✤✤✤✤✤✤✤✤✤

                    FICHE  D'INSCRIPTION
                    REGISTRATION FORM

   à remplir par l'étudiant
   (to be filled in by the student)
                                              ┌──────────────┐
                                              │              │
   NOM : M. Mme Mlle,..........................│   Photo      │
   (Surname)                                  │  d'identité   │
   NOM DE JEUNE FILLE..........................│              │
   (Maiden name)                              │              │
   PRÉNOM.....................................│              │
   (First name)                               │              │
   NATIONALITÉ................... SEXE ........└──────────────┘
   (Nationality)
   DATE DE NAISSANCE . . . . . . . . . . . . . . . . . . . . . . . . . . .
   (Date of birth)     JOUR (day)        MOIS  (month)        AN  (year)

   ADRESSE DANS VOTRE PAYS ........................................
   (Home address)
                     N° RUE .......................................
                     (N°, street)
                     VILLE ........................................
                     (Town)
                     PAYS .........................................
                     (Country)
   Désire participer à la session de : (wishes to attend the following session)
   1ère SESSION : 7 au 31 JUILLET          2ème SESSION : 4 au 28 AOUT
   ou une quinzaine du : .....................au ..........
   (or two weeks, from:                          to)
✤✤✤✤✤✤✤✤✤✤✤✤✤✤✤✤✤✤✤✤✤✤✤✤✤✤✤✤✤✤✤✤✤✤✤✤✤✤✤✤✤✤✤✤✤✤✤✤✤✤✤
```

C. Études à l'Université Laval. Representatives from the Université Laval in Quebec are on campus interviewing students for summer scholarships. You will be interviewed by the representatives (played by other students). Answer the following questions about yourself in order to prepare for your interview. The interviewers will select three scholarship winners.

1. Comment vous appelez-vous?
2. Quelle est votre nationalité?
3. Où habitez-vous?
4. Décrivez votre personnalité.
5. Où êtes-vous étudiant(e) maintenant?
6. Qu'est-ce que vous étudiez?
7. Pourquoi désirez-vous étudier à l'Université Laval?

 # Invitation à écouter

Une interview. Alain is applying for a job. You are going to hear the first part of the interview. Listen to what he says, then answer the following questions as if you were Alain.

1. Quel est votre nom de famille?
2. Quelle est votre profession?
3. Où est-ce que vous travaillez maintenant?
4. Quelle est votre nationalité?
5. Comment est-ce que vous trouvez Lyon?
6. Comment trouvez-vous votre travail à Genève?

Prononciation et orthographe

Masculine and feminine adjectives differ in sound as well as in spelling. The spoken form of the feminine adjective ends in a pronounced consonant; the consonant sound is dropped in the masculine.

Feminine	Masculine
/ɑ̃t/	/ɑ̃/
amusante	amusant
intelligente	intelligent
/øz/	/ø/
sérieuse	sérieux
courageuse	courageux
/ɛn/	/ɛ̃/
canadienne	canadien
italienne	italien

Petite conversation

Repeat the following conversation.
—C'est une fille intéressante?
—Oui, elle est très intelligente, mais elle n'est pas très amusante.
—Les gens trop sérieux, je trouve ça fatigant!

fatygon

Vocabulaire

Nationalités (Voir pp. 36, 50, 51)
Professions (Voir p. 37)

Noms

le/la **célibataire**......*unmarried person*
la **chanson**......*song*
le **chemin**......*road, way*
la **demande**......*request, application*
le/la **dentiste**......*dentist*
l'**identité** (f)......*identity*
l'**infirmier/ière** (m, f)......*nurse*
le **jardin**......*garden*
la **lutte**......*struggle*
la **mer**......*sea*
la **nationalité**......*nationality*
le **nom**......*name*
le **travail**......*work*
le **type**......*guy*
l'**usine** (f)......*factory*
le **vent**......*wind*
le/la **vétérinaire**......*veterinarian*

Verbes

aller......*to go*
faire......*to do, make*
présenter......*to introduce*
téléphoner......*to telephone*

Divers

contre......*against*
maintenant......*now*
par......*by, through*
qu'est-ce que......*what*
tout de suite......*right away*
très......*very*

Adjectifs

amusant......*funny, entertaining*
célèbre......*famous*
célibataire......*single*
compliqué......*complicated*
content......*happy*
courageux/euse......*courageous*
embêtant......*annoying*
excellent......*excellent*
fatigué......*tired*
formidable......*great*
fort......*strong*
heureux/euse......*happy*
honnête......*honest*
impatient......*impatient*
impossible......*impossible*
impulsif/ive......*impulsive*
indépendant......*independent*
intelligent......*intelligent*
marié......*married*
moderne......*modern*
modeste......*modest*
naïf/ive......*naive*
optimiste......*optimistic*
paresseux/euse......*lazy*
parfait......*perfect*
passionnant......*exciting*
patient......*patient*
pauvre......*poor*
pessimiste......*pessimistic*
possible......*possible*
quel(le)......*what, which*
quelques......*a few, some*
riche......*rich*
sérieux/euse......*serious*
sévère......*strict*
sportif/ive......*athletic*
suisse......*Swiss*
sympathique......*nice*
timide......*shy, timid*
travailleur/euse......*hardworking*
vrai......*true*

Possessions

CHAPITRE 3

Mise en train:
La maison et la famille

Régine montre (*is showing*) des photos de sa (*her*) famille.
Voici mes (*my*) parents. Mon père est grand et assez sportif. Ma mère est petite.
Ils ont (*have*) aussi un chien et un chat, mais le chat n'est pas sur (*on*) la photo.

   Voici une photo de mes grands-parents. Ma grand-mère et mon grand-père habitent chez nous (*at our house*). Ce sont les parents de mon père. Ils ont trois enfants: deux fils (*sons*) (mon père et mon oncle Gaston) et une fille (*daughter*) (ma tante Colette).

   J'ai un frère (*brother*) et une sœur (*sister*). Voici ma sœur, mon frère et le mari (*husband*) de ma sœur.

   Voici la maison de Régine.

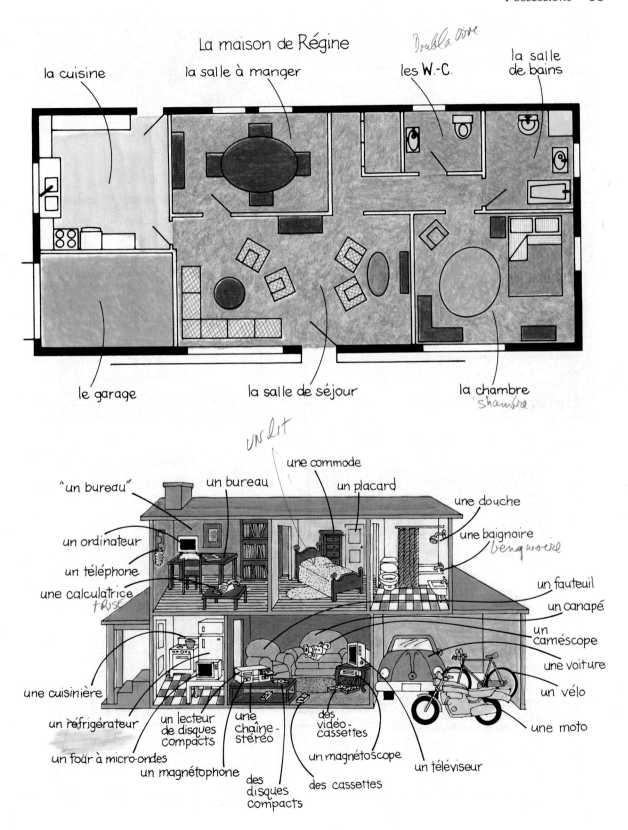

La maison de Régine

la cuisine

la salle à manger

les W.-C.

la salle de bains

le garage

la salle de séjour

la chambre

"un bureau"

un bureau

une commode

un placard

une douche

un ordinateur

un téléphone

une calculatrice

une baignoire

un fauteuil

un canapé

un caméscope

une voiture

un vélo

une moto

une cuisinière

un réfrigérateur

un four à micro-ondes

un lecteur de disques compacts

une chaîne-stéréo

un magnétophone

des disques compacts

des cassettes

des vidéo-cassettes

un magnétoscope

un téléviseur

Communication et vie pratique

A. Agence immobilière. You are working for a real estate agency and are showing clients through different homes. Tell them what each room is in the floor plans below.

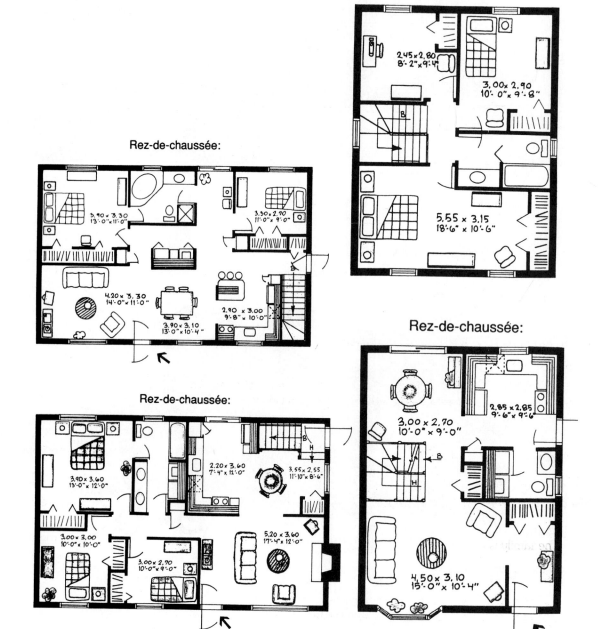

B. À la FNAC. Based on the items in the display window, tell which items are on sale at **la FNAC.**

> EXEMPLE   **Il y a des disques compacts, etc.**

C. Petite description. Describe the members of your family. Tell what they are like and what they do.

> EXEMPLE   **J'ai un frère et deux sœurs. Mon père est très sympa mais il est quelquefois un peu sévère.**

Info-culture: La famille française

The family is changing:

- Couples are having fewer children.

- Fewer marriages are taking place, while divorces have become more frequent. Unmarried couples and single-parent families are more common.

Parent-children relations:

The family continues to be important to the French. Relationships between parents and their children are generally good. At the age of 18, 90% of young people still live with their parents (50% at the age of 22, and 25% at the age of 24—even if they are working).

- Among teenagers between 13 and 18 years old, 94% report good relationships with their parents.

- More than half of all parents help their children with their homework.

- One-third of 13-to-18-year-olds think that their parents are not strict enough (17% think they are too strict; 41% think that they are just right).

- Sources of conflict are grades in school (39%), spending money (10%), and choices of friends (8%).

- Young people often think like their parents: 30% have the same views on politics, 54% on religion, and 40% on sex.

Et vous?

Describe the American family and the changes taking place in the family structure and relationships.

Exploration 1

INDIQUER CE QUE VOUS AVEZ

Le verbe **avoir**
Présentation

Avoir (*to have*) is an irregular verb.

avoir			
j'	**ai**	nous	**avons**
tu	**as**	vous	**avez**
il/elle/on	**a**	ils/elles	**ont**

A. When the verb **avoir** is used in the negative, the indefinite article (**un, une, des**) that follows it becomes **de** or **d'**.

Affirmatif	Négatif
Il a une voiture.	Il n'a pas **de** voiture.
J'ai des amis.	Je n'ai pas **d'**amis.
Nous avons un appartement.	Nous n'avons pas **d'**appartement.

B. **Avoir** is used in several expressions.

- **To indicate what there is or are:**
  Il y a vingt étudiants dans la classe.

- **To talk about someone's age:**
  Quel âge **avez**-vous?
  J'**ai** vingt-deux ans.

- **To indicate that you need something:**
  J'**ai** besoin de travailler.
  Nous **avons** besoin d'un appartement.

[handwritten: besoin de. I need to travel.]

- **To indicate that you feel like doing or having something:**
  Je n'**ai** pas envie de travailler.
  Elle **a** envie d'une moto.

Situation

Au magasin de disques

Barbara is buying some compact disks and is talking with the clerk at a record store.

BARBARA	Est-ce que vous avez des disques canadiens?
LE MARCHAND	Oui, **bien sûr.** Qu'est-ce que vous cherchez?
BARBARA	Le **dernier** disque de Roch Voisine. Est-ce que vous avez ça?
LE MARCHAND	Non, je regrette. Nous n'avons pas de disques de Roch Voisine. Regardez à Discorama. Ils ont **peut-être ce que** vous cherchez.

[handwritten: Regardez]

Vocabulaire

bien sûr *of course;* **dernier** *last, latest;* **peut-être** *perhaps;* **ce que** *what*

Avez-vous bien compris?

Répondez aux questions suivantes.

1. Quel disque est-ce que Barbara cherche?
2. Est-ce que le marchand a des disques canadiens?
3. Est-ce qu'il a des disques de Roch Voisine?
4. Qui a peut-être des disques de Roch Voisine?

Premiers pas

A. Une chambre d'hôtel impossible. Sophie is complaining about her uncomfortable, sparsely furnished hotel room. Based on the illustration below, tell whether or not the room has the following items.

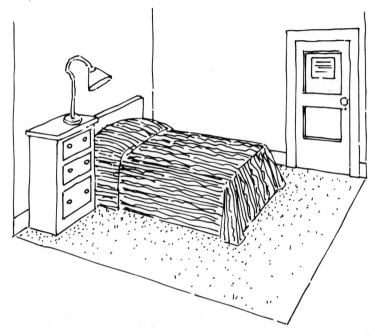

EXEMPLE	lampe
	Il y a une lampe.
	radio
	Il n'y a pas de radio.

1. fenêtre
2. lampe
3. placard
4. fauteuil
5. téléviseur
6. table
7. chaises
8. commode

B. Braderie. Some friends are planning to sell things at a rummage sale. Tell what each one has to sell.

EXEMPLE	Richard / chaîne-stéréo
	Richard a une chaîne-stéréo.

1. nous / disques compacts
2. Michel et Hélène / livres
3. tu / affiches
4. vous / cassettes-vidéo
5. André / vélo
6. je / dictionnaires

C. Au magasin audio-visuel. Monsieur Lebrun is talking with several customers. Using the cues provided, give his questions and the customers' answers.

> EXEMPLE   téléviseur (non)   *to need.*
> M. LEBRUN **Est-ce que vous avez besoin d'un téléviseur?**
> LE CLIENT **Non, nous n'avons pas besoin d'un téléviseur.**

1. magnétoscope (non) *VCR*
2. calculatrice (oui)
3. ordinateur (oui)
4. châine-stéréo (non)
5. téléviseur (oui)
6. lecteur de disques compacts (oui)
7. magnétophone (non) *TAPE RECORDER.*
8. caméscope (oui) *Video CAMERA*

Communication et vie pratique

A. Chambre d'étudiant. Ask other students if they have the following items in their rooms.

> EXEMPLE   ordinateur
> **Est-ce que tu as un ordinateur?**
> **Non, je n'ai pas d'ordinateur.**
> **Oui, j'ai un ordinateur dans ma chambre.**

1. téléphone
2. magnétoscope
3. disques
4. ordinateur
5. lecteur de disques compacts
6. châine-stéréo
7. fauteuil
8. affiches

B. Les étudiants américains. Some French friends have asked you about things that American students typically have. Give information about students in general and about yourself.

> EXEMPLE   **En général, les étudiants américains ont une chambre dans une résidence ou un appartement en ville. Moi, j'ai une chambre dans une résidence.**

C. Braderie. Your class has decided to have a rummage sale. Make a list of things that you might like to sell (**objets à vendre**) and a list of items that you need (**besoins**). Then get together with other students to find out if they have the items that you and others in the class need.

> EXEMPLE   **David a besoin d'une radio. Qui a une radio à vendre?**
> **Julie a une radio à vendre.**

C'est votre tour

Imagine that you are in a French record shop and want to buy several CDs or cassettes from the Top 50 list below. Explain to the salesperson (played by another student) what you are looking for. He or she will tell whether this item is available or not, whether or not they have it on CD or cassette, or where you might find it.

			CP	MC					CP	MC
1 -	UNLIMITED	NO LIMIT	1	1	26 -	LES CHARTS	AIME-MOI ENCORE	24	13
2 -	JORDY	ALISON	2	1	27 -	STEREO MC'S	CONNECTED	31	27
3 -	CHARLES & EDDIE	WOULD I LIE TO YOU	3	2	28 -	VANGELIS	CONQUEST OF PARADISE	20	12
4 -	ARIZONA DREAM	IN THE DEATHCAR	5	4	29 -	PEPETO	PINOCCHIO	36	29
5 -	LENNY KRAVITZ	ARE YOU GONNA GO MY WAY	4	4	30 -	HÉLÈNE	PEUT-ETRE QU'EN SEPTEMBRE	30	21
6 -	PETER KINGSBERY	ONLY THE VERY BEST	6	2	31 -	CO RO & TALEESA	BECAUSE THE NIGHT	38	6
7 -	CAPTAIN HOLLYWOOD PROJECT	ONLY WITH YOU	9	7	32 -	DEPECHE MODE	I FEEL YOU	17	5
8 -	DURAN DURAN	ORDINARY WORLD	11	8	33 -	TASMIN ARCHER	SLEEPING SATELLITE	35	6
9 -	CHRISTOPHE RIPPERT	UN AMOUR DE VACANCES	10	9	34 -	SHINEHEAD	A JAMAICAN IN NEW YORK	39	34
10 -	LES INNOCENTS	L'AUTRE FINISTÈRE	16	10	35 -	MICHAEL BOLTON	TO LOVE SOMEBODY	42	7
11 -	EAST 17	HOUSE OF LOVE	12	11	36 -	BASS BUMPERS	RUNNIN'	E	36
12 -	THE SHAMEN	PHOREVER PEOPLE	18	12	37 -	METALLICA	THE UNFORGIVEN	28	28
13 -	WHITNEY HOUSTON	I'M EVERY WOMAN	26	13	38 -	JAYDEE	PLASTIC DREAMS	47	38
14 -	PIN OCCHIO	PINOCCHIO	25	14	39 -	POW WOW	DEVENIR CHEYENNE	E	39
15 -	WHITNEY HOUSTON	I'LL ALWAYS LOVE YOU	7	1	40 -	ANNIE LENNOX	LITTLE BIRD	22	10
16 -	NOT REAL PRESENCE	CHIKI CHIKA	15	15	41 -	JOHNNY HALLYDAY	JE VEUX TE GRAVER DANS MA VIE	33	16
17 -	MICHAEL JACKSON	GIVE IN TO ME	14	7	42 -	L'AFFAIRE LUIS TRIO	MOBILIS IN MOBILE	40	40
18 -	MICK JAGGER	SWEET THING	8	8	43 -	SÉBASTIEN ROCH	LE BAR DE JESSE	E	43
19 -	BOYZ II MEN	END OF THE ROAD	27	19	44 -	JEAN-LOUIS AUBERT	TEMPS À NOUVEAU	43	34
20 -	PATRICIA KAAS	ENTRER DANS LA LUMIÈRE	19	19	45 -	NOIR DÉSIR	TOSTAKY	E	21
21 -	CARMEN MARIE	L'AIGLE NOIR	13	13	46 -	INNER CIRCLE	ROCK WITH YOU	29	29
22 -	S.N.A.P.	EXTERMINATE	21	18	47 -	PLEASURE GAME	LE PETIT CHIEN QUI FUME	E	47
23 -	PAUL McCARTNEY	HOPE OF DELIVERANCE	23	13	48 -	MADONNA	BAD GIRL	E	48
24 -	PASCAL OBISPO	TU VAS ME MANQUER	34	16	49 -	DIDIER BARVELIVIEN	PUY DU FOU	E	39
25 -	EXP & JULIA	BEFORE THE NIGHT	32	25	50 -	DANCE 2 TRANCE	P.OWER OF A.MERICAN N.ATIVES	E	50

Exploration 2

EXPLIQUER LES RAPPORTS ENTRE LES GENS ET LES CHOSES

*La préposition **de** et les adjectifs possessifs*
Présentation

A. **De** is used to express possession and relationships among people and things.

C'est la chambre **de** Claire.
Voici le père **de** Suzanne.
Les parents **de** mon ami sont sympathiques.
Quelle est l'adresse **de** la résidence universitaire?

B. Also note the combinations of **de** with the definite article.

de + **le** becomes **du**	C'est la porte **du** bureau.
de + **les** becomes **des**	Voici la chambre **des** enfants.
de + **la** remains **de la**	C'est une amie **de la** mère de Monique.
de + **l'** remains **de l'**	Où est la voiture **de l'**oncle Jean?

C. Ownership or relationship is often indicated with a possessive adjective (like *my, your, their,* etc., in English). A possessive adjective in French agrees in gender and number with the noun it modifies. Notice that the same forms are used for *his, her, its,* and *one's* in French.

Les adjectifs possessifs			
	Singulier		*Pluriel* *Masculin et* *Féminin*
	Masculin	*Féminin*	
my	**mon** frère	**ma** sœur	**mes** parents
your	**ton** frère	**ta** sœur	**tes** parents
his/her/its/one's	**son** frère	**sa** sœur	**ses** parents
our	**notre** frère	**notre** sœur	**nos** parents
your	**votre** frère	**votre** sœur	**vos** parents
their	**leur** frère	**leur** sœur	**leurs** parents

Mon, ton, and **son** are used with all masculine singular nouns and with feminine singular nouns that begin with a vowel sound.

Est-ce que tu aimes **mon** affiche?
Ton amie Françoise est très sympathique.
Son appartement est très moderne.

Situation

Qui est-ce?

Jacques is showing his mother some photos of his new friend, Catherine Dupré, and her family.

SA MÈRE	Tu as des photos de sa famille?
JACQUES	Oui, regarde. Voici ses parents. Sa mère est prof d'anglais.
SA MÈRE	Et son père?
JACQUES	Il a un magasin de **vêtements.**
SA MÈRE	Et ici, c'est la maison des Dupré?
JACQUES	Non, c'est la maison de leurs cousins. Ils habitent dans le **même quartier.**

Vocabulaire

vêtements (m) *clothes;* **même** *same;* **quartier** (m) *neighborhood*

Avez-vous bien compris?

Indiquez si les phrases suivantes sont vraies ou fausses. Si la phrase est fausse, corrigez-la.

1. Jacques et sa mère regardent des photos de leur famille.
2. La mère de Catherine Dupré est prof d'anglais.
3. Son père travaille dans un hôpital.
4. Les cousins de Catherine n'habitent pas dans le même quartier.

Premiers pas

A. Arbre généalogique. Based on the information given in Pierre's family tree, give the relationship between Pierre and each of the people shown.

> EXEMPLE   **Monique Lefèvre est la tante de Pierre.**

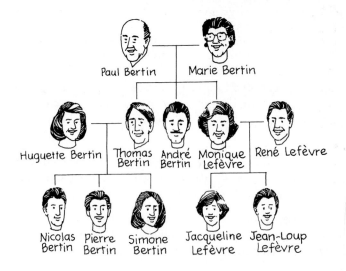

B. Cartes d'identité. An employee is helping a foreign family get identity cards. Using the cues provided, give the employee's questions. Use the appropriate form of **du, de la, de l', or des.**

> EXEMPLE   profession / père
> **Quelle est la profession du père?**

1. adresse / famille?
2. prénom / fils?
3. nationalité / parents?
4. prénom / mère?
5. âge / enfants?
6. profession / père?

C. Descriptions. Use the appropriate form of the possessive adjective to complete the following descriptions.

> EXEMPLE   Mon oncle et _____ tante habitent à Strasbourg.
> **Mon oncle et ma tante habitent à Strasbourg.**

1. J'ai un cousin qui est avocat. _____ femme est journaliste.
2. Le fils de mon oncle Pierre travaille à Montréal. _____ fille est étudiante à l'Université Laval.
3. Mes grands-parents habitent dans notre quartier. _____ grand-père aime parler avec _____ amis et _____ grand-mère aime travailler dans le jardin.
4. Mon oncle Robert a deux enfants. _____ fils est étudiant et _____ fille est médecin à Bruxelles.
5. Mon oncle et _____ tante ont deux enfants. _____ fille Geneviève est étudiante en droit à Paris et _____ fils Maurice étudie l'informatique.

D. Mon quartier. Brigitte and Anne-Marie are walking through Anne-Marie's neighborhood, and Brigitte asks her questions about what they see. Based on the cues provided, give Anne-Marie's answers.

> EXEMPLE   C'est la maison de tes parents? (oui)
> **Oui, c'est leur maison.**

1. Ce sont tes parents? (oui)
2. C'est ton frère? (non)
3. C'est l'appartement de ta sœur? (oui)
4. C'est la voiture de tes parents? (non)
5. C'est la moto de ton frère? (oui)
6. Ce sont les amis de tes parents? (oui)
7. C'est votre chien? (non)
8. Ce sont vos chats? (oui)

Communication et vie pratique

A. Interview. Use the following words and phrases to ask other students questions about things they have or about people they know. Your classmates will answer your questions.

> EXEMPLE   cours / intéressants
> **—Est-ce que tes cours sont intéressants?**
> **—Oui, mes cours sont intéressants mais ils sont assez difficiles.**

1. amis / amusants
2. chambre / agréable
3. professeurs / sévères
4. examens / difficiles
5. travail / intéressant
6. frères et sœurs/ gentils

B. Préférences. Interview a classmate about his or her favorite things as well as those of various family members. Ask about the items below.

> EXEMPLE   son livre préféré
> —**Quel est ton livre préféré?**
> —**Mon livre préféré est** *Le Petit Prince.*

1. sa chanson préférée
2. la chanson préférée des étudiants de son âge
3. son restaurant préféré
4. le restaurant préféré de ses amis
5. son film préféré
6. le film préféré de son frère (sa sœur, son ami, etc.)
7. son acteur et son actrice préférés
8. l'acteur et l'actrice préférés de ses parents

C'est votre tour

Imagine that a friend (played by another student) is visiting you and your room-mate for the first time and is asking about your possessions and photos. Based on the picture below, decide which items belong to you or your roommate Robert. Then answer your friend's questions (e.g., **Est-ce que c'est ton vélo? Non, ce n'est pas mon vélo, c'est le vélo de Robert**).

Exploration 3

DÉCRIRE VOTRE MAISON ET VOTRE FAMILLE

Les adjectifs prénominaux
Présentation

Several adjectives that are often used for descriptions precede nouns.[1]

---

[1]When one of these adjectives precedes a plural noun, the indefinite article **des** becomes **de.**
Il y a **de** belles maisons dans le quartier.
Ce sont **de** vieux amis.

Les adjectifs prénominaux			
Masculine	Masculine before a vowel sound	Feminine	
un **petit** magasin	un **petit** appartement	une **petite** maison	(*small*)
un **grand** magasin	un **grand** appartement	une **grande** maison	(*large, tall*)
un **joli** magasin	un **joli** appartement	une **jolie** maison	(*pretty*)
un **beau** magasin	un **bel** appartement	une **belle** maison	(*beautiful*)
un **bon** magasin	un **bon** appartement	une **bonne** maison	(*good*)
un **nouveau** magasin	un **nouvel** appartement	une **nouvelle** maison	(*new*)
un **vieux** magasin	un **vieil** appartement	une **vieille** maison	(*old*)

Note that **beau, nouveau,** and **vieux** have an extra masculine singular form that is used before nouns beginning with vowel sounds.

Situation

De vieux amis
Laurent and Nicolas are catching up on each other's news.

LAURENT	Bonjour, Nicolas! Qu'est-ce que tu fais ici?
NICOLAS	Je cherche un nouvel appartement.
LAURENT	**Meublé** ou non-meublé?
NICOLAS	Meublé **de préférence.**
LAURENT	Il y a un petit **studio** à **louer** dans mon **immeuble.** Parle au **propriétaire,** c'est un vieil ami de mes parents.
NICOLAS	C'est une bonne idée.
LAURENT	Alors, **bonne chance.**

Vocabulaire

meublé *furnished;* **de préférence** *preferably;* **studio** (m) *efficiency apartment;* **louer** *to rent;* **immeuble** (m) *apartment building;* **propriétaire** (m/f) *owner;* **bonne chance** *good luck*

Avez-vous bien compris?

Répondez aux questions suivantes.

1. Qui est Nicolas?
2. Qu'est-ce que Nicolas cherche?
3. Quelle sorte d'appartement est-ce qu'il préfère?
4. Où est-ce qu'il y a un appartement à louer?
5. Qui est le propriétaire de l'immeuble?

Premiers pas

A. Agent immobilier. A real estate agent is showing some clients through a home and comments on various rooms of the house. Tell what the clients say.

> **EXEMPLE** La cuisine est très grande.
> **Oui, c'est une très grande cuisine.**

1. La salle de séjour est très petite.
2. Le bureau est assez petit.
3. La salle à manger est belle.
4. La cuisine est jolie.
5. La chambre est grande.
6. La maison est assez vieille.
7. Le garage est nouveau.
8. Le jardin est assez petit.

B. Conversation. Patrick is just getting settled at the university. Robert, a friend, is asking him how he is doing. Using the cues provided, give Patrick's answers. Be sure to place the adjectives appropriately.

> **EXEMPLE** ROBERT   Est-ce que tu as un appartement?
> PATRICK   (petit) **J'ai un petit appartement.**

ROBERT	Est-ce que tu as un appartement?
PATRICK	(très beau)
ROBERT	Tu as des camarades de chambre?
PATRICK	(sympathique)
ROBERT	Tu as un travail?
PATRICK	(bon)
ROBERT	Tu as un chat?
PATRICK	(très joli)
ROBERT	Tu as une voiture?
PATRICK	(vieux)
ROBERT	Tu as une chaîne-stéréo?
PATRICK	(nouveau)
ROBERT	Est-ce que tu as des amis?
PATRICK	(très intéressant)

C. Description. Régine is describing her apartment to her friends. Based on the floor plan below, tell what rooms she has and how many.

> **EXEMPLE** **Il y a une petite cuisine, etc.**

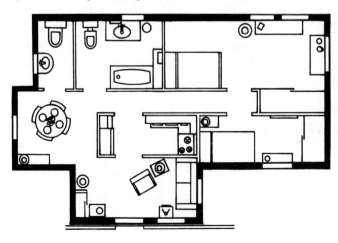

Communication et vie pratique

A. Votre chambre. Use vocabulary you know to describe to other students your room, apartment, home, or the home you would like to live in some day. They can also ask you questions about your descriptions.

B. Compliments. Imagine that you are with a French friend and want to compliment him about the following. Use adjectives like **beau, moderne, grand, sympa, joli,** etc.

> EXEMPLES appartement
> **Tu as un très joli appartement.**
> *ou:* **Ton appartement est très joli.**

1. parents
2. sœur
3. frère
4. maison
5. voiture
6. amis
7. grands-parents
8. chambre

C'est votre tour

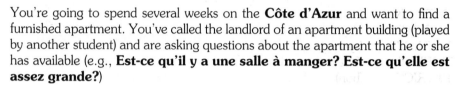

You're going to spend several weeks on the **Côte d'Azur** and want to find a furnished apartment. You've called the landlord of an apartment building (played by another student) and are asking questions about the apartment that he or she has available (e.g., **Est-ce qu'il y a une salle à manger? Est-ce qu'elle est assez grande?**)

2 pièces

Port parc Vigier, 2 pièces, cuisine semi-équipée, calme, verdure, 1.850 + charges. RIVE GAUCHE IMMOBILIERE, 56.35.17, Nice.

Avec 43 000 comptant plus un loyer, devenez propriétaire, Nice-Ouest, deux pièces neuf, luxe, vue mer. PANORAMA PROMOTION. Tél. (93) 81.74.79 Nice.

Mont-Boron : magnifique 2 pièces récent, 1er étage, grand standing, terrasse 20 m², vue mer, piscine, 2.650 + charges. Cabinet Martin, 96.78.14, Nice.

Avenue Borriglione, 2 pièces remis à neuf, tout confort, 4e étage, 1.600 mensuel plus charges 250. 88.57.01 le matin. MIDI-ILE-DE-FRANCE, Nice.

2 pièces, cuisine, bain, immeuble ancien, République, 2.200 plus petites charges. Garayt, administrateur de biens, 15, rue Alberti, 62.08.20, Nice.

Châteauneuf, 2 pièces, confort, 2e.1.750 plus charges. UNIVERSELLE, 6, Georges-Clemenceau, Nice 88.44.98.

Lanterne, bon état, calme, très clair, 1.800 + charges. BENEJAM, 88.47.34, Nice.

Centre Juan-les-Pins, 2 pièces confort, 2.000 F + charges. France-Locations, 61.61.50.

3 pièces

Fabron, 3 pièces, 2e, terrasse, vue mer, tout confort, 2.300 + 800. CABINET MONIQUE MUAUX, 80.38.08, Nice.

Cros-de-Cagnes, luxueuse villa ; Nice Etoile, confortable appartement, disponibles, actuellement plusieurs mois. 31.25.76.

Cagnes-sur-Mer, quartier hippodrome, meublés, courtes et longues durées. OFREP, 20.80.81, Cagnes.

Studios, appartements, villas à louer, semaine, quinzaine, mois. AGIM immobilier, 44, bd Foch, tél. 74.04.00.

Lanterne, villa quatre pièces, jardin, parking, longue durée, 4.500. SUD-IMMOBILIER, Nice, 81.39.81.

199, promenade Fabron, beau studio, 4e étage, 1.700 francs. Téléphone 96.32.62, Nice.

Studio port, confort, 2.300 F charges comprises. Libre avril-mai, Nice. Tél 56.57.37.

Abbaye de Roseland, deux pièces, luxe, longue durée : 3 800 (plus charges). A Votre Service. 37.24.22 Nice.

A louer appartement Cannes, 4-6 personnes, Juin, août, septembre. Tél. 64.24.11, heures repas, Vallauris.

Cagnes-sur-Mer, hippodrome mer et environs, studios, appartements, villas, quinzaine, mois. G.I.F.A. 20.17.09.

Disposons luxueuses villas avec piscine, tous secteurs, été 83. MEYER-BEER, 88.08.12, Nice.

2 pièces, Cassini, pour 6 mois, 1.500 par mois. Sud Agence, 89.42.08, Nice.

4 pièces et plus

Andreoli-Bottero, 4 pièces grand standing : 4.500 + charges. CABINET AUGUSTE GAL. 88.99.05 Nice.

Particulier loue 4 pièces, refait neuf, balcons, confort. Tél. 84.94.05 Nice (repas).

Cherche à louer 4 pièces, préférence Vieux-Nice, 71.48.30, Nice.

Intégration et perspectives: Métro, boulot, dodo

Louis Duvivier est un Français **semblable** à des millions de Français. Il travaille, il **dort,** il mange. Il habite dans la **banlieue** parisienne. Il est marié et il a trois enfants—Michel, treize ans, Anne-Marie, dix ans et Paulette, cinq ans. Duvivier travaille dans une usine d'automobiles. Il est assez content.

Sa femme travaille aussi chez Renault. Elle est secrétaire. Elle trouve son travail ennuyeux, mais pour le reste, elle est assez contente. «Nous ne sommes pas riches, mais nous ne sommes pas pauvres. Nous avons trois enfants qui sont **gentils** et qui travaillent bien à l'école. La vie dans un **H.L.M.** n'est pas idéale, mais notre appartement est confortable et nos **voisins** sont sympathiques.»

Comme tous leurs voisins, les Duvivier possèdent l'essentiel. Ils ont une voiture pour les **sorties** et les vacances et ils ont tout le confort moderne. Ils passent une bonne partie de leur temps **devant** leur télé grand-**écran.**

Oui, ils sont assez satisfaits, mais ils sont aussi **résignés** à la monotonie de leur vie. «Je suis trop fatigué pour être ambitieux», explique Duvivier. Leur **rêve** est de posséder une petite maison à la **campagne.**

Vocabulaire

métro, boulot, dodo *subway, work, sleep;* **semblable** *similar;* **il dort** *he sleeps;* **la banlieue** *suburb;* **gentil** *nice;* **H.L.M. (habitation à loyer modéré)** *low-cost apartment housing;* **la sortie** *going out, outing;* **devant** *in front of;* **écran** (m) *screen;* **résigné** *resigned;* **rêve** (m) *dream;* **la campagne** *country, countryside*

Avez-vous bien compris?

Répondez aux questions suivantes.

1. Où est-ce que Louis Duvivier habite?
2. Est-ce qu'il a des enfants?
3. Quel âge ont-ils?
4. Où est-ce qu'il travaille?
5. Est-ce que sa femme travaille aussi?
6. Qu'est-ce que les Duvivier possèdent?
7. Qu'est-ce qu'ils ont envie de posséder?

Info-culture: La maison française

L'appartement: A large percentage of people who live in cities live in apartments. However, apartment living in France and the U.S. are different in several ways:

- Most buildings (except in the suburbs) combine businesses on the street level and apartments on the upper floors.
- Many apartments are owned by residents.
- A **concierge** usually lives on the ground floor and takes care of the safety and upkeep of the building.
- The façade of the building faces the street, but the rest of the building is usually built around an inner courtyard.
- Apartment types range from **immeubles de grand standing** to low-cost **H.L.M.s.**

La maison individuelle: French houses share the following features:

- Single-family homes are usually found in the suburbs or in small towns or villages.
- They are usually surrounded by a hedge or a wall to ensure privacy.
- Traditional building materials are stone, stucco, or brick. Wood houses are limited to chalets in the mountains and very old wood frame houses found in historic parts of some cities.
- The climate and agriculture of a region traditionally have influenced the shape of the home, the roof line, and home building materials. In wine-growing regions, for example, the living quarters are usually on the second floor above the cellars.
- Country homes that may be several centuries old (but with considerable inside remodeling) are still lived in by the local people or are purchased by city people, who use them as **résidences secondaires** (weekend or summer homes).

Et vous

What would you tell a French person about housing in the United States?

Communication et vie pratique

A. Votre vie. Give the following information about yourself.

1. où vous habitez
2. votre âge
3. votre lieu de travail
4. votre situation de famille
5. vos possessions
6. votre rêve

B. Plan d'une maison. Imagine that you have French friends who are planning to work in the United States for a year. You have found the house below for them and need to describe it to them.

EXEMPLE **C'est une assez grande maison, etc.**

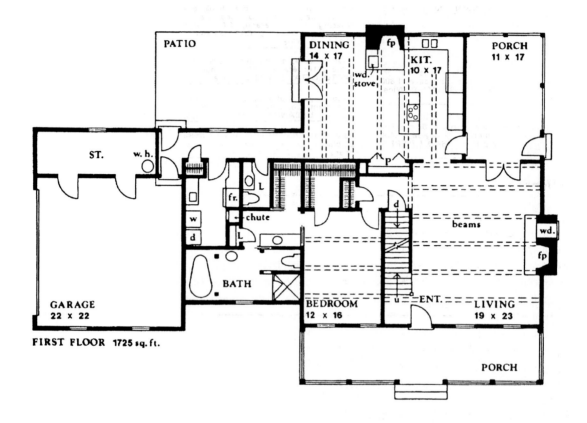

FIRST FLOOR 1725 sq. ft.

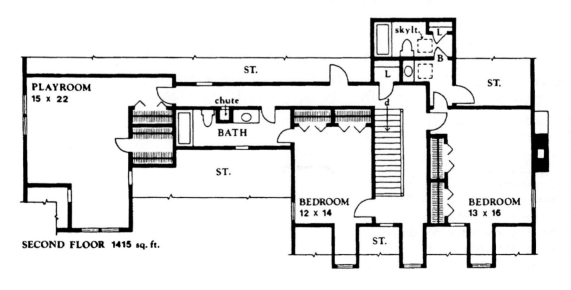

SECOND FLOOR 1415 sq. ft.

C. Louez un appartement. Look at the following ads for rooms and apartments taken from a French newspaper, and decide which apartment or room you would like to rent and why. Then, imagine that you are talking with the owner about renting the room or apartment that you have selected. Another student will play the role of the owner. Use the questions below to help you role-play the situation.

Californie, Bas Fabron, studio récent, cuisinette équipée, bains, 1.500 + 200. GERANCE IMMOBILIERE, CNAB, 38, rue de France, 93.87.78.74, Nice.

Frédéric-Mistral, studio impeccable, 32 m2, séjour et vraie cuisine sur terrasse ensoleillée, vue mer, cave, 1.800 + charges. MICHAUGERANCE, Nice, 93.87.10.88.

Hauts Vaugrenier : superbe 60 m2, jardin, vue, situation privilégiée, 4.400 charges comprises. SAINT-PIERRE, 93.07.40.20.

Promenade : beau 2 pièces 68 m2, excellent état, grands balcons, bains, dressing, cave, garage, 3.000 plus charges. LOCASSISTANCE, 93.82.01.02, Nice.

Haut Cessole, studio avec cuisinette, balcon, 1er étage, 1.350 + charges. BARTOLOTTA, 93.84.08.74, Nice.

Victor-Hugo Alphonse-Karr : bel appartement, 2e, sud, balcon, 2.600 + charges. URBANICE, 93.44.76.47, Nice.

Parc Chambrun Saint-Maurice : beau 2 pièces, garage, cave, 2.500 F + charges. Tél. 93.84.90.72, Nice.

Questions du client

—Est-ce que l'appartement est meublé?
—Combien de pièces est-ce qu'il y a?
—Est-ce que les pièces sont grandes?
—Est-ce qu'il y a un garage?
—Est-ce que c'est dans un quartier agréable?

Questions du propriétaire

—C'est pour combien de personnes?
—Où est-ce que vous travaillez?
—Est-ce que vous êtes étudiant(e)?
—Est-ce que vous avez un chien ou un chat?
—Est-ce que vous êtes marié(e)?
—Est-ce que vous avez besoin d'un garage?

Invitation à écouter

C'est la vie. Christian Romo and Denise Gravier are talking about their lives. Listen to what they say about themselves, then answer the following questions.

1. Quelle est la nationalité de la femme de Christian?
2. Quel âge ont leurs enfants?
3. Où est-ce que Christian travaille? Et sa femme?
4. Qui habite avec Christian, sa femme et ses enfants?
5. Comment est la vie de Christian?
6. Est-ce que Denise est mariée?
7. Quelle est sa profession?
8. Est-ce qu'elle a des problèmes?
9. Comment sont ses amis?
10. Comment sont leurs conversations?

Prononciation et orthographe

A. There are three basic nasal vowel sounds in French: /ɔ̃/ as in **mon**; /ɛ̃/ as in **magasin**; and /ɑ̃/ as in **étudiant.** Practice repeating words containing the sound /ɔ̃/.

mon	maison	mon livre	mon‿ami
ton	leçon	ton lit	ton‿oncle
son	concert	son chien	mon‿affiche

B. Note the difference between the pronunciation of **bon** /bɔ̃/ with a nasal sound and **bonne** /bɔn/. Note also that **bon** /bɔ̃/ becomes /bɔn/ (the same pronunciation as the feminine form **bonne**) when it is followed by a vowel sound.

/ɔ̃/	/ɔn/	/ɔn/
un bon prof	un bon‿élève	une bonne classe
un bon camarade	un bon‿hôtel	une bonne amie
un bon travail	un bon‿emploi	une bonne idée

Petite conversation

Practice repeating the following conversation.

—Corrine est contente de son appartement?
—Non, pas vraiment. Elle a de bons voisins, mais leurs enfants sont embêtants.

Vocabulaire

La maison et les possessions (Voir p. 63)
Les adjectifs possessifs (Voir p. 71)
Les adjectifs prénominaux (Voir p. 75)

Noms

l'**âge** (m)......*age*
la **banlieue**......*suburb*
la **campagne**......*country, countryside*
le/la **chat(te)**......*cat*
le/la **chien(ne)**......*dog*
le **confort**......*comfort*
l'**écran** (m)......*screen*
l'**enfant** (mf)......*child*
la **famille**......*family*
la **fille**......*daughter, girl*
le **fils**......*son*
le **frère**......*brother*
la **grand-mère**......*grandmother*
le **grand-père**......*grandfather*
l'**immeuble** (m)......*apartment building*
le **métro**......*subway*
le **million**......*million*
la **moto**......*motorcycle*
l'**oncle** (m)......*uncle*
les **parents** (m)......*parents*
la **partie**......*part*
la **photo**......*photograph*
le/la **propriétaire**......*owner*
le **quartier**......*neighborhood*
le **reste**......*rest*
le **rêve**......*dream*
le/la **secrétaire**......*secretary*
la **sœur**......*sister*
la **sortie**......*outing, exit*
la **tante**......*aunt*
le **vélo**......*bicycle*
le **vêtement**......*clothing*
le/la **voisin(e)**......*neighbor*
la **voiture**......*car, automobile*

Verbes

avoir......*to have*
avoir besoin de......*to need*
avoir envie de......*to feel like*
louer......*to rent*
montrer......*to show*
passer......*to pass, spend*
regretter......*to regret, be sorry*

Adjectifs

dernier/ière......*last, latest*
gentil(le)......*nice*
grand......*tall, large*
même......*same*
meublé......*furnished*
petit......*small*
satisfait......*satisfied*
semblable......*similar*

Divers

bien sûr......*of course*
bonne chance......*good luck*
ce que......*what, that which*
devant......*in front of*
peut-être......*perhaps*

CHAPITRE 4

Les voyages

Dans ce chapitre vous allez apprendre à...

Parler des voyages

1. *Indiquer votre destination et vos intentions*
2. *Dire où vous allez*
3. *Compter*

Vocabulaire et structures

Mise en train: En vacances: Choix et préférences
Le verbe **aller**

Les prépositions et les noms de lieux
Les nombres de 20 à 1 000

Mise en train:
En vacances: Choix et
préférences

L'endroit: Où est-ce que vous préférez passer vos vacances?

à la montagne   à la campagne   à la plage

en ville   dans votre pays   à l'étranger (*abroad*)

Les moyens de transport: Comment est-ce que vous préférez voyager?

en voiture   en autocar   en avion   à vélo

en train   en bateau   à pied

Les activités: Quand vous voyagez, quelles sont vos activités préférées?

faire des excursions
dans la région

acheter[1]
des souvenirs

visiter des musées
et des monuments

manger les spécialités
de la région

aller au concert,
au cinéma et au théâtre

faire des excursions
à pied ou à vélo

Le logement: Où est-ce que vous préférez rester?

à l'hôtel

chez des amis

dans un camping

dans une auberge
de jeunesse

[1]**Acheter** is a regular **er** verb except that an **accent grave** is added in all but the **nous** and **vous** forms: **j'achète, tu achètes, il/elle/on achète, nous achetons, vous achetez, ils/elles achètent.**

Le départ: En quelle saison est-ce que vous préférez prendre vos vacances?

en automne

en hiver

au printemps

en été

Et en quel mois? en juillet en décembre en février

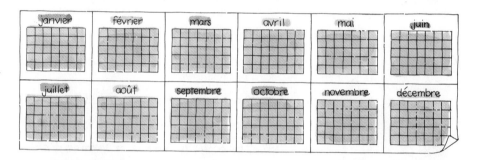

Avant le départ: Qu'est-ce qu'il faut (*what is it necessary*) faire avant le départ?

réserver une chambre
d'hôtel

acheter les billets

consulter une carte et
préparer l'itinéraire

acheter des
chèques de voyage

louer une voiture

Communication et vie pratique

A. Bon voyage! Imagine that you are planning a two-week trip to Europe. Tell
(1) in what month you are going to take your vacation, (2) which cities you
are going to visit, (3) where you are going to stay, (4) what you plan to do
in each of these cities, and (5) what needs to be done before leaving.

EXEMPLE **Je vais prendre mes vacances en juillet, etc.**

B. Au Syndicat d'Initiative. You are working for the local tourist bureau. Tell French visitors what kind of accommodations, activities, and transportation are available in your town or region.

Info-culture:
Les Français en vacances

Vacations are very important in France, where every employee is guaranteed a minimum of five weeks' paid vacation. The majority of people take their vacation during the summer (**les grandes vacances**), but more now take shorter, more frequent vacations, especially during the winter for **les vacances de ski.**

Among the more popular types of vacations are:

- vacations at the beach, especially on the **Côte d'Azur,** or in the mountains

- sports or leisure-time vacations where people learn a sport or activity

- vacations on foot, on horseback, or on bicycle in the French countryside

- vacations in country homes, called **gîtes ruraux** or **fermes d'hôtes,** where people experience country life in a variety of settings

- camping in the countryside, in the mountains, or on the beaches

- travel outside of France or stays in vacation clubs such as the **Club Méditerranée**

During the summer, children and young people can participate in a variety of activities:

- summer camps, called **colonies de vacances,** which are sponsored and subsidized by the government, cities, or religious groups

- participation in **stages** (sponsored by the **Ministère de la Jeunesse et des Sports**) to learn sailing, scuba diving, mountain climbing, theater, arts and crafts, etc.

- foreign language exchange programs and study tours (**vacances linguistiques**)

The tradition of summer jobs, so popular with American high school and college students, is less common in France. During the summer, some students participate in internships (**stages obligatoires**) that are part of their university programs in areas such as business.

Et vous?

Where do Americans like to go on vacation and what do they like to do?

Exploration 1

INDIQUER VOTRE DESTINATION ET VOS INTENTIONS

Le verbe **aller**
Présentation

The verb **aller** (*to go*) is used to indicate movement or travel, or to express future plans.

aller	
je **vais**	nous **allons**
tu **vas**	vous **allez**
il/elle/on **va**	ils/elles **vont**

Vous **allez** à Genève?
Non, nous **allons** à Lausanne.

A. When used to express future plans or intentions, a conjugated form of **aller** is followed by an infinitive.

Nous **allons voyager** en train.
Il **va étudier** à Montpellier.

Some useful expressions for talking about future plans are:

aujourd'hui	*today*
demain	*tomorrow*
pendant les vacances	*during vacation*
la semaine prochaine	*next week*
le week-end prochain	*next weekend*

B. To indicate movement to a place, **aller** is often used with the preposition **à** (*at, to*). Note how **à** combines with the definite article.

Je vais **au** concert.	**à** + **le** becomes **au**
Il parle **aux** enfants.	**à** + **les** becomes **aux**
Nous restons **à la** maison.	**à** + **la** remains **à la**
Ils sont **à l'**hôtel.	**à** + **l'** remains **à l'**

Situation

Fermeture annuelle

It is the second week of August and a friend is wondering when Madame Dubourg's neighborhood pharmacy will close.

L'AMIE Vous n'allez pas **fermer** cette **année**?
MME DUBOURG **Si,** on va fermer la semaine prochaine.
L'AMIE Vous avez des **projets** pour vos vacances?

MME DUBOURG	**D'habitude,** mon mari et moi, nous allons sur la Côte, mais cette année je voudrais passer deux semaines chez mes parents.
L'AMIE	Et vos enfants?
MME DUBOURG	Ma fille va aller aux États-Unis avec un groupe d'étudiants. Les **garçons** et mon mari vont **faire du camping** dans les Alpes.

Vocabulaire

fermer *to close;* **année** (f) *year;* **si** (*but*) *yes;* **projet** (m) *plan;* **d'habitude** *usually;* **je voudrais** *I would like;* **garçon** (m) *boy;* **faire du camping** *to go camping*

Avez-vous bien compris?

Répondez aux questions suivantes.

1. Est-ce que Mme Dubourg va fermer sa pharmacie?
2. Où est-ce que M. et Mme Dubourg vont passer leurs vacances?
3. Et sa fille, avec qui est-ce qu'elle va passer ses vacances?
4. Où est-ce que sa fille va aller?
5. Qu'est-ce que son mari et ses fils vont faire?

Premiers pas

A. Projets. Danielle and her friends have plans for this weekend. Using the cues provided, tell where they are going.

> EXEMPLE   Catherine / concert
> **Catherine va au concert.**

1. Rémi / plage
2. Bernard / restaurant
3. Christiane / bibliothèque
4. Frédéric / cinéma
5. Julie / théâtre
6. Martine / musée
7. Robert / montagne
8. Serge / campagne

B. La fête du travail. Several students are talking about their plans for the Labor Day holiday (May 1st). Tell what they are going to do.

> EXEMPLE   Serge / rester à la maison
> **Serge va rester à la maison.**

1. nous / faire du camping
2. Claudine / aller à la plage
3. mes amis / aller au théâtre
4. vous / regarder la télé
5. je / rester à la maison
6. tu / aller chez tes parents
7. mon frère / aller à la montagne
8. ma camarade de chambre / étudier

Communication et vie pratique

A. Le week-end prochain. Ask other students if they plan to do these things next weekend. Keep track of their answers so that you can report back what they plan to do.

> EXEMPLE   aller à la bibliothèque
> **Est-ce que tu vas aller à la bibliothèque?**
> **Je vais peut-être aller à la bibliothèque.**

	oui	non	peut-être

1. aller au concert
2. manger dans un bon restaurant
3. aller à la campagne
4. aller chez des amis
5. aller au cinéma
6. étudier pour un examen
7. regarder la télé
8. rester à la maison

B. Suggestions. Imagine that you and some friends are making plans for the weekend. Ask them if they would like to do the following things. They will indicate whether or not they like the idea.

> EXEMPLE   **On va à la montagne?**
> **Oui, c'est une bonne idée.**
> *ou:* **Non, je préfère rester ici.**

1.

2.

3.

4.

5.

6.

7.

8.

C'est votre tour

You're a reporter interviewing French families about their vacation plans. Ask the families (played by other students) where they are going, where they are going to stay, and what they are going to do while on vacation. The families can use one of the **fiches-vacances** given below or make up one of their own.

Les Delaleu
Destination: Genève
Logement: chez des cousins
Activités: visiter la ville, faire des excursions dans les Alpes,
                promenade en bateau sur le lac

Jean-Luc Villon et Maryse Dupont
Destination: Avignon
Logement: Hôtel de la Tour
Activités: théâtre, cinéma, musées, promenades dans la ville

Angélique et Sylvie Perron
Destination: Nice
Logement: Auberge de jeunesse
Activités: plage, visite de la vieille ville, promenades à pied dans
                la région

Exploration 2

DIRE OÙ VOUS ALLEZ

Les prépositions et les noms de lieux
Présentation

The preposition used with a location or destination depends on the kind of place:

à + city	**à** Paris
	à Chicago
en + feminine country	**en** France
	en Belgique
au + masculine country	**au** Canada
	aux États-Unis
chez + person's name	**chez** Madame Ménard
+ person	**chez** des amis
+ pronoun	**chez** moi
+ person's profession or business	**chez** le dentiste

A. Most countries ending in **e** are feminine, except **le Mexique** and **le Zaïre**.

Pays féminins		**Pays masculins**
l'Algérie	la Hollande	le Brésil
l'Allemagne (*Germany*)	l'Inde (*India*)	le Canada
l'Angleterre (*England*)	l'Irlande	le Danemark
l'Autriche (*Austria*)	l'Italie	les États-Unis
la Belgique (*Belgium*)	la Norvège	le Japon
la Chine	la Russie	le Maroc
l'Égypte	la Suède (*Sweden*)	le Mexique
l'Espagne (*Spain*)	la Suisse (*Switzerland*)	le Portugal
la France	la Tunisie	le Sénégal
		le Viêt-nam
		le Zaïre

B. **En** is also used with continents, which are feminine: **l'Afrique, l'Amérique du Nord, l'Amérique du Sud, l'Antarctique, l'Asie, l'Australie, l'Europe.**

Situation

Bonnes vacances!

Paris, July 31. A reporter is interviewing vacationers who are on their way out of the city.

LE REPORTER	Bonjour, Madame. Bonjour, Monsieur. Vous allez en vacances **cette** année?
MME ARLAND	Oui, mais pas aujourd'hui. Nous allons à la campagne.
LE REPORTER	Est-ce que vous allez passer vos vacances en France ou à l'étranger?
MME ARLAND	À l'étranger. Cette année, nous allons en Espagne et au Portugal. L'année prochaine, nous allons visiter l'Algérie et le Maroc.
LE REPORTER	**Alors,** bon voyage!

Vocabulaire

cette *this;* **alors** *well, then*

Avez-vous bien compris?

Indiquez si les phrases suivantes sont vraies ou fausses. Si la phrase est fausse, corrigez-la.

1. Un reporter pose des questions à des touristes américains.
2. M. et Mme Arland passent le week-end à la campagne.
3. Cette année, ils vont passer leurs vacances à l'étranger.
4. Cette année, ils vont visiter l'Algérie et le Maroc.

Premiers pas

A. À l'auberge de jeunesse. Some students have met in an **auberge de jeunesse.** Using the model as a guide, tell how each introduces himself or herself.

> **EXEMPLE** Brigitte / Nice / France
> **Je m'appelle Brigitte et j'habite à Nice en France.**

1. Pablo / Séville / Espagne
2. Maria / Lisbonne / Portugal
3. Juanita / Acapulco / Mexique
4. Karl / Vienne / Autriche
5. Théo / Athènes / Grèce
6. Amadou / Dakar / Sénégal
7. Djenat / Alexandrie / Égypte
8. Érik / Oslo / Norvège
9. Miko / Tokyo / Japon
10. Bob / Philadelphie / États-Unis

B. Agent de voyages. Marc Leclerc is telling his secretary where his clients have decided to go this year. Based on the information on his checklist, what does he say?

> **EXEMPLE** Les Maurois / Espagne et Portugal
> **Les Maurois vont en Espagne et au Portugal.**

1. Les Bursaux / Sénégal et Zaïre
2. Les Robert / Suisse et Italie
3. Les Miot / Norvège et Danemark
4. Les Marchais / Canada et États-Unis
5. Les Pinchon / Angleterre et Irlande
6. Les Pégard / Algérie et Maroc

Communication et vie pratique

A. Vacances à l'étranger. Decide what countries you would like to visit. Then find out if another student would like to visit those countries.

> **EXEMPLE** **Je voudrais aller au Japon. Et toi?**
> **Non, je n'ai pas envie de visiter le Japon, mais je voudrais bien aller en Chine.**

B. Bonnes vacances! What would be a good vacation spot abroad for the following people?

> **EXEMPLE** Pour ma camarade de chambre, des vacances...
> **Pour ma camarade de chambre, des vacances en Italie.**

1. Pour mon prof de français, un voyage...
2. Pour ma famille, quinze jours...
3. Pour mes amis, trois semaines...
4. Pour les étudiants de notre classe, des vacances...
5. Pour moi, des vacances...

C. Villes et pays. Tell where the following cities are located. Then give the names of other cities and see if other students can give the name of the country where each is located.

> EXEMPLE   Dakar
> —**Où est Dakar?**
> —**C'est au Sénégal.**

1. Bruxelles
2. Genève
3. Londres
4. Berlin
5. Moscou
6. Montréal
7. Alger
8. Strasbourg
9. Rome
10. Lisbonne

 C'est votre tour

You and several other experienced jetset travelers are bragging about your travel plans for the year. Ask each other what cities and countries you are going to visit, where you are going to stay, and what you are going to do.

> EXEMPLE   **Moi, je vais aller en Égypte et je vais visiter les Pyramides.**

Exploration 3

COMPTER

Les nombres de 20 à 1 000
Présentation

The numbers from 20 to 60 are:

20 vingt	**28** vingt-huit	**42** quarante-deux
21 vingt et un	**29** vingt-neuf	. . .
22 vingt-deux	**30** trente	**50** cinquante
23 vingt-trois	**31** trente et un	**51** cinquante et un
24 vingt-quatre	**32** trente-deux	**52** cinquante-deux
25 vingt-cinq	. . .	. . .
26 vingt-six	**40** quarante	**59** cinquante-neuf
27 vingt-sept	**41** quarante et un	**60** soixante

The numbers from 70 to 99 follow a slightly different pattern.

70 soixante-dix		**82** quatre-vingt-deux	
71 soixante et onze		. . .	
72 soixante-douze		**90** quatre-vingt-dix	
. . .		**91** quatre-vingt-onze	
79 soixante-dix-neuf		**92** quatre-vingt-douze	
80 quatre-vingts[2]		. . .	
81 quatre-vingt-un		**99** quatre-vingt-dix-neuf	

Numbers in the hundreds follow a regular pattern.

100 cent	**201** deux cent un
101 cent un	**259** deux cent cinquante-neuf
102 cent deux	**300** trois cents
200 deux cents[2]	**1 000** mille

A. To ask how much something costs, use the question **Combien est-ce que ça coûte?** or the more colloquial **Combien est-ce que ça fait?** (*How much does that make?*), **Ça fait combien?** or **C'est combien?**

—**Combien est-ce que ça coûte?**
—**Ça coûte** cinquante-huit francs.
—**Combien est-ce que ça fait?**
—**Ça fait** trois cents francs.

B. Cardinal numbers are used in dates except for the first day of the month (**le premier**). When writing dates numerically, the French write the day first, then the month. For example, **le 8-12-95** would be December 8, 1995. To ask the date, you ask **Quelle est la date?** or **Quel jour sommes-nous?**

Situation

Réservations
Laurence Rivière has called to reserve a room at the **Hôtel du Mont Blanc** for a business trip to Geneva.

L'EMPLOYÉE	**Allô.** Hôtel du Mont Blanc. Bonjour.
LAURENCE	Bonjour, Madame, je voudrais réserver une chambre pour le trente juin.
L'EMPLOYÉE	C'est pour **combien de** personnes?
LAURENCE	Pour une personne.
L'EMPLOYÉE	Et pour combien de **nuits?**
LAURENCE	Une nuit **seulement.**

[2]An **s** is added to **quatre-vingt(s)** and **cent(s)** only when they are the last word in the number.

L'EMPLOYÉE	**Voyons...** j'ai une chambre avec salle de bains.
LAURENCE	Quel est le **prix?**
L'EMPLOYÉE	Quatre cent quatre-vingts francs.
LAURENCE	Le petit déjeuner est **compris?**
L'EMPLOYÉE	Oui, madame, **tout** est compris.

Vocabulaire

allô *hello (on the telephone)*; **combien de** *how much, how many;* **nuit** (f)
night; **seulement** *only;* **voyons** *okay, let's see;* **prix** (m) *price;* **compris**
included; **tout** *everything*

Avez-vous bien compris?

1. Quand est-ce que Laurence va être à Genève?
2. Quel hôtel est-ce qu'elle appelle?
3. Combien de nuits est-ce qu'elle va rester?
4. Combien est-ce que la chambre coûte?
5. Combien coûte le petit déjeuner?

Premiers pas

A. À quelle adresse? Passengers are going to different restaurants and give
the addresses to the driver. What do they say?

> EXEMPLE   Le Bidou / 26, rue Montreuil
> **Le Bidou, c'est à quelle adresse?**
> **C'est au vingt-six rue Montreuil.**

1. La Résidence / 249, rue Président Roosevelt
2. La Margelle / 38, rue Basch
3. La Ferronière / 63, avenue Charles de Gaulle
4. La Petite Auberge / 119, rue Desoyer
5. Boule d'Or /525, rue de l'Argenterie
6. Rosello / 916, avenue Vernet

B. Quel est le prix? An employee of the **S.N.C.F.** is giving the prices of first-
class (**première classe**) and second-class (**deuxième classe**) train tickets
between Paris and several French or Swiss cities. What does she say?

> EXEMPLE   **Paris/Lyon (1ᵉ)**
> **Quel est le prix d'un billet de première classe**
> **Paris–Lyon?**
> **Ça fait trois cent quatre-vingt-neuf francs.**

1. Paris/Beaune (1ᵉ)
2. Paris/Toulon (1ᵉ)
3. Paris/Evian (2ᵉ)
4. Paris/Nîmes (2ᵉ)
5. Paris/Dijon (2ᵉ)
6. Paris/Genève (1ᵉ)
7. Paris/Nice (2ᵉ)
8. Paris/Marseille (1ᵉ)
9. Paris/Valence (2ᵉ)
10. Paris/Lausanne (1ᵉ)

RELATIONS AU DÉPART OU À DESTINATION DE PARIS	Prix du billet Plein tarif Trajet simple		Prix de la "Résa TGV"							
			1		2		3		4	
	1ère classe	2ème classe	1ère classe	2ème classe	1ère classe	2ème classe	1ère classe	2ème classe	1ère classe	2ème classe
AIX-LES-BAINS	418 F	279 F	18 F	18 F	108 F	45 F	54 F	90 F	117 F	99 F
ANNECY	438 F	292 F	18 F	18 F	108 F	45 F	54 F	90 F	117 F	99 F
ANNEMASSE	449 F	302 F	18 F	18 F	72 F	36 F	36 F	63 F	90 F	72 F
ANTIBES	665 F	443 F	18 F	18 F	36 F	27 F	18 F	45 F	63 F	54 F
AVIGNON	505 F	339 F	18 F	18 F	72 F	36 F	36 F	63 F	90 F	72 F
BEAUNE	294 F	196 F	18 F	18 F	72 F	36 F	36 F	63 F	90 F	72 F
BELLEGARDE	424 F	283 F	18 F	18 F	72 F	36 F	36 F	63 F	90 F	72 F
BERN	548 F	354 F	36 F	36 F	90 F	45 F	45 F	81 F	108 F	90 F
BESANÇON	332 F	222 F	18 F	18 F	72 F	36 F	36 F	63 F	90 F	72 F
BÉZIERS	592 F	397 F	18 F	18 F	36 F	27 F	18 F	45 F	63 F	54 F
BOURG-EN-BRESSE	371 F	248 F	18 F	18 F	72 F	36 F	36 F	63 F	90 F	72 F
CANNES	659 F	440 F	18 F	18 F.	36 F	27 F	18 F	45 F	63 F	54 F
CHALON-SUR-SAÔNE	312 F	208 F	18 F	18 F	72 F	36 F	36 F	63 F	90 F	72 F
CHAMBÉRY	431 F	290 F	18 F	18 F	108 F	45 F	54 F	90 F	117 F	99 F
CULOZ	407 F	271 F	18 F	18 F	72 F	36 F	36 F	63 F	90 F	72 F
DIJON	279 F	186 F	18 F	18 F	72 F	36 F	36 F	63 F	90 F	72 F
DOLE	305 F	204 F	18 F	18 F	72 F	36 F	36 F	63 F	90 F	72 F
ÉVIAN	463 F	309 F	18 F	18 F	72 F	36 F	36 F	63 F	90 F	72 F
FRASNE	344 F	230 F	18 F	18 F	72 F	36 F	36 F	63 F	90 F	72 F
GENÈVE	440 F	294 F	18 F	18 F	72 F	36 F	36 F	63 F	90 F	72 F
GRENOBLE	454 F	305 F	18 F	18 F	126 F	54 F	63 F	90 F	126 F	108 F
LAUSANNE	450 F	295 F	36 F	36 F	90 F	45 F	45 F	81 F	108 F	90 F
LE CREUSOT TGV	316 F	211 F	18 F	18 F	108 F	54 F	54 F	90 F	126 F	108 F
LYON	389 F	261 F	18 F	18 F	108 F	54 F	54 F	90 F	126 F	108 F
MÂCON TGV	351 F	235 F	18 F	18 F	108 F	54 F	54 F	90 F	126 F	108 F
MARSEILLE	567 F	380 F	18 F	18 F	36 F	27 F	18 F	45 F	63 F	54 F
MONTBARD	234 F	157 F	18 F	18 F	72 F	36 F	36 F	63 F	90 F	72 F
MONTÉLIMAR	459 F	306 F	18 F	18 F	72 F	36 F	36 F	63 F	90 F	72 F
MONTPELLIER	556 F	373 F	18 F	18 F	36 F	27 F	18 F	45 F	63 F	54 F
MOUCHARD	318 F	212 F	18 F	18 F	72 F	36 F	36 F	63 F	90 F	72 F
NEUCHÂTEL	442 F	290 F	36 F	36 F	90 F	45 F	45 F	81 F	108 F	90 F
NICE	675 F	450 F	18 F	18 F	36 F	27 F	18 F	45 F	63 F	54 F
NÎMES	530 F	356 F	18 F	18 F	36 F	27 F	18 F	45 F	63 F	54 F
PONTARLIER	353 F	236 F	18 F	18 F	72 F	36 F	36 F	63 F	90 F	72 F
SAINT-ÉTIENNE	419 F	281 F	18 F	18 F	108 F	54 F	54 F	90 F	126 F	108 F
SAINT-RAPHAËL	649 F	435 F	18 F	18 F	36 F	27 F	18 F	45 F	63 F	54 F
THONON-LES-BAINS	458 F	306 F	18 F	18 F	72 F	36 F	36 F	63 F	90 F	72 F
TOULON	601 F	403 F	18 F	18 F	36 F	27 F	18 F	45 F	63 F	54 F
VALENCE	442 F	297 F	18 F	18 F	72 F	36 F	36 F	63 F	90 F	72 F
VALLORBE	356 F	238 F	36 F	36 F	90 F	45 F	45 F	81 F	108 F	90 F

Communication et vie pratique

A. À la gare Saint-Lazare. You are at the Saint-Lazare railroad station in Paris and are trying to locate the following places. Use the map and legend given on the next page and tell where the following are located.

> EXEMPLE la pharmacie
> **Où est la pharmacie?**
> **C'est au numéro quarante et un.**

1. les taxis
2. le métro
3. le téléphone
4. la banque
5. les W.-C.
6. la police
7. les autobus
8. les billets

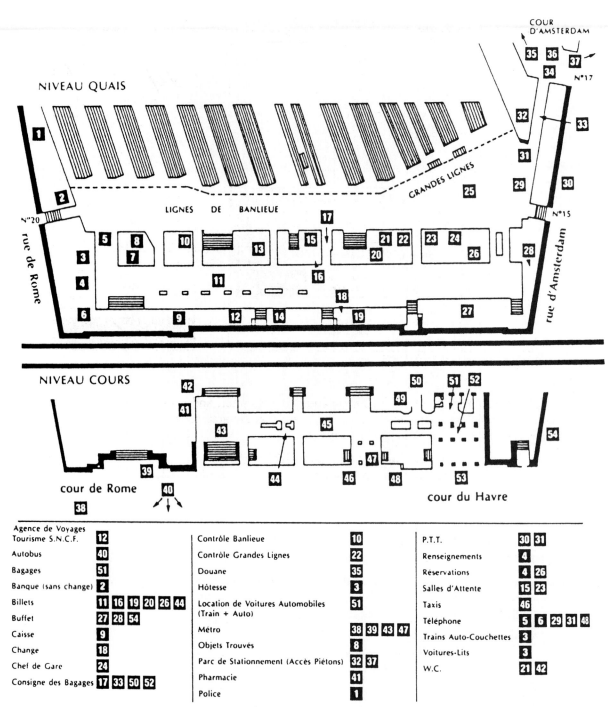

Agence de Voyages Tourisme S.N.C.F.	12					Contrôle Banlieue	10			P.T.T.	30	31
Autobus	40					Contrôle Grandes Lignes	22			Renseignements	4	
Bagages	51					Douane	35			Réservations	4	26
Banque (sans change)	2					Hôtesse	3			Salles d'Attente	15	23
Billets	11	16	19	20	26 44	Location de Voitures Automobiles (Train + Auto)	51			Taxis	46	
Buffet	27	28	54			Métro	38 39 43 47			Téléphone	5 6 29 31 48	
Caisse	9					Objets Trouvés	8			Trains Auto-Couchettes	3	
Change	18					Parc de Stationnement (Accès Piétons)	32 37			Voitures-Lits	3	
Chef de Gare	24					Pharmacie	41			W.C.	21	42
Consigne des Bagages	17 33 50 52					Police	1					

B. Vacances scolaires. Ask another student questions to find out important dates in the school calendar on the next page: **la rentrée, les vacances de la Toussaint, de Noël, d'hiver, de printemps, d'été.**

EXEMPLE   la rentrée
C'est quand la rentrée?
C'est le mardi 7 septembre.

VACANCES SCOLAIRES 1993-1994

	ZONE A	ZONE B	ZONE C
RENTRÉE 1993		Mardi 7 Septembre *au matin*	
TOUSSAINT		du Jeudi 21 Octobre *après la classe* au Mardi 2 Novembre *au matin*	
NOËL		du Mardi 21 Décembre *après la classe* au Lundi 3 Janvier *au matin*	
HIVER	du Vendredi 25 Février *après la classe* au Lundi 14 Mars *au matin*	du Vendredi 18 Février *après la classe* au Lundi 7 Mars *au matin*	du Vendredi 11 Février *après la classe* au Lundi 28 Février *au matin*
PRINTEMPS	du Samedi 23 Avril *après la classe* au Lundi 9 Mai *au matin*	du Samedi 16 Avril *après la classe* au Lundi 2 Mai *au matin*	du Samedi 9 Avril *après la classe* au Lundi 25 Avril *au matin*
ÉTÉ		du Mardi 5 Juillet *après la classe* au Mardi 6 Septembre *au matin*	

Académie de Corse : calendrier scolaire arrêté par le recteur.

ZONE A	Caen - Clermont Ferrand Grenoble - Lyon - Montpellier Nancy/Metz - Nantes Rennes - Toulouse
ZONE B	Aix/Marseille - Amiens Besançon - Dijon - Lille Limoges - Nice Orléans/Tours - Poitiers Reims - Rouen - Strasbourg
ZONE C	Bordeaux - Créteil Paris - Versailles

C. Au téléphone. You are working as an international operator, and French clients (played by other students) have called to ask you the area codes for different American cities. Role-play the situation.

> **EXEMPLE** **Quel est l'indicatif de Détroit?**
> **C'est le trois cent treize.**

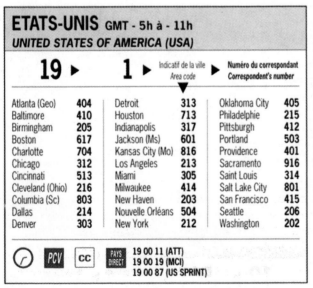

ETATS-UNIS GMT - 5h à - 11h
UNITED STATES OF AMERICA (USA)

19 ▶ **1 ▶** Indicatif de la ville / Area code ▶ **Numéro du correspondant** / *Correspondent's number* ▼

Atlanta (Geo)	404	Detroit	313	Oklahoma City	405
Baltimore	410	Houston	713	Philadelphie	215
Birmingham	205	Indianapolis	317	Pittsburgh	412
Boston	617	Jackson (Ms)	601	Portland	503
Charlotte	704	Kansas City (Mo)	816	Providence	401
Chicago	312	Los Angeles	213	Sacramento	916
Cincinnati	513	Miami	305	Saint Louis	314
Cleveland (Ohio)	216	Milwaukee	414	Salt Lake City	801
Columbia (Sc)	803	New Haven	203	San Francisco	415
Dallas	214	Nouvelle Orléans	504	Seattle	206
Denver	303	New York	212	Washington	202

PCV CC PAYS DIRECT 19 00 11 (ATT)
19 00 19 (MCI)
19 00 87 (US SPRINT)

France ▶ Etranger *France ▶ Foreign countries*

C'est votre tour

You are planning several different itineraries and need to find out the distances between different French cities (e.g., **Quelle est la distance entre Lyon et Strasbourg? entre Paris et Lille?**). You call the **Syndicat d'Initiative,** where the employee (played by another student) answers your questions. The tourists can use the map of **la France routierè** below to help them decide where they want to go, and the employees of the **Syndicat** can use the mileage scale on the next page to respond to the tourists' questions.

FRANCE ROUTIÈRE

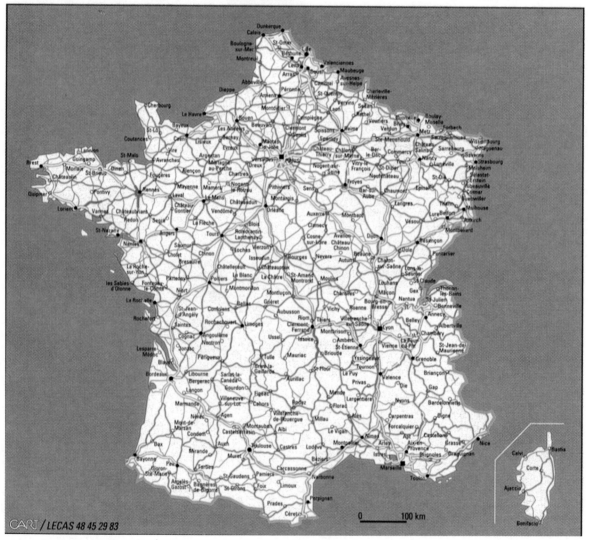

DISTANCES KILOMÉTRIQUES

EN FRANCE	ANGERS	BIARRITZ	BORDEAUX	CHERBOURG	DIJON	GRENOBLE	LE HAVRE	LILLE	LYON	MARSEILLE	NANCY	NANTES	PARIS	PERPIGNAN	REIMS	RENNES	ROUEN	STRASBOURG	TOULOUSE	VICHY
ANGERS		525	343	297	470	634	323	490	527	832	595	89	290	739	461	122	268	703	541	380
BIARRITZ	525		182	822	918	822	841	974	719	705	1000	520	738	444	895	627	781	1136	285	570
BORDEAUX	343	182		640	619	675	659	792	842	555	818	338	546	447	713	445	599	907	250	428
CHERBOURG	297	822	640		640	866	269	459	759	1078	659	337	336	1036	496	198	243	799	838	633
DIJON	470	918	619	640		279	510	466	197	523	192	586	300	703	276	562	425	304	679	244
GRENOBLE	634	822	675	866	279		774	771	109	280	480	741	586	459	555	747	698	506	558	233
LE HAVRE	323	841	659	269	510	774		284	667	974	520	398	201	1053	318	320	84	650	844	541
LILLE	490	974	792	459	466	771	284		664	1005	375	584	215	1083	192	506	216	498	926	571
LYON	527	719	842	759	197	109	667	664		326	398	598	462	512	473	640	591	434	506	125
MARSEILLE	832	705	555	1078	523	280	974	1005	326		724	909	772	332	799	958	896	760	407	433
NANCY	595	1000	618	659	192	480	520	375	398	724		687	299	904	190	667	435	140	883	451
NANTES	89	520	338	337	586	741	398	584	598	909	687		379	743	549	106	357	795	545	483
PARIS	290	738	546	336	300	586	201	215	462	772	299	379		848	147	331	117	442	678	342
PERPIGNAN	739	444	447	1036	703	459	1053	1083	512	332	904	743	848		939	850	977	945	195	512
REIMS	461	895	713	496	276	555	318	192	473	799	190	549	147	939		498	233	330	824	427
RENNES	122	627	445	198	562	747	320	506	640	958	667	106	331	850	498		290	771	652	523
ROUEN	268	781	599	243	425	698	84	216	591	896	435	357	117	977	233	290		566	768	485
STRASBOURG	103	1136	907	799	304	506	650	498	434	760	140	795	442	945	330	771	566		940	574
TOULOUSE	541	285	250	838	679	558	844	926	506	407	883	545	678	195	824	652	768	940		432
VICHY	380	570	428	633	244	233	541	571	125	433	451	483	342	512	427	523	485	574	432	

Intégration et perspectives: Projets de vacances

Avez-vous bien compris?

Answer the following questions.

A. *Nefta, hôtel Sunoa*
1. Dans quel pays est Nefta?
2. Comment sont les chambres?
3. Est-ce que le petit déjeuner est servi?
4. Quelles sont les activités possibles?

B. *Marrakech, hôtel Kenza*
1. Dans quel pays est Marrakech?
2. Combien de chambres est-ce qu'il y a dans l'hôtel Kenza?
3. Comment sont les chambres?
4. Pourquoi est-ce que c'est un bon hôtel pour les gens qui aiment les animaux?

C. *Pointe-à-Pitre, hôtel Relais Bleu*
1. Où est situé l'hôtel?
2. Combien de chambres est-ce qu'il y a?
3. Qu'est-ce qu'il y a dans chaque chambre?
4. Est-ce qu'il y a une piscine?

GUADELOUPE
POINTE-A-PITRE

■ HOTEL RELAIS BLEU

Votre hôtel (***) est situé à 300 m de la plage. 60 chambres avec T.V., radio, téléphone, mini-bar, air conditionné et s. de b. Un restaurant. Petit déjeuner servi sous forme de buffet. Piscine et bar-piscine. Bon établissement pour votre premier contact avec la Guadeloupe.

2 nuits avec petit déjeuner.

SEJOUR TUNISIE 5 JOURS/4 NUITS
NEFTA
■■■■ HOTEL CATEGORIE SUPERIEURE
SUNOA

Bar, café, 2 restaurants, salle de télévision, salle de conférence, une boutique.
CHAMBRE : très spacieuse, climatisée, téléphone, bain ou douche.
TABLE : petit déjeuner au restaurant, ou continental servi dans la chambre.
SPORTS : 2 courts de tennis. Ping-pong. Piscine avec chaises longues et parasols.
LE SOIR : danses folkloriques une fois par semaine.
Les animaux sont acceptés.
Cartes de crédit acceptées : American Express, Visa, Mastercard.

SEJOUR MAROC 8 JOURS/7 NUITS
MARRAKECH
■■■ HOTEL 1re CATEGORIE
KENZA

118 chambres, bar-salon avec TV, boutique.
CHAMBRE : avec salle de bains complète, téléphone, balcon.
TABLE : petit déjeuner servi en chambre compris. Restaurant à la carte, snack-bar à la piscine.
SPORTS : piscine, golf, club de tennis à 700 m.
Les petits chiens sont acceptés.
Cartes de crédit acceptées : American Express, Visa.

Info-culture: Jours fériés en Europe et aux USA

The calendar on the facing page lists official holidays in France and in the U.S. Explanations of each of the numbered items follows.

1. **La Toussaint:** For All Saint's Day (November 1), students have a one-week vacation. Many people go to the cemetery to put flowers on the graves of their relatives.

2. **L'Armistice 1918:** This holiday commemorates the end of the First World War. Ceremonies are held to honor those who died in the service of their country during that war.

3. **Noël:** On Christmas Eve (**la Veille de Noël**), many families enjoy a special holiday meal called **le Réveillon** and a special cake called **la bûche de Noël.** Families exchange gifts and **le père Noël** arrives on Christmas Eve and leaves gifts in shoes that children leave on the hearth.

4. **Le nouvel an (le 1er janvier):** Many French people celebrate New Year's Eve in much the same way Americans do: dinners, parties, get-togethers with friends and families. Greeting cards are sent at this time (rather than at Christmas) to wish friends and family members a healthy and prosperous New Year.

5. **Pâques/le lundi de Pâques:** Easter and Easter Monday create a three-day weekend, and school vacations occur at this time. Although there is no Easter Bunny, children receive chocolate eggs.

6. **Le premier mai:** This holiday is Labor Day in France with worker demonstrations and rallies.

7. **L'Anniversaire de la Libération (1945):** This holiday commemorates the end of the Second World War.

8. **L'Ascension, la Pentecôte, and l'Assomption:** All three are Catholic holidays.

9. **La fête nationale:** July 14 commemorates the taking of the Bastille during the French revolution. On this holiday, there are many military parades, fireworks, and dances (**bals populaires**).

Et vous?

Tell a French friend when American college students have vacation and what the main American holidays are.

JOURS FÉRIÉS EN EUROPE ET U.S.A.

Jour	Date	Fête	ALLEMAGNE	BELGIQUE	CANADA	ESPAGNE	ÉTATS-UNIS	FRANCE	GDE-BRETAGNE	ITALIE	LUXEMBOURG	PAYS-BAS	SUISSE
Lundi	2 septembre	Labor Day			●		●						
Jeudi	5 septembre	Jeûne Genevois											●(5)
Lundi	16 septembre	Jeûne Fédéral											●(3)
Jeudi	3 octobre	Tag der Dt. Einheit	●										
Samedi	12 octobre	Fête Nationale				●							
Lundi	14 octobre	Columbus Day					●						
Vendredi	1 novembre	Toussaint	●	●	●	●		●		●	●		●(2)
Lundi	11 novembre	Armistice 1918		●				●					
Lundi	11 novembre	Veterans' Day					●						
Mercredi	20 novembre	Buß- und Bettag	●										
Jeudi	28 novembre	Thanksgiving Day					●						
Lundi	9 décembre	Immaculée Conception				●				●			
Mardi	24 décembre	Veillée de Noël	●										
Mercredi	25 décembre	Noël	●		●	●	●	●	●	●	●	●	●
Jeudi	26 décembre	Lendemain de Noël	●					●(8)	●	●	●	●	●
Mardi	31 décembre	Saint-Sylvestre	●							●			●(5)
Mercredi	1 janvier	Jour de l'An	●	●	●	●	●	●		●	●	●	●
Lundi	6 janvier	Épiphanie	●(6)			●				●			●(1)
Lundi	20 janvier	Martin Luther King Jr.'S					●						
Lundi	17 février	Washington's Birthday					●						
Jeudi	19 mars	San José				●							
Jeudi	16 avril	Jeudi Saint			●	●							
Vendredi	17 avril	Vendredi Saint			●	●							
Dimanche	19 avril	Pâques	●		●	●		●(8)		●	●	●	●
Lundi	20 avril	Lundi de Pâques	●	●	●	●		●		●	●	●	●
Samedi	25 avril	Anniv. de la Libération								●			
Jeudi	30 avril	Anniv. de la Reine									●		
Vendredi	1 mai	Fête du Travail	●	●		●		●		●	●		●
Lundi	4 mai	May Day Holiday							●				
Vendredi	8 mai	Anniversaire 1945						●					
Lundi	25 mai	Memorial Day					●						
Lundi	25 mai	Late Spring Holiday							●				
Jeudi	28 mai	Ascension	●	●							●	●	●
Mardi	2 juin	Fête Nationale								●			
Dimanche	7 juin	Pentecôte	●	●							●	●	●
Lundi	8 juin	Lundi de Pentecôte	●	●							●	●	●
Jeudi	18 juin	Fronleichnam	●(7)										●(2)
Jeudi	18 juin	Corpus				●							
Mardi	23 juin	Fête Nationale									●		
Mardi	23 juin	Anniv. du Grand Duc									●		
Mercredi	24 juin	St-Jean-Baptiste (Québec)			●								
Mercredi	1 juillet	Confédération Canada			●								
Samedi	4 juillet	Independence Day					●						
Mardi	14 juillet	Fête Nationale						●					
Mardi	21 juillet	Fête Nationale		●									
Samedi	25 juillet	Santiago				●							
Samedi	1 août	Fête Nationale											●(4)
Samedi	15 août	Assomption	●(6)	●		●		●		●	●		●(2)
Lundi	31 août	Late Summer Holiday							●				

Cantons de: (1) TESSIN-URI et SCHWYZ seulement, (2) cantons Catholiques seulement, (3) VAUD seulement, (4) ZURICH, SHAFFAUSEN, THURGAU et TESSIN seulement, (5) GENÈVE seulement, (6) BAVIÈRE seulement, (7) sauf BERLIN, (8) ALSACE-LORRAINE seulement.

Communication et vie pratique

A. **En vacances!** Answer the following questions or use them to interview another student.

1. Où est-ce que tu aimes aller en vacances?
2. Qu'est-ce que tu aimes faire quand tu es en vacances?
3. En quel mois est-ce que tu préfères voyager?
4. Quels pays est-ce que tu désires visiter?
5. Est-ce que tu désires visiter la France un jour?
6. Quelles villes françaises est-ce que tu désires visiter?
7. Quels monuments parisiens est-ce que tu désires visiter?
8. Quel est le voyage de tes rêves?

B. **Situation.** You are working for a French travel agent who has asked you to make travel arrangements for some clients. What questions would you ask to find out the following information? Use these questions to interview the clients to help them make their vacation plans.

1. what countries they are going to visit
2. if they are going to travel by train or by plane
3. if they are going to rent a car
4. in what month they prefer traveling
5. if they are going to stay in a small or a big hotel
6. in what season or month they are going to leave

C. **À Versailles.** You are planning a trip to Versailles and you are looking in the *Guide Michelin* for a hotel. For each hotel listed on page 109, tell its telephone number, how many rooms there are, and what the price range is.

> **EXEMPLE** l'hôtel Paris
>
> **L'hôtel Paris a trente-cinq chambres. Le prix des chambres va de cent soixante à deux cent soixante-dix francs. Le numéro de téléphone est le trente-neuf, cinquante, cinquante-six, zéro-zéro.**

1. Novotel
2. Trianon Palace
3. Home St-Louis
4. Printania
5. Résidence du Berry
6. Urbis

D. **C'est votre tour.** Imagine that you have called to reserve a room at one of the Versailles hotels listed on p. 109 in the *Guide Michelin*. Ask the hotel reservations employee (played by another student) about what the hotel has to offer. Tourists should prepare their questions (e.g., **Quel est le prix des chambres? Est-ce qu'il y a un parking?**), and hotel reservations employees need to be familiar with their hotels. Use the **Situation** as a guide to role-play the conversation with another student. You will find the following legend to *Guide Michelin* symbols useful.

Versailles Ⓟ 78000 Yvelines 🎱🎱🎱 ⊘. 🎱🎱 G. Ile de France – 95 240 h. alt. 132.

Voir Château*** Y – Jardins*** (Grandes Eaux*** et fêtes de nuit*** en été) V – Ecuries Royales* Y – Trianon** V – Musée Lambinet* Y M.

🏌🏌🏌 Racing Club de France (privé) ✆ 39 50 59 41, par ③ : 2,5 km.

🛈 Office de Tourisme 7 r. Réservoirs ✆ 39 50 36 22.

Paris 22 ① – Beauvais 92 ⑦ – Dreux 62 ⑥ – Évreux 85 ⑦ – Melun 59 ③ – ♦Orléans 121 ③.

Plan pages précédentes

🏨 **Trianon Palace** ⏩, 1 bd Reine ✆ 39 50 34 12, Télex 698863, Fax 39 49 00 77, ☎, parc, « Piscine et fitness-club », ⚒ – 🖸 🖸 ☎ Ⓟ – 🔬 80, 🕮 ⓞ E 🕮 ⚒ rest   X r
R 130/235 – ⊑ 65 – 110 ch 790/1165, 10 appart. – ½ P 656/1110.

🏨 **Novotel** Ⓜ, 4 bd St-Antoine au Chesnay ⊠ 78150 ✆ 39 54 96 96, Télex 689624, Fax 39 54 94 40 – 🖸 🖸 ☎ ㊓ 🚗 – 🔬 25 à 150, 🕮 ⓞ E 🕮   X z
R carte environ 150 ♨, enf. 48 – ⊑ 45 – 103 ch 480/500, 3 appart. 850.

🏨 **Mercure** Ⓜ sans rest, r. Marly-le-Roi au Chesnay, face centre commercial Parly II ⊠ 78150 ✆ 39 55 11 41, Télex 695205, Fax 39 55 06 22 – 🖸 ⇗ 🖸 ☎ Ⓟ 🕮 ⓞ E 🕮   U e
⊑ 43 – 78 ch 440/470.

🏨 **Résidence du Berry** Ⓜ sans rest, 14 r. Anjou ✆ 39 49 07 07, Télex 689058 – 🖸 🖸 ☎, 🕮 ⓞ E 🕮   Z s
⊑ 30 – 38 ch 330/380.

🏨 **Urbis** Ⓜ sans rest, av. Dutartre au Chesnay, centre commercial Parly II ⊠ 78150 ✆ 39 63 37 93, Télex 689188 – 🖸 ⇗ 🖸 ☎ ㊓ E 🕮   U n
⊑ 27 – 72 ch 310/330.

🏨 **Printania** sans rest, 7 bis r. Montbauron ✆ 39 50 44 10 – 🖸 ☎ 🕮 E 🕮   Y n
⊑ 23 – 30 ch 205/290.

🏨 **Home St-Louis** sans rest, 28 r. St-Louis ✆ 39 50 23 55, Télex 689793 – 🖸 ☎ E 🕮   Z d
⊑ 22 – 27 ch 200/260.

🏨 **Paris** sans rest, 14 av. Paris ✆ 39 50 56 00, Fax 39 50 21 83 – ☎ 🕮 E 🕮   YZ e
⊑ 28 – 35 ch 160/270.

🍴🍴🍴 ✿✿ **Les Trois Marches** (Vié), 3 r. Colbert ✆ 39 50 13 21, Fax 39 51 15 45, ☎, « Élégant hôtel particulier du 18ᵉ siècle » – 🕮 ⓞ E 🕮   Y u
fermé dim. et lundi – R 230 (déj.) (sauf sam.)/435 et carte
Spéc. Barigoule de homard et artichauts, Canard aux navets et truffes, Filet d'agneau farci aux herbes.

🍴🍴 **Rescatore**, 27 av. St-Cloud ✆ 39 50 23 60, produits de la mer – 🖼, 🕮 E 🕮   Y s
fermé sam. midi et dim. – R 225 (déj.) et carte 260 à 320.

🍴 **Potager du Roy**, 1 r. Mar.-Joffre ✆ 39 50 35 34, Fax 39 51 15 45 – 🖼 E 🕮   Z r
fermé dim. et lundi – R 115/160.

🍴 **Vert Galant**, 85 r. Paroisse ✆ 30 21 76 50 – 🕮 ⓞ E 🕮   Y v
fermé merc. – R 85/135.

🍴 **Le Connemara**, 41 rte Rueil au Chesnay ⊠ 78150 ✆ 39 55 63 07 – 🕮 ⓞ E 🕮
fermé 30 juil. au 20 août, vacances de fév., dim. et lundi – R 135.

ALFA ROMEO Maintenon Autom. 18 av. de Maintenon, Le Chesnay ✆ 39 54 29 45
AUTOBIANCHI-LANCIA Gar. de Versailles, 18/22 de Coude ✆ 39 51 06 68
BMW Gar. Lostanlen, 10 r. de la Celle, Le Chesnay ✆ 39 54 75 20
CITROEN Succursale, 124 av. des États-Unis ✆ 30 21 52 53
FIAT Sodiam 78, 15 r. Parc de Chagny ✆ 39 50 64 10
FORD V.S.D.A. 2 r. Chemin de Fer ✆ 30 21 16 04
PEUGEOT-TALBOT Gar. de Vergennes, 18 r. de Vergennes ✆ 39 02 27 27

RENAULT Succursale, 12 r. Haussmann ✆ 39 53 96 44
RENAULT Succursale, 81 r. de la Paroisse ✆ 39 53 96 44
RENAULT Succursale, 46 av. de St-Cloud ✆ 39 53 96 44
V.A.G Gd Gar. des Chantiers, 58 r. des Chantiers ✆ 39 50 04 97

🅾 La Centrale du Pneu, 77 r. des Chantiers ✆ 30 21 24 25

🏰🏰🏰	Grand luxe	⚒⚒⚒⚒⚒
🏰🏰🏰	Grand confort	⚒⚒⚒⚒
🏰🏰	Très confortable	⚒⚒⚒
🏠🏠	De bon confort	⚒⚒
🏠	Assez confortable	⚒
☂	Simple mais convenable	

🏰🏠 ... 🏠	Hôtels agréables		
⚒⚒⚒ ... ⚒	Restaurants agréables		
←	Vue exceptionnelle		
←	Vue intéressante ou étendue		
⏩	Situation très tranquille, isolée		
⏩	Situation tranquille		

✿✿✿	La table vaut le voyage
✿✿	La table mérite un détour
✿	Une très bonne table
R 90/115	Repas soigné à prix modérés
⊑	Petit déjeuner
enf. 45	Menu enfant

🏠 ⚒	Menu à moins de 70 F

🎋	Repas au jardin ou en terrasse
🏊 🏊	Piscine en plein air ou couverte
🎾 ⚒	Jardin de repos - Tennis à l'hôtel
🛗	Ascenseur
⇗	Non fumeur
🖬	Air conditionné
㊓	Téléphone dans la chambre
☎	Téléphone direct
♿	Accessible aux handicapés physiques
Ⓟ 🚗	Parking - Garage
🔬	Salles de conférence, séminaire
⚒	Accès interdit aux chiens

Invitation à écouter

À la douane. Anne, a young Canadian, is going to France for a week of vacation. Listen to her conversation as she passes through customs upon her arrival at Charles de Gaulle airport in Paris, then answer the following questions.

1. Combien de temps est-ce qu'Anne va rester en France?
2. Où est-ce qu'elle va?
3. Où est-ce qu'elle va loger?
4. Comment est-ce qu'elle va voyager?
5. Combien de temps est-ce qu'elle va rester chez sa tante?
6. Quel pays est-ce qu'Anne et sa tante vont visiter?

Prononciation et orthographe

A. Practice repeating the nasal sound /ɛ̃/ as in **province** and note the different letter combinations associated with this sound.

matin	impossible	américain	chien
médecin	simple	train	bien
intéressant	sympathique	prochain	

B. Note the difference in the pronunciation of the masculine and feminine forms of nouns and adjectives whose masculine forms end in /ɛ̃/. This change occurs whenever **in, ain,** or **ien** is followed by a vowel or by another **n** or **m.**

/ɛ̃/	/ɛn/	/ɛ̃/	/in/
américain	américaine	cousin	cousine
mexicain	mexicaine	voisin	voisine
marocain	marocaine	copain	copine
italien	italienne		
canadien	canadienne		
tunisien	tunisienne		
pharmacien	pharmacienne		

Petite conversation

Practice repeating the following conversation.

—Vous avez des projets intéressants pour l'été prochain?
—Nous allons en Italie, chez ma cousine.
—Votre cousine est italienne?
—Oui, nous avons plusieurs cousins italiens.

Vocabulaire

Les prépositions et les noms de lieux
(Voir pp. 93–94)
Les mois de l'année (Voir p. 88)
Les nombres (Voir pp. 96–97)

Noms

l'**activité** (f)......*activity*
l'**année** (f)......*year*
l'**auberge** (f) **de jeunesse**......*youth hostel*
l'**autocar** (m)......*bus, motor coach*
l'**automne** (m)......*autumn*
l'**avion** (m)......*plane*
le **bateau**......*boat*
le **billet**......*ticket*
le **camping**......*camping, campground*
le **chèque**......*check*
le **cinéma**......*movie theater*
le **concert**......*concert*
la **date**......*date*
l'**été** (m)......*summer*
l'**excursion** (f)......*trip, jaunt, excursion*
le **garçon**......*boy, waiter*
le **groupe**......*group*
l'**hiver** (m)......*winter*
l'**hôtel** (m)......*hotel*
l'**indicatif** (m)......*telephone area code*
l'**itinéraire** (m)......*itinerary, route*
le **mois**......*month*
la **montagne**......*mountain*
la **nuit**......*night*
le **pays**......*country*
le **pied**......*foot*
la **plage**......*beach*
le **printemps**......*spring*
le **prix**......*price*
le **projet**......*plan*
la **région**......*region*
la **rentrée**......*return (to school)*
la **saison**......*season*
le **souvenir**......*memory, souvenir*
la **spécialité**......*specialty*
le **théâtre**......*theater*
le **train**......*train*

Verbes

acheter......*to buy*
aller......*to go*
commencer......*to begin*
consulter......*to consult*
faire du camping......*to go camping*
fermer......*to close*
réserver......*to reserve*

Divers

à l'étranger......*abroad*
allô......*hello (on the telephone)*
alors......*then, well then*
aujourd'hui......*today*
avant......*before*
combien de......*how much, how many*
compris......*included*
dans......*in*
demain......*tomorrow*
d'habitude......*usually*
il faut......*it's necessary, you must*
je voudrais......*I would like*
prochain......*next*
seulement......*only*
si......*but yes*
tout......*everything*
voyons......*let's see, okay, now*

La nourriture et les repas

Dans ce chapitre vous allez apprendre à...

Dire ce que vous aimez manger

1. Identifier et préciser
2. Acheter et consommer
3. Commander au restaurant

Vocabulaire et structures

Mise en train : La nourriture et les magasins d'alimentation
Les adjectifs démonstratifs
Le partitif
Le verbe **prendre** et le verbe **boire**

CHAPITRE 5

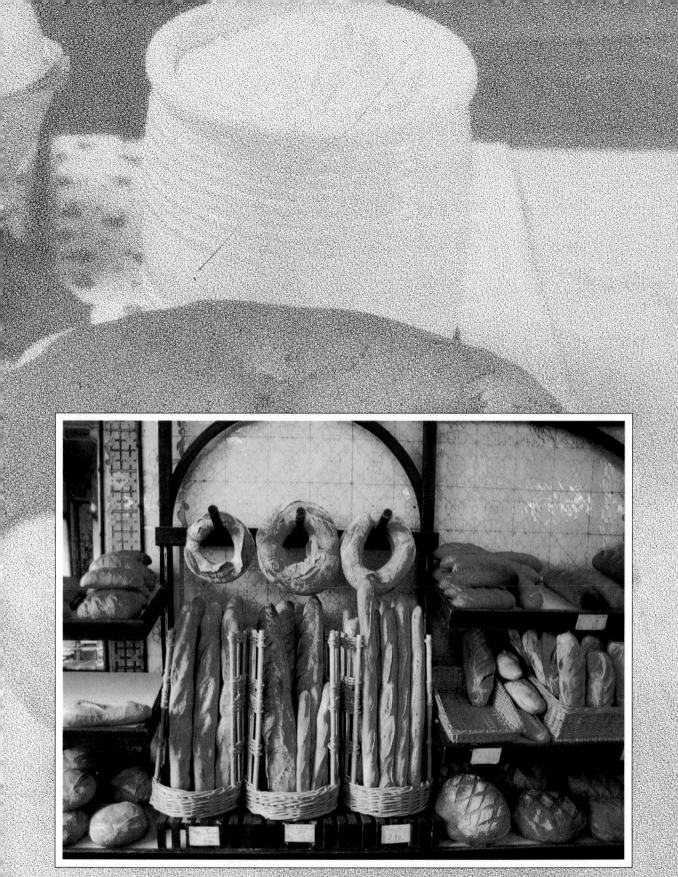

Mise en train: La nourriture et les magasins d'alimentation

À la boulangerie-patisserie...

Mme Lebrun va à la boulangerie pour acheter son pain. Qu'est-ce qu'elle va acheter aujourd'hui?

une baguette

une tarte

un croissant

des glaces

des petits gâteaux

un gâteau

À la boucherie-charcuterie…

Quelle sorte de viande est-ce que M. Richard va acheter aujourd'hui?

le saucisson
les saucisses
le porc
le jambon
le pâté
le poulet
le veau
le bœuf
le lapin
les plats cuisinés

LA VIANDE

LES CHARCUTERIES

À l'épicerie…

Philippe va à l'épicerie pour acheter ses provisions. Quels fruits et quels légumes est-ce qu'il va acheter?

les conserves
les pâtes
les produits surgelés
le beurre
les œufs
la crème
le fromage
le lait
le sucre
le sel
le poivre
le café
le chocolat
le thé
les oranges
les bananes
les pêches
le raisin
les poires
les asperges
les haricots verts
les petits pois
les carottes
les pommes de terre
les artichauts
la laitue
les tomates
les pommes
les fraises
les cerises

Les repas...

Le petit déjeuner est prêt (*ready*). Voilà...

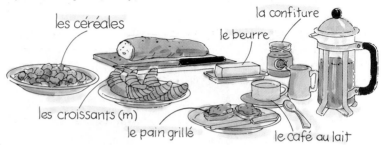

les céréales
la confiture
le beurre
les croissants (m)
le pain grillé
le café au lait

Un déjeuner rapide dans un petit restaurant. Voilà...

le dessert
la salade
le bifteck
les frites (f)

Le dîner est servi. Voilà...

les haricots verts
le fromage
le poulet rôti

Compliments...

Ça a l'air bon. (*It looks good!*) C'est délicieux.
Ce que c'est bon! (*That's so good!*) Ce gâteau est superbe.
Ça sent (*smells*) bon.

Communication et vie pratique

A. Le jeu des familles. Divide into groups of four students. Each group makes
a list of five items—one for each of the following categories: **les viandes,**

les boissons, les légumes, les fruits, les produits d'épicerie. Then write each item on a separate note card. Shuffle the cards and deal them all to the four players in your group. The aim of the game is to assemble as many "families" as possible. The first player asks another player if he or she has a particular item in one of the categories; if the answer is *yes,* the asker is given the card and continues to ask either the same player or a different player for other items until a negative response is given. When a *no* is given, it is the next player's turn. The player who first successfully assembles a family wins.

> EXEMPLE **Dans la catégorie fruits, est-ce que tu as la pomme?**
> **Oui, j'ai la pomme.**
> **Non, je n'ai pas la pomme.**

B. Préférences. First, make a list of the fruits, vegetables, and meats that you like and dislike. Then talk about your food preferences with another student.

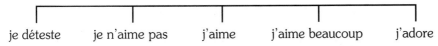

je déteste   je n'aime pas   j'aime   j'aime beaucoup   j'adore

> EXEMPLE **Quels fruits est-ce que tu aimes?**
> **J'aime les pommes et les cerises, mais je n'aime pas beaucoup les bananes.**

C. On fait le marché. You are working in one of the grocery departments shown below. Shoppers (played by other students) will ask you the cost of different items.

> EXEMPLE **—Excusez-moi, Monsieur, combien coûtent les petits pois?** *peas*
> **—Quinze francs le kilo.**

Info-culture: Les repas

Le petit déjeuner

- Usually consists of **café au lait** served in a bowl, **croissants,** French bread, or **biscottes** (similar to melba toast), butter, and jam.
- Children often drink hot chocolate, rather than **café au lait.**
- Cereals are becoming more popular, especially among children.

Le déjeuner

- Usually eaten between noon and 2:00 P.M.
- Increasingly eaten outside the home.
- Regains its traditional importance on weekends or during vacation.
- Dishes are served in courses rather than all at once.
- A more elaborate meal is composed of:

  Les hors d'œuvre, also called **entrées** (e.g., **pâté, salade de tomates**)
  Soup
  Fish or meat (perhaps both)
  Vegetable dishes
  Salad
  Cheeses (**le plateau de fromages**)
  Dessert (pastry, ice cream, or fruit)
  Coffee and perhaps **un digestif** such as brandy or a liqueur

Le goûter

- An after-school snack, usually pastry, or French bread with butter and jam (**tartines**) or cheese.

Le dîner

- Traditionally a lighter meal than **le déjeuner** (e.g., soup, an omelette or a light meat and vegetable dish, bread, cheese or fruit).
- Increasingly becoming a larger meal, as family members cannot come home for the noon meal.
- Usually served between 7:00 and 8:00 P.M.
- An important family get-together time.

Et vous?

Read the following menu for a **repas de mariage.** Identify the courses and the
foods served and compare it to what would be served in your country.

Nadine et Patrick

Saint-Véran

Juliénas

Champagne

Terrine de saumon fumé

Magret de canard au poivre vert

* ●

Trou Bourguignon

* ●

Champignons Provençale

Filet de bœuf

Salade verte

Plateau de fromages

Panier de fruits glacés

Café

Digestif

Gondole des Mariés

Exploration 1

IDENTIFIER ET PRÉCISER

Les adjectifs démonstratifs
Présentation

Demonstrative adjectives (*this, that, these,* and *those* in English) are used to point out objects or people. Like all adjectives, they agree in number and gender with the nouns they modify.

Les adjectifs démonstratifs		
Singular	Plural	
ce restaurant	**ces** restaurants	Masculine before a consonant
cet hôtel	**ces** hôtels	Masculine before a vowel sound
cette maison	**ces** maisons	Feminine

Ce matin, je vais faire le marché.
Où est **cet** hôtel?
J'achète toujours mon pain dans **cette** boulangerie.
Ces haricots verts ne sont pas bons.

Situation

Au marché
Madame Vallois is shopping at the market and stops at her favorite fruit and vegetable stand.

LE MARCHAND	Bonjour, Madame. Vous désirez... ?
MME VALLOIS	Qu'est-ce que vous avez de bon aujourd'hui?
LE MARCHAND	Ces fraises sont excellentes.
MME VALLOIS	Et ces pêches, combien est-ce qu'elles coûtent?
LE MARCHAND	Dix-huit francs le kilo.
MME VALLOIS	Vous n'avez pas de cerises?
LE MARCHAND	Non, nous **n'**avons **plus** de cerises en cette saison.
MME VALLOIS	Alors, je vais **prendre** ces tomates, ce melon et ces fraises.

Vocabulaire

ne... plus *no more, no longer;* **prendre** *to take, have*

Avez-vous bien compris?

Répondez aux questions suivantes.

1. Comment sont les fraises du marchand?
2. Combien coûtent les pêches?
3. Est-ce qu'il y a des cerises en cette saison?
4. Qu'est-ce que Mme Vallois achète?

Premiers pas

A. Combien coûte? Madame Fabre is shopping at the **centre commercial** near her home and asks the prices of the items below. What does she say?

> EXEMPLE   les petits pois
> **Combien coûtent ces petits pois?**

1. les pommes
2. le vin
3. l'eau minérale
4. les bananes
5. le fromage
6. la confiture

B. Au restaurant. While eating out, several friends comment on the quality of what they are eating.

> EXEMPLE   fromage / exceptionnel
> **Ce fromage est exceptionnel.**
> viande / pas bonne
> **Cette viande n'est pas bonne.**

1. petits pois / excellents
2. veau / parfait
3. œuf / très bon
4. fruits / superbes
5. poulet / pas très bon
6. fromage / superbe
7. tarte / très bonne
8. gâteau / délicieux

C. Regarde! Monique and Serge are taking a ride and comment on what they see.

> EXEMPLE   une belle voiture
> **Regarde cette belle voiture.**

1. de jolies maisons
2. un vieux magasin
3. un nouvel hôtel
4. un nouveau restaurant
5. un vieux quartier
6. un grand supermarché
7. de jolies rues
8. un petit café

Communication et vie pratique

A. À la terrasse d'un café. You and another student are sitting outside at a French café and see the following scenes. Comment on what you see.

> EXEMPLE   **Regarde cette jolie voiture!**

B. Compliments et commentaires. Imagine that you are in the following situations and want to compliment your French-speaking friends about various things. What would you say?

> EXEMPLE   Vous mangez dans un bon restaurant avec vos amis.
> **Ce restaurant est excellent!**
> *ou:*   **J'aime bien ce restaurant.**

1. Vous visitez leur ville.
2. Vos amis préparent un bon repas.
3. Vous regardez un film ensemble.
4. Vous allez à un concert avec vos amis.
5. Vous allez dans une pâtisserie avec vos amis.
6. Vous visitez le quartier où ils habitent.

C'est votre tour

You are at a market where you comment on the quality of the items and ask the shopkeeper how much each costs. Another student will play the role of the shopkeeper and will respond to your questions. After you have made your selections, tell the shopkeeper which items you have chosen.

> EXEMPLE   —**Ces tomates ont l'air bonnes. Elles coûtent combien?**
> —**Huit francs cinquante le kilo.**
> —**Alors, je vais prendre ces tomates et ces haricots.**

Exploration 2

ACHETER ET CONSOMMER
Le partitif
Présentation

Some items (e.g., *coffee, salt, patience*) cannot be counted. In English, we often use the words *some, no, any,* or no article at all with such words. We say, for example: *I would like some coffee; we don't have any time; he has no patience; we have money.* In French, the partitive article conveys these meanings.

Les articles partitifs		
	Before a Masculine Noun	Before a Feminine Noun	Before a Noun Beginning with a Vowel Sound
Affirmative	**du** café	**de la** salade	**de l'**eau minérale
Negative	**pas de** café	**pas de** salade	**pas d'**eau minérale

A. Partitive articles, like indefinite articles, change to **de** or **d'** in the negative. **De** is also used in quantity expressions such as: **un kilo de, 500 grammes de, un litre de, une bouteille de, une boîte de** (*a box, can of*), **trop de, assez de, beaucoup de.**

Nous ne mangeons jamais **de** viande.
Je voudrais **une bouteille d'**eau minérale.
Achetez **500 grammes de** fromage et **une boîte de** sel.
Nous n'avons plus **de** lait.

B. Note that the definite article is used to refer to general categories, as when talking about likes and dislikes. The partitive is used to indicate an unspecified amount of a noncountable item.

J'aime **le** fromage. ↔ Je mange **du** fromage.
Je préfère **la** viande. ↔ Je vais acheter **de la** viande.
J'adore **le** chocolat. ↔ Je voudrais **du** chocolat.

C. When talking about buying and eating food, one has to decide whether to use a partitive or an indefinite article. The partitive is used when food cannot be counted or comes in bulk, or when one talks about buying or eating an unspecified amount of a food item.

Je mange souvent **de la** viande.
Je voudrais **du** lait, s'il vous plaît.

But when food items are counted as separate items (*a loaf of bread, an orange*), or used in the plural (*some green beans, some fruits*), the indefinite article is used.

Je voudrais **une** baguette et **un** gâteau.
Nous allons manger **des** petits pois et **des** carottes.

Situation

Déjeuner au restaurant

Suzanne and Jean-Pierre are eating in a small **café-restaurant** during their lunch hour.

SUZANNE	On mange ici? Ça a l'air sympa.
JEAN-PIERRE	Oui, c'est parfait. Voici la **carte.** Qu'est-ce que tu vas prendre?
SUZANNE	Le **plat** du jour, c'est **quoi?**
JEAN-PIERRE	Du **poisson grillé** avec des frites et de la salade.
SUZANNE	Humm... Ça a l'air bon. C'est ce que je vais prendre. Et toi?
JEAN-PIERRE	La même chose. Qu'est-ce qu'on va **boire?**
SUZANNE	On **commande** une carafe de **vin blanc** et de l'eau minérale?
JEAN-PIERRE	D'accord.

Vocabulaire

carte (f) *menu;* **plat** (m) *dish;* **quoi** *what;* **poisson** (m) *fish;* **grillé** *grilled;* **boire** *to drink;* **commander** *to order;* **vin** (m) *wine;* **blanc** *white*

Avez-vous bien compris?

Répondez aux questions suivantes.

1. Quel est le plat du jour?
2. Qu'est-ce que Suzanne va prendre?
3. Et Jean-Pierre, qu'est-ce qu'il va prendre?
4. Qu'est-ce qu'ils vont boire?

Premiers pas

A. **Au marché.** Monique and Alain are shopping in their neighborhood stores. Tell what they are going to buy.

> EXEMPLE   lait
> **Ils vont acheter du lait.**

1. viande
2. bœuf
3. sel *selt*
4. salade
5. poivre
6. eau minérale
7. jambon
8. pain

B. **Qu'est-ce qu'il y a au menu?** Several students are talking about the foods served in the student dining hall. Tell what they say.

> EXEMPLE   salade (souvent)
> **Il y a souvent de la salade.**

1. viande (souvent)
2. poisson (rarement)
3. tarte aux pommes (rarement)
4. salade (souvent)
5. pain (toujours)
6. eau minérale (toujours)
7. vin (toujours)
8. fromage (souvent) m
9. légumes (toujours)
10. fruits (quelquefois)

C. **C'est trop tard.** It's almost two o'clock and the small neighborhood restaurant is about to close when Fabienne et Céline come in to eat. Give the waiter's responses to their questions.

> EXEMPLE   Est-ce que vous avez du poisson? (non)
> **Non, nous n'avons plus de poisson.**

1. Est-ce que vous avez du porc? (oui)
2. Est-ce que vous avez du veau? (non)
3. Est-ce que vous avez des haricots verts? (non)
4. Est-ce que vous avez de la salade? (oui)
5. Est-ce que vous avez du fromage? (oui)
6. Est-ce que vous avez de la tarte aux pommes? (non)

Communication et vie pratique

A. Préférences et habitudes. Tell how well you like and how often you eat the following foods.

> EXEMPLE   salade
> **J'aime beaucoup la salade et je mange souvent de la salade.**

1. viande
2. pain français
3. fromage français
4. tarte aux cerises
5. haricots verts
6. œufs
7. carottes
8. dessert

B. C'est vous le chef! Tell which ingredients are necessary to make the following dishes. Then talk about your favorite dishes and the ingredients in them.

> EXEMPLE   Qu'est-ce qu'il y a dans une fondue?
> **Il y a du fromage et du vin blanc.**

1. dans une pizza
2. dans une salade du chef
3. dans un sandwich
4. dans une soupe aux légumes
5. dans une omelette au jambon
6. ?

C'est votre tour

You are talking with a French friend (played by another student) and are comparing and contrasting what Americans and French people eat at different meals. You may want to reread the **Info-culture** and study the **repas** section of the **Mise en train** before beginning.

> EXEMPLE   **Qu'est-ce que les Américains mangent pour le petit déjeuner?**
> **Nous mangeons quelquefois des œufs, etc.**

Exploration 3

COMMANDER AU RESTAURANT

Le verbe **prendre** *et le verbe* **boire**
Présentation

The irregular verb **prendre** generally means *to take,* but when used with food or beverages, it means *to have.*

prendre		
je **prends**	nous **prenons**	
tu **prends**	vous **prenez**	
il/elle/on **prend**	ils/elles **prennent**	

Qu'est-ce que tu **prends** comme dessert?
Je vais **prendre** un fruit.

Other common verbs conjugated like **prendre** are **comprendre** (*to understand*) and **apprendre** (*to learn*).

The verb **boire** (*to drink*) is also irregular.

boire	
je **bois**	nous **buvons**
tu **bois**	vous **buvez**
il/elle/on **boit**	ils/elles **boivent**

buvava

Qu'est-ce que vous **buvez?**
Je **bois** rarement du café le matin.

A. To indicate that you are hungry or thirsty, two expressions are used:

- avoir faim—**J'ai faim. Je vais reprendre des légumes.**
- avoir soif—**J'ai soif. Je voudrais un grand verre d'eau.**

The following expressions and names of beverages are useful in a French café or restaurant.

Boissons

un café crème	*coffee with cream*
un café noir	*black coffee*
une tasse de café	*cup of coffee*
un thé	*tea*
un chocolat chaud	*hot chocolate*
un citron pressé	*fresh lemonade*
une eau minérale	*mineral water*
un jus de fruits	*fruit juice*
un verre de vin rouge (blanc)	*a glass of red (white) wine*
un apéritif	*before-dinner drink*
un digestif	*after-dinner drink*
une carafe de vin	*a carafe of wine*
une bière *bier*	*beer*

Situation

Au restaurant

Julien, Mathieu, and Catherine are having lunch and are ready to order.

LE SERVEUR	Bonjour, Messieurs Dames. Vous prenez un apéritif?
CATHERINE	Non, merci. Nous sommes prêts à commander. Nous prenons le menu à 85 francs. *Ready*
LE SERVEUR	Et comme boisson, qu'est-ce que vous prenez?
MATHIEU	Moi, je bois toujours du vin rouge. Et vous deux, qu'est-ce que vous buvez?
JULIEN	De l'eau minérale.
LE SERVEUR	Fromage ou dessert?
CATHERINE	Pas de dessert pour moi, mais je vais prendre un café.
MATHIEU	Moi, j'ai faim. Je prends le **plateau** de fromages et une **glace** au chocolat.

Vocabulaire

plateau (m) *tray;* **glace** (f) *ice cream*

Avez-vous bien compris?

Répondez aux questions suivantes.

1. Qu'est-ce que Mathieu commande comme boisson?
2. Et les deux autres, qu'est-ce qu'ils prennent?
3. Qu'est-ce que Catherine prend comme dessert? Et Mathieu?

Premiers pas

A. Préférences. Use the cues provided to tell what the following people generally drink with their dinner.

> EXEMPLE   Michel / vin
> **Michel boit du vin.**

1. je / thé
2. Véronique / eau minérale
3. nous / vin rouge
4. les enfants / lait
5. vous / bière
6. Pascal / jus de fruits

B. Au restaurant. Monsieur Monot is asking his guests what they are having. Give his questions.

> EXEMPLE   Marc / boisson
> **Qu'est-ce que Marc prend comme boisson?**

1. Catherine / apéritif
2. nous / boisson
3. tu / légumes
4. vous / viande
5. les enfants / dessert
6. Marc / digestif

Communication et vie pratique

A. Qu'est-ce que vous buvez? Using the scale below, tell how often you drink various beverages.

jamais   quelquefois   souvent

> EXEMPLE   café
> **Je ne bois jamais de café.**
> *ou:*   **Je bois quelquefois du café.**

1. café
2. vin
3. Coca-Cola
4. lait
5. eau
6. eau minérale
7. jus d'orange
8. bière

B. Préférences. Imagine that you are telling some French friends about your food and beverage preferences. Give them the following information. Indiquez...

1. ce que vous mangez le matin.
2. ce que vous mangez à midi.
3. ce que vous aimez manger le soir.
4. ce que vous aimez manger quand vous avez très faim.
5. ce que vous aimez boire quand vous avez soif.
6. ce que vous commandez quand vous allez dans un bon restaurant.

C. Dans un café français. The waiter (**le serveur**) or the waitress (**la serveuse**) in a French café asks you and your friends what you want to drink. Role-play the situation with another student.

> EXEMPLE LE SERVEUR **Qu'est-ce que vous prenez aujourd'hui?**
>
> LE CLIENT **Je vais boire un café.**
>
> LE SERVEUR **Un café crème ou un café noir?**

C'est votre tour

Imagine that you and several friends are in a small family restaurant and are going to order your dinner from the menu below. One student can play the role of the waiter or the waitress who asks the customers what they would like.

> EXEMPLE LA SERVEUSE **Comme entrée, est-ce que vous prenez la salade du jour, le jambon de Bayonne ou la soupe à l'oignon?**
>
> LE CLIENT **Je prends la soupe à l'oignon.**

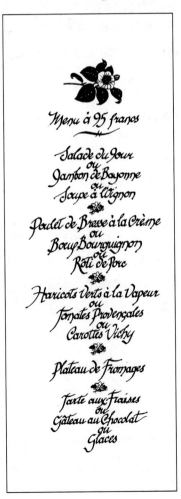

Menu à 95 francs

Salade du Jour
ou
Jambon de Bayonne
ou
Soupe à l'Oignon

Poulet de Bresse à la Crème
ou
Bœuf Bourguignon
ou
Rôti de Porc

Haricots Verts à la Vapeur
ou
Tomates Provençales
ou
Carottes Vichy

Plateau de Fromages

Tarte aux Fraises
ou
Gâteau au Chocolat
ou
Glaces

Intégration et perspectives: Le poulet aux champignons et à la crème

Poulet aux champignons

Recette pour quatre personnes.
Il faut : 1 joli poulet de 1 kg ou 1kg 500
250 grammes de champignons
2 cuillères à soupe de beurre
1 grand verre de crème fraîche
2 cuillères à soupe de sauce béchamel
1 échalote
1 verre de vin blanc
1 petit verre de madère
du sel et du poivre

Couper le poulet en quatre morceaux. Mettre le beurre dans une casserole. Quand il est bien chaud, ajouter les morceaux de poulet et laisser mijoter pendant environ trente-cinq minutes. Quand le poulet est presque cuit, ajouter les échalotes et le vin blanc. Ensuite, faire cuire les champignons dans du beurre. Quand ils sont prêts, placer les champignons autour du poulet et ajouter le verre de madère. Laisser cuire encore pendant quinze minutes. Ajouter la crème et la sauce béchamel. Le poulet est prêt. Bon appétit!

Vocabulaire

cuillère à soupe (f) *tablespoon;* **frais/fraîche** *fresh;* **échalote** (f) *shallot;*
madère (f) *Madeira wine;* **couper** *to cut;* **mettre** *to put;* **casserole** (f) *pan;*
ajouter *to add;* **laisser** *to let, leave;* **mijoter** *to simmer;* **presque** *almost;*
cuit *cooked;* **ensuite** *then;* **faire cuire** *to cook;* **autour de** *around*

Avez-vous bien compris?

La recette du «poulet aux champignons et à la crème» n'a pas été recopiée cor-
rectement. Remettez-la dans le bon ordre.

1. Placer les champignons autour du poulet.
2. Ajouter la crème et la sauce béchamel.
3. Mettre le beurre dans une casserole.
4. Couper le poulet en morceaux.
5. Ajouter les échalotes et le vin blanc.
6. Laisser mijoter pendant trente-cinq minutes.
7. Faire cuire les champignons dans du beurre.
8. Ajouter les morceaux de poulet.
9. Le poulet est prêt.
10. Laisser cuire encore pendant quinze minutes.

Info-culture:
Bon appétit!

Quel restaurant choisir? That depends on your finances, your tastes,
and the time you have available: choices range from snack bars or bistros
for a quick and inexpensive meal to a high-class restaurant where the meals
are prepared by a team of apprentice chefs and sous-chefs under the guidance of a master chef such as Paul Bocuse. Restaurants often serve special-
ties of their region.

La qualité de la table. Consult one of the restaurant guides published
in France such as the *Guide du Routard* (for younger travelers) or the
Guide Michelin to find out about the quality and price of the restaurant.
The number of stars in the *Guide Michelin* indicates the quality of the
restaurant.

repas	**Repas soigné à prix modéré** (*Good meal at moderate prices*)
*	**Une très bonne table** (*Very good food*)
**	**La table mérite le détour** (*Food is worth a detour*)
***	**La table vaut le voyage** (*Food is worth a special trip*)

Apportez-moi la carte, s'il vous plaît. The menu is generally divided
into several categories: **les entrées ou hors d'œuvre; le plat principal
(viande ou poisson accompagné de légumes), les fromages et finalement les desserts.**

À la carte ou menu à prix fixe? If you only want to eat one or two things, order **à la carte.** If, on the other hand, you want a full meal, the **menu à prix fixe** is a good idea. These special menus vary in price and offer choices. A restaurant will often offer a daily special, **le plat du jour.**

Votre bifteck, vous le voulez comment? The following will help you order a steak cooked the way you like it.

bien cuit   *well done*
à point   *medium rare* (i.e., *just right*)
saignant   *rare* (note that *rare* in France means *very rare*)

Le plateau de fromages. When you order cheese, the server often brings a cheese tray. Only take a small amount of two or three kinds of cheese and then pass the tray along.

L'addition, s'il vous plaît! When finished, ask the waiter for the check. Although in general the tip (usually 15%) is included in the bill, it's a good idea to leave a few extra francs.

Et maintenant, bon appétit!

Et vous?

Look at the menu in Activity B, **Au restaurant,** and tell what types of food are available in the following categories: **entrées ou hors d'œuvre; viandes ou plats chauds; fromages et desserts.** What are the differences between **le menu gourmand** and **le coup de fourchette?**

Communication et vie pratique

A. **Bon appétit!** Some French friends want you to prepare a typical American meal for them and have offered to buy the groceries. Decide what dish you want to prepare, then tell your friends what items they need to buy and how much of each is needed.

Ce que vous allez servir comme...	Ce qu'il faut acheter comme...
entrée	viande
viande ou plat principal	légumes
légumes	fruits
fromage, dessert ou fruits	produits d'épicerie
boissons	boissons

B. **Au restaurant.** Imagine that you are ordering from the menu on the following page. Decide whether you are going to order one of the set menus or **à la carte.** One student can play the role of the waiter and ask the clients what they want to order.

Le Menu Gourmand
86,00 F

BUFFET FRAÎCHEUR
Cold buffet - Kaltes Büffet

ou

MESCLIN DE SALADE AUX GÉSIERS CONFITS
Mixed salad with gizzard-Buntersalat mit Geflügelinnereien

ou

TERRINE DE POISSON, SAUCE ROSE
Fish terrine - Fischpastete mit Cocktailsosse

*

FAUX-FILET GRILLÉ
Broiled sirloin steak - Gegrilltes Rinderfilet

ou

PLAT DU JOUR
Daily suggestion - Tagesteller

ou

DARNE DE SAUMON AUX TROIS PURÉES
Slice of salmon - Lachsfilet

*

LE FROMAGE AFFINÉ
Matured chéese - Feiner Käse

*

CHARIOT DE DESSERTS
Desserts from the trolley - Nachspeisen nach Wahl

ou

COUPE GLACÉE
Mixed ice cream - Eisbecher

Le Coup de Fourchette
65,00 F

BUFFET FRAÎCHEUR
Cold buffet - Kaltes Büffet

ou

ENTRÉE DU JOUR
Today's appetizer - Vorspeise des Tages

☆

PLAT DU JOUR
Daily suggestion - Tagesteller

ou

ENTRECOTE GRILLÉE MAÎTRE D'HÔTEL
Broiled sirloin steak - Gegrilltes Entrecôte

-La carafe d'eau est mise gracieusement sur table -
Éxigez votre ticket de caisse - Tous nos prix sont nets

Ask for your ticket - Net prices
Verlangen Sie Ihr Kassenticket - Alle Preise verstehen sich netto

Les Entrées

BUFFET FRAÎCHEUR	35,00F
Cold buffet - Kaltes Büffet	
CRÈME DE LÉGUMES	15,00F
Vegetable soup - Gemüsesuppe	
SALADE PAYSANNE	23,00F
Country salad - Bauernsalat	
TERRINE DE POISSON SAUCE ROSE	25,00F
Fish terrine - Fischpastete mit Cocktailsosse	
JAMBON DE PAYS	31,00F
Raw ham - Geräucherter Schinken	
MESCLIN DE SALADE AUX GÉSIERS CONFITS	29,50F
Mixed salad with gizzard - Buntersalat mit Geflügelinnereien	

Les Plats Chauds

DARNE DE SAUMON AUX TROIS PURÉES	55,00F
Slice of salmon - Lachsfilet	
CÔTES D'AGNEAU GRILLÉES	53,00F
Lambchops- Lammkotelette	
POULET FERMIER À LA PROVENÇALE	51,00F
Grilled Chicken - Gegrilltes Hühnchen	
PAVÉ DE RUMSTEAK AU POIVRE	59,00F
Rumsteak with pepper sauce - Rumsteak Pfeffersosse	
SUPRÊME DE CABILLAUD NIÇOISE	54,00F
Fish filet - Fischfilet	
CONFIT DE CANARD	75,00F
Confit of duck - Ente Confit	

Les Desserts

TARTE TATIN À LA CRÈME FRAÎCHE	25,00F
Apple pie with cream - Apfelkuchen mit Sahn	
CHARIOT DE DESSERTS	25,00 F
Desserts from the trolley - Nachspeisen nach Wahl	
CHOCOLAT OU CAFÉ LIÈGEOIS	20,00 F
Vanilla ice cream wlth chocolate or coffee -Eisschokolade oder Eiskaffee	
GLACE OU SORBET	18,00F
Ice cream or sorbet - Eisbecher	
CRÈME CARAMEL	13,00F
Caramel cream - Karamelcreme	
FROMAGE BLANC À LA CRÈME	12,50F
Cottage cheese with fresh cream - Quark mit Sahn	
LE FROMAGE AFFINÉ	22,00F
Matured cheese- Feiner Käse	

Paiement Carte Bleue: Minimum ~80 F.

C. Le Guide du Routard. The *Guide du Routard* recommends hotels and restaurants, especially for young people. They have asked you to rate several restaurants in your area and have provided the form below for your use.

VOTRE OPINION SUR LES ADRESSES DE CE GUIDE

• Nom du restaurant ou de l'hôtel ....

....

• Adresse exacte ....

....

• Téléphone ....

....

• Votre avis sur:

	Très bon	Bon	Moyen	Mauvais
Accueil	☐	☐	☐	☐
Cuisine	☐	☐	☐	☐
Rapport qualité–prix	☐	☐	☐	☐
Confort	☐	☐	☐	☐
Service	☐	☐	☐	☐
Calme	☐	☐	☐	☐
Cadre	☐	☐	☐	☐
Ambiance	☐	☐	☐	☐

• Remarques et Observations personnelles:

....

....

....

....

 # Invitation à écouter

Vous travaillez dans un restaurant. Imagine that you are working for the summer as a waiter or waitress in a French restaurant. Listen and write down what Monsieur and Madame Tabet order for lunch.

Prononciation et orthographe

A. The French /r/ is very different from the *r* sound in English. It is pronounced at the back of the mouth—almost in the throat—and resembles the sound one makes when gargling. It is also similar to the sound produced when saying the name of the German composer *Bach,* pronounced with a guttural *ch.* To learn the pronunciation of the French /r/, one can (1) start with a familiar sound, as in *Bach,* or (2) start with words where the sound that precedes or follows the **r** is also pronounced toward the back of the mouth: /a/ as in **garage,** or /k/ as in **parc.** Now practice repeating the following words that end with an *r* sound.

bar   père   beurre   porc
car   mère   heure   sport

B. Practice repeating the following pairs of words, starting with words where the **r** is in final position, then moving to words where the **r** is in the middle.

par → parent   sport → sportif
gare → garage   père → personne
car → carottes   mère → merci

C. Practice repeating words where the **r** is preceded by another consonant sound.

agréable   étranger   chambre
géographie   entrer   nombre

Petite conversation

Practice repeating the following conversation.

—Prenez encore du fromage ou des fruits...
—Je préfère reprendre de la crème au caramel!
—Désirez-vous autre chose à boire?
—Oui, je voudrais un verre d'eau minérale.

Vocabulaire

La nourriture (Voir pp. 114–116)
Les magasins (Voir pp. 114–115)
Les adjectifs démonstratifs (Voir p. 120)
L'article partitif (Voir pp. 123–124)
Les boissons (Voir p. 127)

Noms

la **boîte**......*box, can, container*
la **bouteille**......*bottle*
la **carte**......*menu*
la **cuillère**......*spoon*
la **glace**......*ice cream*
le **gramme**......*gram*
le **kilo**......*kilogram*
le **litre**......*liter*
le **melon**......*melon*
la **nourriture**......*food*
le **plat**......*dish*
la **recette**......*recipe*
le **repas**......*meal*
la **sorte**......*sort*
le **vin**......*wine*

Adjectifs

délicieux/euse......*delicious*
frais, fraîche......*fresh*
superbe......*superb*

Verbes

ajouter......*to add*
avoir l'air......*to appear, to look*
avoir faim......*to be hungry*
avoir soif......*to be thirsty*
boire......*to drink*
commander......*to order (food)*
couper......*to cut*
laisser......*to leave, let*
mettre......*to put, to put on*
prendre......*to take*

Divers

autour de......*around*
ensuite......*then*
presque......*almost*
quoi......*what*

CHAPITRE 6

Le cadre de vie

structure *life*

Dans ce chapitre vous allez apprendre à...

Donner et demander des renseignements

1. Parler de la vie quotidienne
2. Poser des questions et demander des renseignements
3. Indiquer prix, dates et statistiques

Vocabulaire et structures

Mise en train: Comment trouver son chemin

*Le verbe **faire***

Les questions par inversion et les mots interrogatifs

Les nombres supérieurs à 1 000 et les nombres ordinaux

Mise en train: Comment trouver son chemin

Comment trouver un endroit (*place*) sur une carte

- Lyon est situé **entre** Paris et Marseille.
- Lyon est au **sud-est** de Paris, au **nord** de Marseille et à l'**ouest** de Genève.
- Lyon est assez **près de** la Suisse, des Alpes et de l'Italie.
- Lyon n'est pas très **loin de** la mer Méditerranée.

Comment indiquer où sont situés les principaux services publics d'une ville ou d'un quartier

Regardez **le plan** du centre de Lyon aux pages 140–141.

- **L'Office du tourisme** est situé **sur** la place Bellecour.
- **La station de métro** et **l'arrêt d'autobus** sont **à côté de** l'Office du tourisme.
- **Le parking** est **sous** la place Bellecour.
- La statue de Louis XIV est **au milieu de** la place Bellecour.
- **La poste** est **au coin de** la rue de la Charité et de la rue Fochier.
- La station de métro est **devant** l'Opéra.
- **La mairie** (l'Hôtel de Ville) est **en face de** l'Opéra.
- La place des Terreaux est **derrière** l'Hôtel de Ville.

Comment demander et comment donner des renseignements (Voir le plan du centre de Lyon)

Q: Excusez-moi. Où est la **gare** de Perrache, s'il vous plaît?
R: **Prenez** la rue Victor Hugo, **continuez jusqu'à** la place Carnot et **traversez** la place.
Q: Je cherche le théâtre des Célestins; c'est où, s'il vous plaît?
R: Prenez la rue Émile Zola et **tournez à gauche** quand vous arrivez au coin de la rue des Archers.
Q: Où est **l'église** St-Jean, s'il vous plaît?
R: Traversez **le pont** Bonaparte, **là-bas,** en face de vous et continuez **tout droit** jusqu'à la place St-Jean. La cathédrale est **à votre droite**.
Q: Et pour aller à l'Opéra, qu'est-ce qu'il faut faire?
R: Prenez l'autobus ou le métro et **descendez** place de l'Opéra.

Communication et vie pratique

A. Lecture d'une carte. Your class is planning a trip to France and you are discussing the location of the various cities that you may want to visit. Using the map of France at the front of your book, tell where the following places are located.

EXEMPLE   **Strasbourg est situé dans l'est de la France, près de l'Allemagne.**

1. Caen
2. Bordeaux
3. Toulouse
4. Avignon
5. la Normandie
6. Lille
7. Nice
8. Nantes

B. Visite du vieux Lyon. While staying in Lyon, you and your friends have decided to visit the old part of the city. You are the only one who has a map of the city. How would you answer your friends' questions? Refer to the map on pp. 140–141.

1. Où est situé le vieux Lyon?
2. Qu'est-ce qu'il y a à voir dans le vieux Lyon?
3. Est-ce qu'on peut visiter le vieux Lyon en voiture?
4. Où est située la Basilique de Fourvière?
5. Où sont situés les théâtres romains?
6. Et le musée de la Marionnette, où est-il situé?

C. À l'Office du tourisme. You are standing near the **Office du tourisme** of the **place Bellecour** and tourists (played by other students) stop and ask you for directions. Role-play the situation. Other students will follow your directions on the map of Lyon to make sure they understand you.

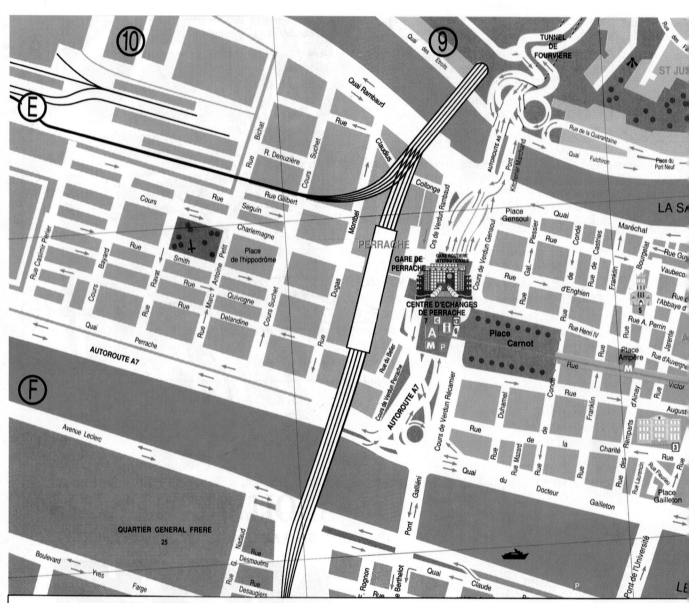

LEGENDE DU PLAN

1 - Hôtel-de-Ville
2 - Palais du Commerce
3 - Hôtel-Dieu
4 - Hôtel des Postes
5 - Abbaye d'Ainay
6 - Centre d'Echanges de Lyon-Perrache
7 - Gare de Perrache
8 - Théâtres Romains

9 - Théâtre des Célestins
10 - Opéra
11 - Basilique de Fourvière
12 - Cathédrale Saint-Jean
13 - Amphithéâtre des Trois Gaules
25 - Quartier Général Frère
34 - Thermes Romains
36 - Stèle du Bimillénaire

LES

1 | **Musée des Beaux-Arts** (1⁰)
Palais St-Pierre · Place des Terreaux · Tél. 78 28 07 66 · Métro A "Hôtel de Ville" Bus 3, 18, 1, Navette presqu'île (Station Terreaux)

2 | **Musée St-Pierre d'Art Contemporain** (1⁰)
16, rue Edouard Herriot · Tél. 78 30 50 66 · Métro A "Hôtel de Ville" · Bus 3, 18, 1, Navette Presqu'île (Station Terreaux)

3 | **Musée Historique des Tissus / Musée des Arts Décoratifs** (2⁰)
34/30, rue de la Charité · Tél. 78 37 15 05 · Métro A "Ampère" Navette Presqu'île (arrêt Ste Hélène)

4 | **Musée de la Civilisation Gallo-Romaine** (5⁰)
17, rue Cléberg · Tél. 78 25 94 68 · Funiculaire (arrêt Fourvière)

EES DE LYON

ins de Fourvière (5ème)	15 Musée de la Marionnette / Musée Historique de Lyon (5ème)
- Funiculaire (arrêt Minimes)	Place du Petit-Collège · Tél. 78 42 03 61 · Bus 1, Navette Presqu'île (arrêt St-Paul)
pices Hôtel-Dieu (2ème)	
l. 78 37 38 46 · Métro A/D "Bellecour" · Bus 28 (arrêt République)	17 Musée de Fourvière (5ème) (Ouvert du 1er Mai au 8 Décembre)
	Place de Fourvière · Tél. 78 25 13 01 · Funiculaire "Fourvière"
rimerie et de la Banque (2ème)	
rie · Tél. 78 37 65 98 · Métro A "Cordeliers" · Bus 3, 18, 1	18 Palais de la Miniature (5ème)
nais d'Art Contemporain) (2ème)	2, rue Juiverie · Tél. 72 00 24 77 · Bus 1 · Navette Presqu'île (arrêt St-Paul)
e Perrache, cours de Verdun · Tél. 78 42 27 39	
Navette Presqu'île (arrêt Perrache)	

Légende:

- H Hôpital - *Hospital*
- P Parking - *Parking*
- i Office du Tourisme *Tourist board and information office*
- Point de vue - *View point*
- Excursions sur les fleuves - *River trips*
- Visite de Ville - *City tour*
- Tour de Ville
- M Métro
- F Funiculaire
- → Sens unique
- C Change
- Rues piétonnes

▌ Info-culture:
▌ Les moyens de transport

France possesses a modern and sophisticated transportation system. Because of its traditional central role, Paris remains the hub of the three major transportation networks.

Les routes

- France has a modern system of expressways (**autoroutes**) that link all major cities.

- Most expressways are toll roads (**autoroutes à péage**).

- The best known one is **autoroute A6** (also called **Autoroute du soleil**), which links Paris to the **Côte d'Azur.**

Le train

- The French railway system is nationalized and is run by the **S.N.C.F. (Société nationale des chemins de fer)**.

- Train travel is a very common means of transportation in France.

- All the lines are electrified.

- The **T.G.V. (train à grande vitesse)**, which can travel at up to 310 miles an hour, now operates between several major cities and competes with air travel. A person may leave Lyon in the morning, for example, and be at a business meeting in Paris two hours later.

- New **T.G.V.** lines currently under construction will link Paris to other European capitals, including London, by way of the **Tunnel sous la Manche**.

L'avion

- **Air France** handles international travel and is the fifth largest airline company in the world.

- **Air Inter** is the domestic airline that provides transportation to all major French cities.

- The two major Paris airports are Roissy-Charles de Gaulle for international travel and Orly for both international and domestic travel.

Et vous?

Prepare a description of the transportation system in your country (**les routes, le train, l'avion**), pointing out the similarities and differences between your country and France.

Exploration 1

PARLER DE LA VIE QUOTIDIENNE

Le verbe **faire**
Présentation

Many of our typical daily activities use the verb **faire.**

faire du sport	*to participate in sports*
faire du ski	*to go skiing*
faire du camping	*to go camping*
faire un voyage	*to take a trip*
faire une promenade	*to go for a walk*
faire le ménage	*to do the housework*
faire son lit	*to make one's bed*
faire sa chambre	*to clean one's room*
faire la vaisselle	*to do the dishes*
faire des courses	*to run errands*
faire ses devoirs	*to do one's homework*
faire la cuisine	*to cook, do the cooking*
faire le marché	*to go grocery shopping*
faire des achats	*to go shopping*

Faire is an irregular verb.

je **fais**	nous **faisons**
tu **fais**	vous **faites**
il/elle/on **fait**	ils/elles **font**

Qu'est-ce que vous **faites** dimanche?
Nous **faisons** une petite promenade.

Situation

C'est la vie
Madeleine and Nathalie are talking during their lunch hour. Madeleine is asking
Nathalie how she manages to get everything done at home.

MADELEINE	Comment est-ce que tu **arrives à** tout faire?
NATHALIE	Ce n'est pas facile mais je **fais de mon mieux.** Je fais la cuisine et mon mari fait la vaisselle—ou vice versa.
MADELEINE	Qui fait le ménage?
NATHALIE	Nous faisons le ménage ensemble. Les enfants font leur chambre et nous faisons le reste.
MADELEINE	Vous faites aussi les courses ensemble?
NATHALIE	Oui, quelquefois.

Vocabulaire

arriver à *to manage;* **faire de son mieux** *to do one's best*

Avez-vous bien compris?

Indiquez si les phrases suivantes sont vraies ou fausses. Si la phrase est fausse, corrigez-la.

1. C'est Nathalie qui fait toujours la cuisine.
2. Son mari ne fait jamais la vaisselle.
3. Tout le monde fait le ménage ensemble.
4. Ils ne font jamais les courses ensemble.

Premiers pas

A. Questions. Jean-Jacques is asking about his friends' plans. Give his questions.

> EXEMPLE   Fabien / samedi
> **Qu'est-ce que Fabien fait samedi?**

1. tu / maintenant
2. Jacques / ce soir
3. Pierre et Sylvie /ce week-end
4. vous / dimanche
5. nous / demain
6. Véronique / lundi soir

B. Qu'est-ce que tu fais cet après-midi? Some of Guy's friends are talking about what they are doing this afternoon. What do they say?

> EXEMPLE   Sylvie / faire le marché
> **Sylvie fait le marché.**

1. je / faire mes devoirs
2. tu / faire une promenade
3. Monique et Simon / faire le ménage
4. vous / faire des courses
5. Micheline / faire la vaisselle
6. nous / faire du sport

Communication et vie pratique

A. Activités. Ask another student how often he or she does the following activities. He or she will answer your questions and then ask what you usually do.

> EXEMPLE   faire le ménage
> **Est-ce que tu fais souvent le ménage?**
> **Non, je ne fais pas souvent le ménage. Et toi?**
> **Moi, je ne fais jamais le ménage.**

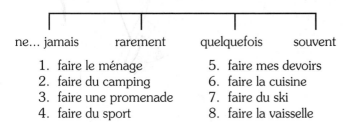

ne... jamais   rarement   quelquefois   souvent

1. faire le ménage
2. faire du camping
3. faire une promenade
4. faire du sport
5. faire mes devoirs
6. faire la cuisine
7. faire du ski
8. faire la vaisselle

B. Interview. Make out a schedule of things that you plan to do for the next week. Then find out what another student is doing and whether you have similar or different plans.

> EXEMPLE **Qu'est-ce que tu fais samedi?**
> **Je fais le ménage et après ça, je vais faire des courses. Et toi?**
> **Moi, je fais du ski avec un de mes amis.**

C. Et les Américains... ? Imagine that some French friends are asking about typical activities of Americans. How would you answer?

1. Où est-ce que les Américains font souvent leur marché?
2. Est-ce que les Américains font beaucoup de sport?
3. Dans les familles américaines, est-ce que ce sont les femmes, les hommes ou les enfants qui font la vaisselle? Et le ménage? Et le marché?
4. Est-ce que les enfants américains ont des devoirs à faire chaque soir?
5. Est-ce que les Américains aiment faire des promenades à pied pendant le week-end?
6. Est-ce que les Américains font souvent du camping?
7. Est-ce que les Américains aiment faire des promenades en voiture le dimanche après-midi?

C'est votre tour

You are sharing an apartment with several French students. Decide which of you is going to do each of the following household tasks. Use the suggestions below to help you negotiate.

Suggestions: j'accepte de... ; je refuse de... ; je regrette, mais... ; je n'aime pas... ; je préfère... ; d'accord, je...

1. faire le ménage
2. faire la vaisselle
3. faire la cuisine
4. faire les lits   ~~leds~~
5. faire le marché

Exploration 2

POSER DES QUESTIONS ET DEMANDER DES RENSEIGNEMENTS

Les questions par inversion et les mots interrogatifs
Présentation

You have already learned to ask questions by using intonation, **est-ce que,** and **n'est-ce pas?** A fourth way of asking questions is to invert (reverse) the subject pronoun and verb, and link them with a hyphen. Questions by inversion are commonly used in written and formal language, but less in informal conversation. Inversion is not normally used with **je.**

Vous allez au cinéma ce soir.	**Allez-vous** au cinéma ce soir?
Ils préfèrent prendre le métro.	**Préfèrent-ils** prendre le métro
C'est près d'ici.	**Est-ce** près d'ici?

A. In the third-person singular, **-t-** is added between the inverted verb and subject pronoun when the verb does not already end in **t** or **d**.

Il habite à Paris.   **Habite-t-il** à Paris?
Il y a une banque ici.   **Y a-t-il** une banque ici?

B. When the subject is a noun, it is usually not inverted, but the corresponding subject pronoun is added.

Pierre **cherche-t-il** quelque chose?
Quand ses parents **arrivent-ils?**

C. The following words are frequently used to ask questions.

où	*where*	**Où** vas-tu?
quand	*when*	**Quand** arrivent-ils?
comment	*how*	**Comment** allez-vous voyager?
pourquoi	*why*	**Pourquoi** es-tu triste?
combien	*how much*	**Combien** est-ce?
qui	*who, whom*	Avec **qui** travailles-tu?
que	*what*	**Que** faites-vous lundi soir?

Situation

Pardon, Monsieur?

Chantal is going to the Lyon airport to pick up a friend and asks a police officer for directions.

CHANTAL	Pour aller à l'aéroport, quelle route faut-il prendre?
L'AGENT	**Il vaut mieux** prendre l'autoroute.
CHANTAL	L'**entrée** est près d'ici?
L'AGENT	Oui, là-bas en face du parc.
CHANTAL	Ça prend combien de temps?
L'AGENT	**Environ** quinze ou vingt minutes.

Vocabulaire

il vaut mieux *it's better;* **entrée** (f) *entrance;* **environ** *about, approximately*

Avez-vous bien compris?

Répondez aux questions suivantes.

1. Où va Chantal?
2. À qui parle-t-elle?
3. Quelle route est-ce qu'on prend pour aller à l'aéroport?
4. Ça prend combien de temps?

Premiers pas

A. À l'agence immobilière. Bernard is looking for a new apartment. Using the real estate agent's answers as a guide, give the questions Bernard asks about the apartment.

> EXEMPLE Oui, il y a une très grande cuisine.
> **Y a-t-il une grande cuisine?**

1. Non, ce n'est pas trop cher. *far from*
2. Non, l'appartement n'est pas loin du centre commercial.
3. Oui, il y a un joli parc à côté.
4. Un vieux monsieur habite maintenant dans l'appartement.
5. Il va quitter l'appartement la semaine prochaine.
6. Les chambres sont très jolies.
7. La salle de bains est entre les deux chambres.
8. L'arrêt d'autobus est en face de l'appartement.

B. Famille d'accueil. Suzanne is planning to spend a year in Lyon and has prepared a list of specific questions to include in a letter to her host family. She wants to know the following.

> EXEMPLE si c'est une ville agréable
> **Est-ce une ville agréable?**

1. si c'est une grande ville
2. s'il y a des musées intéressants à visiter
3. dans quelle partie de la ville l'université est située
4. quand les cours pour étrangers commencent
5. où sont situées les résidences universitaires
6. si les Lyonnais sont sympathiques
7. s'il est possible de faire du ski pendant les week-ends
8. si Lyon est près de la Suisse

Communication et vie pratique

A. Comment est votre ville? You have been put in contact with a French family with whom you will live during a stay in France. You want to find out about them and the town. What questions might you include in a letter to them?

> EXEMPLES **Combien d'enfants y a-t-il dans votre famille?**
> **Habitez-vous près de l'université?**

B. Au Syndicat d'Initiative. You are working at the **Syndicat d'Initiative** in Cannes. Tourists (played by other students) ask you questions about the town. Use the information on the map on p. 149 to answer their questions.

C'est votre tour

You want to enroll in the **cours pour étrangers** at the **Alliance française** in Lyon. You call the **Alliance** to get information about the items listed at the bottom of page 149. The staff member (played by another student) answers your questions using the information in the brochure on p. 149.

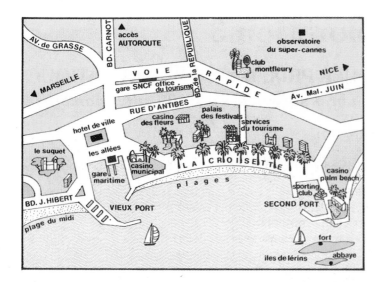

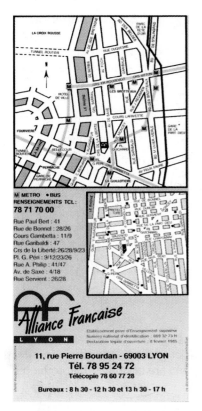

SESSION D'ETE

DU JEUDI 2 JUILLET AU JEUDI 30 JUILLET INCLUS
DU LUNDI 3 AOUT AU VENDREDI 28 AOUT INCLUS
DU MERCREDI 2 SEPT. AU MARDI 29 SEPT. INCLUS

LES COURS

- Apprentissage et perfectionnement du français :
  écrit et oral du niveau débutant au niveau avancé
- Cours intensifs : 3 heures / jour
  (60 heures par session)
- Horaires : 9 h à 12 h 15 (ouverture d'un cours de
  13 h 15 à 16 h 15 en cas de surnombre)
- Petits effectifs : 15 étudiants maximum par cours

LES OPTIONS

Elles sont facultatives et en supplément l'après-midi
(1 h = 25 F) - les mardis et jeudis, voir programme précis
sur place.

- Expression écrite
- Phonétique
- Conversation
- Traduction
- Littérature française
- Connaissance de la France
- Français des affaires
- Français par vidéo
- Reportage

L'HEBERGEMENT

En résidence universitaire
chambre single (confort simple, eau chaude, draps
fournis)
848 à 872 F / mois + petit déjeuner = 10 F
transport en bus ou métro : abonnement étudiant
(190 F / mois environ)

- Réservation : envoyer un chèque de 500 F à l'ordre
de l'Alliance Française de Lyon avec le bulletin
d'inscription (solde sur place).
Une attestation de réservation sera retournée
indiquant toutes les informations utiles.

En foyer ou en famille (tarifs plus élevés)
S'adresser directement aux organismes suivants :
- Résidence "Le Parc" (immeuble neuf)
  2 rue J. Novel, 69006 Lyon, Tél 78.94.03.64
  (1 pers = 2100 F / mois - 2 pers = 2 800 F / mois)
- Centre International de Séjour à Lyon (CISL)
  46, rue Cdt Pégoud, 69008 Lyon, Tél 78.76.14.22
- Résidence Benjamin Delessert
  145 av Jean-Jaurès, 69007 Lyon, Tél 78.61.41.41
- BED and BREAKFAST (dans une famille)
  4 rue Joliot Curie, 69005 Lyon, Tél 78.36.37.19
- La carte d'étudiant de l'A.F. donne accès au restaurant universitaire (= 10 F le ticket-repas)

LES ANIMATIONS

L'Alliance Française de Lyon propose tout un
programme d'activités pour les temps libres et certains
week-end (gratuit ou moyennant une faible
participation) :

- Excursions en région Rhône-Alpes
- Découverte de Lyon
- Visites d'entreprises lyonnaises
- Activités internes : ciné-club, tournoi de jeu de
  boules, tournoi de loto, déjeuner lyonnais,
  pique-nique, soirées dansantes,...

L'ensemble du programme et les dates seront remis
sur place.

- les dates des différentes sessions
- le nombre d'heures de cours par jour
- l'adresse de l'Alliance
- les différentes options
- les activités possibles
- les possibilités d'hébergement

Exploration 3

INDIQUER PRIX, DATES ET STATISTIQUES

Les nombres supérieurs à 1 000 et les nombres ordinaux
Présentation

A. Numbers above 1,000 (**mille**) are expressed in the following ways:

1 000	mille[1]
1 351	mille trois cent cinquante et un
3 000	trois mille[1]
19 300	dix-neuf mille[1] trois cents
541 000	cinq cent quarante et un mille
2 000 000	deux millions[1]

B. Ordinal numbers (*first, second, third,* etc.) are given below. **Premier, première** and **dernier, dernière** (*last*) agree with the noun modified. To form ordinal numbers, add the suffix **ième** to the corresponding cardinal numbers. Notice that some spelling changes occur when this suffix is added to the numbers marked with an asterisk.

premier, première (1er, 1ère)	neuvième* *Neuf*	seizième*
deuxième (2e or 2ème)	dixième	dix-septième
troisième	onzième*	dix-huitième
quatrième*	douzième*	dix-neuvième*
cinquième* *Cinq*	treizième*	vingtième
sixième	quatorzième*	vingt et unième
septième	quinzième*	etc.
huitième		

Prenez la **quatrième** rue à gauche.
Ma sœur habite dans le **sixième** arrondissement.

Situation

Résidence et lieu de travail

Paris is divided into twenty administrative districts called **arrondissements.** Jean-Pierre and Michelle live far from their work and are talking as they commute to work.

JEAN-PIERRE	Dans quel arrondissement habitez-vous?
MICHELLE	Dans le dix-neuvième.
JEAN-PIERRE	Et vous travaillez dans le centre?
MICHELLE	Oui, je travaille dans le septième, près des Invalides.
JEAN-PIERRE	Les appartements coûtent cher dans votre quartier?

---

[1]**Mille** in the plural never adds an **s,** but **million** has an **s** in the plural.

MICHELLE	Pas trop, mais il faut **compter** environ deux mille cinq cents francs par mois pour un studio.
JEAN-PIERRE	Ça prend combien de temps en métro?
MICHELLE	Ça prend environ trois **quarts** d'**heure.**

(handwritten: Not to much ? about)

Vocabulaire

compter *to count on, to count;* **quart** (m) *quarter;* **heure** (f) *hour*

Avez-vous bien compris?

Répondez aux questions suivantes.

1. Dans quel arrondissement est-ce que Michelle habite?
2. Comment est-ce qu'elle va à son travail?
3. Combien de temps est-ce que ça prend?
4. Quel est le prix d'un studio dans le quartier de Michelle?

Premiers pas

A. Arrondissements. Several Parisians are telling what districts they are from and what landmarks they live near. Using the map of Paris below, tell what they say.

> **EXEMPLE**   18ᵉ
>
> **Nous habitons dans le dix-huitième. C'est près du Sacré-Cœur.**

1. 4ᵉ   5. 1ᵉʳ
2. 6ᵉ   6. 9ᵉ
3. 5ᵉ   7. 8ᵉ
4. 16ᵉ   8. 7ᵉ

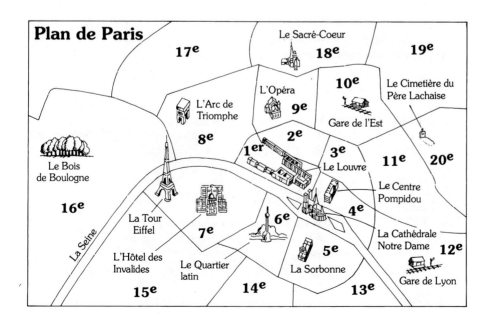

Plan de Paris

B. Populations. Students from various cities in France are telling how large their hometowns are. What do they say?

> EXEMPLE Lyon (1 236 000 h / 2ᵉ)
> **Lyon a un million deux cent trente-six mille habitants; c'est la deuxième ville de France.**

1. Toulouse (500 000 h / 6ᵉ)
2. Lille (946 000 h / 4ᵉ)
3. Bordeaux (650 000 h / 5ᵉ)
4. Nice (450 000 h / 8ᵉ)
5. Grenoble (396 000 h / 10ᵉ)
6. Marseille (1 116 000 h / 3ᵉ)
7. Tours (268 000 h / 18ᵉ)
8. Paris (8 707 000 h / 1ᵉʳᵉ)

Communication et vie pratique

A. C'est combien? How much do each of the luxury apartments described in the following ads cost? Which would you prefer?

> EXEMPLE **Le premier appartement coûte trois cent quatre-vingt-huit mille francs.**

7.

8.

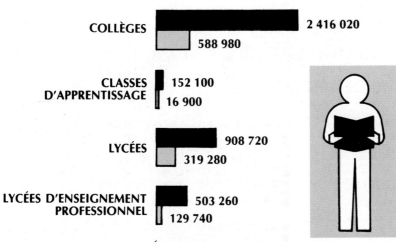

Passy Kennedy, face à la Seine, vous propose aussi des appartements de 2, 3, 4 pièces et plus, dans une Résidence exceptionnelle par son luxe et ses services. Pour avoir une information plus complète, envoyez votre carte de visite au Bureau de Vente, ouvert tous les jours sauf le dimanche de 10 h à 12 h et de 14 h à 18 h 30.

100, avenue du Président Kennedy, 75016 Paris.

B. Quelques statistiques. Using the following graph, give the number of students (**élèves**) first in public and then in private junior high schools (**collèges**), high schools (**lycées**), apprenticeship programs, and trade schools (**lycées d'enseignement professionnel**).

> **EXEMPLE** **Au total, il y a 588 980 élèves dans les collèges privés.**

ÉCOLES PUBLIQUES

ÉCOLES PRIVÉES

COLLÈGES — 2 416 020 / 588 980

CLASSES D'APPRENTISSAGE — 152 100 / 16 900

LYCÉES — 908 720 / 319 280

LYCÉES D'ENSEIGNEMENT PROFESSIONNEL — 503 260 / 129 740

TOTAL
3 980 100 ÉCOLES PUBLIQUES
1 054 900 ÉCOLES PRIVÉES
5 035 000

C'est votre tour

The French company that you work for is relocating employees to different cities. The employees (played by other students) ask the price of apartments in the towns to which they have been assigned. Based on the information in the table, give them the range of prices (e.g., **À Lyon, il faut compter entre dix mille trois cents francs et neuf mille deux cents francs**).

Marc Lefèbre/Dijon   Thérèse Dufresne/Nice
Gabrielle Toinet/Toulouse   Marcel Janot/Bordeaux
Patrick Sabatier/Nancy   Richard Charpentier/Montpellier

Les villes les plus chères: Cannes, Nice... Annecy!

VILLES	Maxi	Mini	VILLES	Maxi	Mini
CANNES	22 100	18 300	BORDEAUX	9 500	8 200
NICE	19 000	15 800	RENNES	9 500	8 200
ANNECY	14 100	12 000	GRENOBLE	9 400	8 600
BAYONNE	12 800	10 400	NANCY	9 300	8 300
AIX-EN-PROV.	12 300	10 600	ORLEANS	9 300	8 300
STRASBOURG	12 000	10 200	ROUEN	9 300	8 300
MONTPELLIER	10 500	9 200	LILLE	9 300	7 700
TOULOUSE	10 500	9 200	METZ	9 000	8 100
LYON	10 300	9 200	MARSEILLE	8 900	7 600
NANTES	10 300	9 200	AMIENS	8 000	6 500
DIJON	9 500	8 900	ST-ETIENNE	7 800	6 600

Prix du m² pour un appartement de 3 à 5 pièces rénové (standing moyen)

Source: Argus du logement 91.

Intégration et perspectives: Où habiter: banlieue ou centre-ville?

Est-ce qu'on est heureux quand on habite en banlieue? **Selon** un récent **sondage** d'opinion, deux Français **sur** trois pensent que oui. Les **autres** sont **sceptiques.** La réalité est que pour certains, c'est un paradis mais pour d'autres, c'est un **cauchemar.**

Banlieue = cauchemar

Myriam Lebeau, qui habite dans une H.L.M., trouve la banlieue ennuyeuse et **laide.** Pendant toute la **journée,** elle est à la maison avec ses trois enfants. Elle n'a pas de voiture et l'arrêt d'autobus est trop loin. Résultat: elle est prisonnière.

René Pannier est **ouvrier.** Ça prend une heure pour aller de son appartement à l'usine où il travaille. Résultat: deux heures d'autobus à ajouter à la fatigue du travail.

Banlieue = paradis

Hervé et Marie-Louise Jacalot habitent une petite maison beige au milieu de **milliers** d'autres petites maisons beiges. **Chaque** maison a son petit jardin et sa **pelouse.** En comparaison avec l'H.L.M., c'est un rêve.

Pierre et Catherine Pélissier habitent une jolie maison au milieu des **arbres** à 20 kilomètres du Vieux-Port de Marseille. On **respire** le **parfum** des **fleurs** et des herbes de Provence. Le tennis et la piscine ne sont pas loin.

Brigitte et Jean-Claude Clément possèdent une grande maison dans un vieux village près de Lille. Il y a des fleurs **partout.** Ils sont **ravis.**

Les résultats du sondage confirment que pour les Français, les principaux avantages de la banlieue sont le calme et la possibilité d'avoir un jardin, mais le principal **inconvénient** est le temps qu'il faut pour aller à son travail.

Vocabulaire

selon *according to;* **sondage** (m) *poll;* **sur** *out of, on;* **autre** *other;* **sceptique** *skeptical;* **cauchemar** *nightmare;* **laid** *ugly;* **journée** (f) *day;* **ouvrier** (m) *blue-collar worker;* **millier** (m) *thousand;* **chaque** *each;* **pelouse** (f) *lawn;* **arbre** (m) *tree;* **respirer** *to breathe;* **parfum** (m) *fragrance;* **fleur** (f) *flower;* **partout** *everywhere;* **ravi** *delighted;* **inconvénient** (m) *disadvantage*

Avez-vous bien compris?

Répondez aux questions suivantes.

1. Est-ce que tous les Français pensent que la vie en banlieue est idéale?
2. Est-ce que Myriam trouve la vie en banlieue amusante? Pourquoi pas?
3. Où est-ce que les Jacalot habitent?
4. Comment sont les maisons dans leur quartier?
5. Est-ce que les Pélissier aiment leur maison? Pourquoi?
6. Est-ce que les Clément sont contents de leur maison? Pourquoi?
7. Quel est le principal avantage de la vie en banlieue?
8. Quel est son principal inconvénient?

Info-culture:
Les villes et la vie urbaine

Three-fourths of all French people now live in cities. This mass migration to the cities (called **l'exode rural**) has changed their nature.

- A French city is not markedly divided into business and residential areas. **Le centre-ville** remains a desirable living area. Apartments are located above the first-floor businesses. **Les rues piétonnes** permit pedestrians to walk or shop without worry about automobiles.

- Although most people own cars, they prefer to use the excellent systems of public transportation. A trip on the **métro** or an **autobus** is safe, efficient, and inexpensive. Buses run frequently and provide access to most parts of the city.

- The suburbs, in constant expansion since World War II, mix single-family dwellings with government-built low-cost high-rise buildings (**H.L.M.s**), which are often criticized for their unattractiveness and their sterility. Shopping centers (**centres commerciaux**) are increasingly found on the outskirts of the city. They house department stores, supermarkets, and small retailers.

- Rural communities located near the urban centers now attract many people who prefer to avoid the stress of city life. Nearly ten percent of the population lives in such communities and commutes to work in the cities.

Et vous?

How would a description of cities and urban life be similar to or different from this description of **les villes et la vie urbaine** in France?

Communication et vie pratique

A. **Connaissez-vous Paris?** Indicate whether the following statements based on the map of Paris are true or false. If a statement is false, reword it to make it true.

1. Les Tuileries sont à côté de la tour Eiffel. *Nes pas*
2. Le Grand Palais est à côté du Petit Palais.
3. La cité universitaire est près de la Sorbonne. *Nes pas*
4. La Bibliothèque nationale est sur le boulevard Saint-Germain. *Nes pas*
5. La gare de l'Est est loin de la gare de Lyon.
6. L'église de la Madeleine est derrière le Sacré-Cœur. *nestpas.*

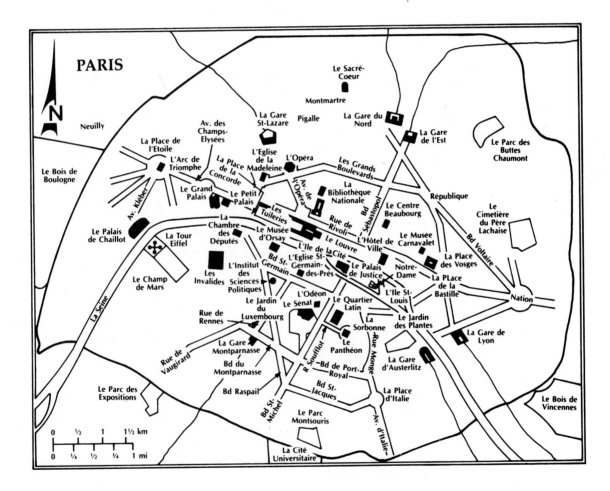

B. **Excusez-moi, Monsieur l'agent…** Imagine that you are a tourist in Paris and want to find out how to get to the following places. Another student will play the role of the **agent de police** and tell you where each is located.

1. Où est l'Opéra? le Sénat? la gare du Nord? le musée du Louvre?
2. Où est la tour Eiffel? le jardin du Luxembourg? le Sacré-Cœur?
3. Où est le Centre Pompidou? la place de la Bastille? Notre-Dame?

C. Plan du métro. You are staying with a group of students in a hotel located on the Left Bank near the Saint-Michel subway station. Other students ask you how to go to different places. Using the **plan du métro** shown below, give them the following information.

1. Quelle ligne il faut prendre.

> EXEMPLE **Pour aller à la gare du Nord, il faut prendre la ligne Porte d'Orléans–Porte de Clignancourt, direction Porte de Clignancourt.**

Note that subway lines are generally identified by their two extremities, framed in yellow on the map. The metro lines can also be referred to by their number. Once you have found the line, you must make sure you are headed in the right direction.

2. Si c'est direct ou non.

> EXEMPLE **Pour aller au Louvre, il faut changer au Châtelet.**

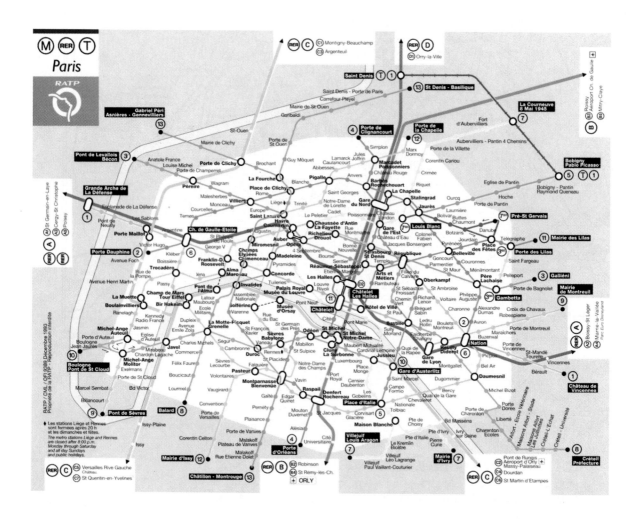

3. Où il faut descendre.

> **EXEMPLE** **Pour l'Arc de Triomphe, il faut descendre à l'Étoile.**

Suggestions: les Invalides, la place de la Concorde, Pigalle, le bois de Boulogne, la gare de Lyon, l'Opéra, la gare d'Austerlitz

D. Chez vous. French visitors (played by other students) to your town or campus are asking you how to get to different locations. Using a town or campus map, answer their questions.

Invitation à écouter

Un nouvel appartement. You are looking for a new apartment and are talking to a real estate agent who describes three apartments to you. Listen to him describe the three apartments, then tell if the following statements refer to the first, second, or third apartment mentioned.

1. Il y a seulement une chambre dans cet appartement.
2. Le loyer est de 2 800 francs par mois.
3. C'est dans le centre.
4. C'est en banlieue.
5. C'est près d'un parc.
6. Cet appartement est à quarante-cinq minutes du centre.

Prononciation et orthographe

A. Some vowels, like /i/ in **ici,** are pronounced with the lips spread; others, like /y/ in **tu,** are produced with the lips tightly rounded. Both of these are pronounced in the front of the mouth. Thus /i/ and /y/ differ only by the shape of the lips. In fact, if you have difficulty pronouncing the French /y/, try saying /i/ with your lips rounded. Compare and repeat:

si	su	mais si	c'est sûr
di	du	dis	c'est dur
vi	vu	la vie	la vue
ni	nu	ni	numéro
ti	tu	petit	habitude
ri	ru	le riz	la rue

B. Practice repeating words and phrases containing the sound /y/. Remember to have your lips tightly pursed and reaching forward as if you were going to whistle or give a kiss.

Salut!	le bureau
la voiture	le sucre
la musique	l'usine
impulsif	naturel
l'avenue	la rue

C. Note the difference between the sound /y/ as in **tu** and the sound /u/ as in **tout,** which is also pronounced with the lips rounded, but with the tongue more toward the back of the mouth.
Compare and repeat:

su	sou	sur	sous
tu	tou	tu	tout
bu	bou	nu	nous
mu	mou	vu	vous
lu	lou	la rue	la roue

D. The following summarizes the differences in the way /i/, /y/, and /u/ are produced. Practice contrasting these sounds and repeat the words and sounds below.

Position of the Tongue: Shape of the Lips:	Front Spread	Front Rounded	Back Rounded
	/i/	/y/	/u/
	si	su	sou
	ti	tu	tou
	vi	vu	vou
	li	lu	lou

Petite conversation

Practice repeating the following conversation.

—L'épicerie est située dans quelle rue?
—La rue Sully; c'est tout près d'ici.
—Tu es sûr?
—Absolument sûr.

Vocabulaire

Les mots interrogatifs (Voir p. 147)
Les nombres supérieurs à 1 000 (Voir p. 150)

Noms

l'**aéroport** (m)......*airport*
l'**arrêt** (m)......*stop*
l'**arrondissement** (m)......*municipal district*
l'**autobus** (m)......*city bus*
l'**autoroute** (f)......*highway, freeway*
l'**avantage** (m)......*advantage*
le **cadre**......*structure, framework*
le **calme**......*calm*
le **cauchemar**......*nightmare*
le **centre**......*center*
le **chemin**......*way, road*
la **droite**......*right*
l'**église** (f)......*church*
l'**endroit** (m)......*place*
l'**est** (m)......*east*
la **fatigue**......*fatigue*
la **fleur**......*flower*
la **gare**......*station*
la **gauche**......*left*
l'**heure** (f)......*hour*
l'**inconvénient** (m)......*disadvantage*
la **mairie**......*city hall*
le **nord**......*north*
l'**ouest** (m)......*west*
l'**ouvrier/ière** (m, f)......*worker*
le **paradis**......*paradise*
le **parc**......*park*
le **parfum**......*fragrance*
le **parking**......*parking lot*
la **pelouse**......*lawn*
la **piscine**......*swimming pool*
la **place**......*square*
le **plan**......*map, diagram*
le **pont**......*bridge*
la **poste**......*post office*
le/la **prisonnier/ière**......*prisoner*
le **quart**......*quarter*
la **réalité**......*reality*
les **renseignements** (m)......*information*
le **résultat**......*result*
la **route**......*road, route*
le **service**......*service*
le **sondage**......*poll, survey*
la **station**......*station*
la **statue**......*statue*

le **sud**......*south*
le **tennis**......*tennis*
le **village**......*village*

Adjectifs

autre......*other*
beige......*beige*
chaque......*each*
laid......*ugly*
public/ique......*public*
ravi......*delighted*
situé......*located*

Verbes

arriver à......*to manage*
compter......*to count, count on*
confirmer......*to confirm*
continuer......*to continue*
demander......*to ask (for)*
descendre......*to get down, off*
excuser......*to excuse*
faire de son mieux......*to do one's best*
indiquer......*to indicate*
posséder......*to possess, own*
respirer......*to breathe*
tourner......*to turn*
traverser......*to cross*

Prépositions

à côté de......*beside, next to*
au coin de......*on the corner of*
au milieu de......*in the middle of*
derrière......*behind*
devant......*in front of*
en face de......*across from, facing*
entre......*between*
jusqu'à......*up to, until*
loin de......*far from*
près de......*near*
sous......*under*
sur......*on*

Divers

environ......*about, approximately*
il vaut mieux.........*it's better to . . .*
là-bas......*over there*
partout......*everywhere*
selon......*according to*
tout droit......*straight ahead*

CHAPITRE 7

Le temps passe

Dans ce chapitre vous allez apprendre à…

Parler de ce que vous aimez regarder à la télé

1. *Demander ou indiquer l'heure*
2. *Parler du passé*
3. *Indiquer quand une activité commence ou finit*

Vocabulaire et structures

Mise en train: La télévision et les spectacles

L'heure

*Le passé composé avec **avoir***

***Finir** et les verbes de la deuxième conjugaison*

Mise en train: La télévision et les spectacles

Quand vous êtes chez vous, quels types d'émissions aimez-vous regarder?

les informations (f)

la météo

les reportages (m) sportifs et les matchs (m) télévisés

les causeries (f)

les documentaires (m)

les émissions (f) scientifiques ou culturelles

les films (m) et les téléfilms

les feuilletons (m) télévisés et les séries (f)

les pièces (f) de théâtre

les spectacles (m) de variétés

les vidéoclips (m)

les jeux (m) télévisés

les dessins (m) animés

les publicités/les pubs (f)

Les sorties et les spectacles

Est-ce que vous aimez… ?

aller au cinéma/aller voir[1] un film

aller au théâtre/aller voir une pièce de théâtre

aller à un concert de rock ou de musique classique

aller danser

[1]**Voir** is an irregular verb. Its forms are: **je vois, tu vois, il/elle/on voit, nous voyons, vous voyez, ils/elles voient.**

Les vedettes (f) du monde du spectacle

Est-ce que vous avez...

- un acteur préféré? une actrice préférée? Dans quel film joue-t-il/elle?

- un chanteur préféré? une chanteuse préférée? Quel est le titre de sa dernière chanson ou de son dernier disque?

- un groupe préféré? Quel est le titre de sa dernière chanson ou son dernier disque?

- un animateur préféré? une animatrice préférée? Quelle émission anime-t-il/elle?

Communication et vie pratique

A. Vos émissions préférées. Use the scale below to tell how well you like the different types of television programs listed above.

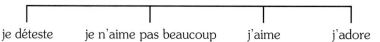

je déteste   je n'aime pas beaucoup   j'aime   j'adore

B. Opinions. You are telling French visitors what programs to watch and those not to watch. Use the rating system below taken from a popular French magazine to rate the quality of these programs.

À mon avis (*In my opinion*)...

*** C'est une émission à ne pas manquer (*miss*).
** C'est une émission à regarder si vous êtes chez vous.
* C'est un navet (*loser*).

> **EXEMPLE** **À mon avis «60 Minutes» est une émission à ne pas manquer.**

C. Les vedettes de la télévision et du cinéma. Who are your favorite television or movie stars? Tell what role(s) they play or what types of shows they have. Tell why you like them.

> EXEMPLE **J'aime Oprah Winfrey. Elle présente souvent des sujets passionnants.**

D. Opinions. Imagine that you have received a telephone call from a service that rates television programs. The company representative (played by another student) wants to know what you generally watch on different days of the week and what you think of these programs. Role-play the situation.

▋Info-culture:
▋La télévision française

French television at a glance
Public channels: **France 2, France 3**
Private channels: **TF1; M6** (*music channel*); **Canal+** (*pay station*); **Arte** (*French/German station*)
Cable channels: **Planète, Ciné Cinéfil, Ciné Cinéma, Eurosport France,** etc.
Number of televison sets: 23 million (virtually every household)
Cable subscribers: 1.2 million
Satellite dish owners: 170,000
VCRs: 12 million
R.T.F. (Radio-Télévision France) runs the state-owned stations financed by special taxes on television sets.

Et vous?

The following selection card shows some cable channels in Angers. What type of programming is available?

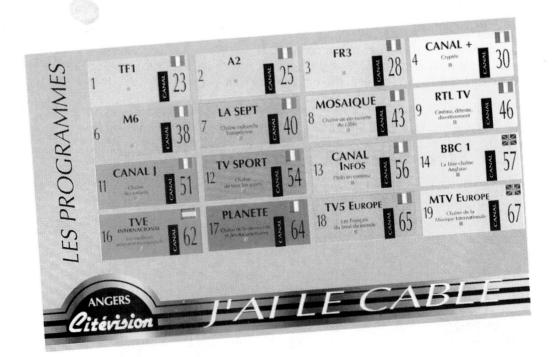

Exploration 1

DEMANDER OU INDIQUER L'HEURE

L'heure
Présentation

To ask what time it is, say: **Quelle heure est-il?** or, more informally, **Vous avez l'heure, s'il vous plaît?** To answer these questions, use:

A. On the hour:

Il est une heure.   Il est quatre heures.   Il est midi (m).   Il est minuit (m).

B. On the half or quarter hour:

Il est trois heures
et demie.   Il est midi
et demi.   Il est deux heures
et quart.   Il est huit heures
moins le quart.

C. Minutes after or before the hour:

Il est une heure dix.   Il est midi vingt.   Il est six heures vingt.   Il est neuf heures cinq.

Il est midi moins cinq.   Il est quatre heures
moins dix.   Il est neuf heures
moins vingt.   Il est minuit moins
vingt-cinq.

Quelle heure est-il?
Il est huit heures du matin.
À quelle heure est-ce que le téléfilm commence?
Il commence à dix heures.

Note that **du matin** means "A.M." or "in the morning"; **du soir** means "P.M."
or "in the evening"; and **de l'après-midi** refers to the afternoon.

D. These expressions are useful in talking about time.

être à l'heure	*to be on time*
être en retard	*to be late*
être en avance	*to be early*
Il est tôt.	*It's early.*
Il est tard.	*It's late.*

E. In official time schedules (for example, schedules for planes, trains, or buses, and radio or television programs), the twenty-four-hour system is used.

Official time	**Conventional time**
zéro heure trente (0 h 30)	minuit et demi
trois heures cinq (3 h 05)	trois heures cinq
douze heures (12 h)	midi
quinze heures quinze (15 h 15)	trois heures et quart
vingt-trois heures cinquante-cinq (23 h 55)	minuit moins cinq

Situation

Qu'est-ce qu'il y a à la télé?

Bernard et Claudine parlent de ce qu'ils vont regarder après les informations de vingt heures.

BERNARD	À huit heures et demie, il y a un spectacle de variétés sur TF1, mais je n'ai pas envie de regarder ça.
CLAUDINE	Qu'est-ce qu'il y a sur les autres chaînes?
BERNARD	À neuf heures moins le quart, il y a un feuilleton sur France 2 et un documentaire sur France 3.
CLAUDINE	Et sur le câble?
BERNARD	Il y a un film intéressant sur Canal+, mais il ne commence pas avant dix heures.

Avez-vous bien compris?

À quelle heure commencent les émissions suivantes et sur quelle chaîne passent-elles?

1. le spectacle de variétés
2. le feuilleton
3. le documentaire
4. le film

Premiers pas

A. Quelle heure est-il? The announcers on the radio give the time at various intervals. Use the clocks below to tell what they say.

1.　　　　2.　　　　3.　　　　4.　　　　5.

6. 7. 8. 9. 10.

B. Horaire des autobus. Below is the schedule for the bus line between le Vieux Lyon and Bonnevay, a suburb of Lyon. Give the departure times for customers wishing to leave on a Sunday at the hours indicated below.

> EXEMPLE **Entre huit heures et neuf heures du matin, il y a un bus à huit heures cinq et un autre à huit heures trente-cinq.**

1. le matin entre six heures et huit heures
2. l'après-midi entre une heure et trois heures
3. le soir entre huit heures et onze heures

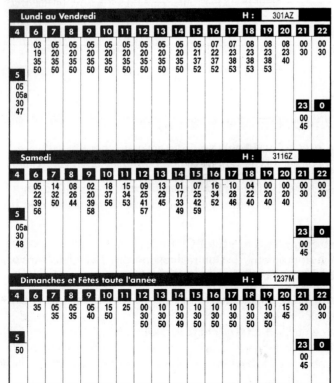

C. Emploi du temps. Use the chart below to give Phillipe's class schedule.

EXEMPLE   **À neuf heures, il a son cours de français.**

EMPLOI DU TEMPS 6ème B

	LUNDI	MARDI	MERCREDI	JEUDI	VENDREDI	SAMEDI
08h00 08h30	DESSIN *M. Dupas*			SCIENCES PHYSIQUES	EDUCATION PHYSIQUE	HISTOIRE GEOGRAPHIE
09h00 09h30	FRANCAIS *Mme Fredici*	ALLEMAND		*M. Zouillé* Permanence	SPORT *Mme Lecuyer*	EDUCATION PHYSIQUE SPORT *Mlle Kopagenli*
10h00 10h30	ALLEMAND *Mme Fau*	MATHS			ALLEMAND	MATHS
11h00 11h30	MATHS *Mme Sourbier*	FRANCAIS		FRANCAIS	FRANCAIS OU HISTOIRE-GEO	MUSIQUE
12h00						
13h30 14h00 14h30	HISTOIRE GEOGRAPHIE *Mme Morin*	TECHNOLOGIE *Mme Bertrant*			BIOLOGIE	
15h00 15h30	FRANCAIS			ALLEMAND	*M. Pean* Permanence	
16h00 16h30	EDUCATION PHYSIQUE SPORT *Mme Lecuyer*			MATHS	EDUCATION CIVIQUE	
17h00 17h30					chorale	

Communication et vie pratique

A. Est-ce que tu es libre? You and several other students are planning to study together. Ask questions to find out times when everyone is free.

EXEMPLE   **Est-ce que tu es libre entre midi et deux heures?**
Non, j'ai mon cours de chimie à une heure.

B. Qu'est-ce qu'il y a à la télé? On the following page is an evening television schedule of programs in Montreal taken from *TVHebdo*. Answer the questions based on the information in the schedule.

1. Combien de chaînes françaises y a-t-il? Et combien de chaînes anglaises y a-t-il?
2. Est-ce qu'il y a un feuilleton? À quelle heure?
3. À quelle heure sont les actualités sur les différentes chaînes?
4. Combien de films est-ce qu'il y a à la télé ce soir? Sur quelles chaînes et à quelle heure?

5. Est-ce qu'il y a des jeux télévisés? À quelle heure?
6. Est-ce qu'il y a des reportages spéciaux? Sur quelles chaînes et à quelle heure?
7. Est-ce qu'il y a une émission pour les enfants?

Mercredi 8 septembre Télé-Soir

TV HEBDO©

Position	19:00	19:30	20:00	20:30	21:00	21:30	22:00	22:30
2 15 TV5	JOURNAL TE-LEVISE DE TF1	VISION 5 (19h35)	DES TRAINS PAS COMME LES AUTRES		CE DIABLE D'HOMME		TELETOURISME	LE DIVAN
3 6 CBC	*MOVIE / THE BABE*				NEWS		MOVIE / DEAD RINGERS	
3 27 CBS	NEWS	ENTERTAINMENT TONIGHT	THE TROUBLE WITH LARRY	TALL HOPES	NED BLESSING: THE STORY OF MY LIFE & TIMES		48 HOURS	
6 13 RC	MARILYN	DES JARDINS D'AUJOURD'HUI	*SOUS UN CIEL VARIABLE*		ENJEUX		NOUVELLES LE POINT (22h25)	
4 7 TVA	*LA POULE AUX OEUFS D'OR*	CINEMA / TOUTES FOLLES DE LUI				BENNY HILL	AD LIB	
8 RQ	TELESERVICE		QUEBEC MAGAZINE		VISA SANTE		CINEMA / NOTRE HISTOIRE	
5 13 TQS	SONIA BENEZRA (18h30)	QUELLE HISTOIRE!	CROQUE-MONSIEUR		*CINEMA / LE LIT DES MENSONGES*			
16 NBC	JEOPARDY!	WHEEL OF FORTUNE	UNSOLVED MYSTERIES		NOW WITH TOM BROKAW & KATIE COURIC		LAW & ORDER	
10 22 ABC	WHEEL OF... STAR TREK	JEOPARDY!	*HOW I SPENT MY SUMMER VACATION*		HOME IMPROVEMENT	*THEA*	BILLY GRAHAM THE BARBARA WALTERS SPECIAL	
12 CTV	ENTERTAINMENT TONIGHT	THE TROUBLE WITH LARRY	THE BILLY GRAHAM CRUSADE		THE BARBARA WALTERS SPECIAL		E.N.G	
14 PBS	THE MacNEIL / LEHRER NEWSHOUR		MOVIE / STAND AND DELIVER				GED - GET IT!	
14 25 RDS	AVANT-MATCH	*BASEBALL / COLORADO VS MONTREAL*						
20 20 MP	PROJECTION		MUSIQUE VIDEO					
23 23 CFTU	ECONOMIE DU TRAVAIL	TOUT UN MON-DE A SUIVRE	ARCHIVECU	MEDICAMENTS ET PERSONNES AGEES	CROISSANCE D'UNE PME	CHOIX DE COURS	SIMONE WEIL-ENSEIGNER LE SENS DU SAVOIR	
24 Télé-Plus	JUSTICE ET JUSTICIABLES	ENTRE BONNES MAINS	LES BLEUETS A QUEBEC	ANIMALERIE	LES QUILLES A QUEBEC		PRIX DU MEILLEUR COMMERCE	
24 YTV	TARZAN	LITTLE HOUSE ON THE PRAIRIE		KATTS AND DOG	ROUGH GUIDE		DIARY OF A TEENAGE SMOKER	PROFILES OF NATURE
24 MuchMusic	FAX	WORLD LITE-RACY DAY	THE NEWMUSIC		VIDEOFLOW			
31 TMN	KELLY'S HEROES (18h30)				RAISING CAIN		*COMRADES IN ARMS*	
30 SE	L'ATTAQUE DES AI-GLES DE FER (17h50)	ZOOM	*BEBE A BORD*			JEUNE FEMME CHERCHE COLOCATAIRE (21h35)		
27 29 NW	THIS COUNTRY WITH NANCY WILSON (18h)	NEWS	BUSINESS WORLD		PETRIE IN PRIME		THE NATIONAL	BBC WORLD SERVICE
28 34 TSN	INSIDE SPORTS	*BASEBALL / COLORADO VS MONTREAL*						
29 TNN	VIDEO PM (17h)		TNN PRESENTS...	ON STAGE	NASHVILLE NOW			CROOK & CHASE
31 CMT	COUNTRY MUSIC VIDEO						CLASSIC VIDEO HOUR	
32 36 A&E	IN SEARCH OF		CIVIL WAR JOURNAL		AMERICAN JUSTICE		OUR CENTURY	
33 35 CNN	MONEYLINE	CROSSFIRE	PRIMENEWS		LARRY KING LIVE		WORLD NEWS	

EN CARACTERES GRAS: LES SPECIAUX, PREMIERES ET EMISSIONS A SIGNALER

84A

C. On prend le T.G.V. Some friends need information about trains from Paris to different cities. Use the **T.G.V.** schedule below to give them the departure and arrival times of the two trains available each day.

> EXEMPLE   **Le premier train quitte Paris à sept heures neuf et arrive à Annecy à dix heures quarante-sept.**

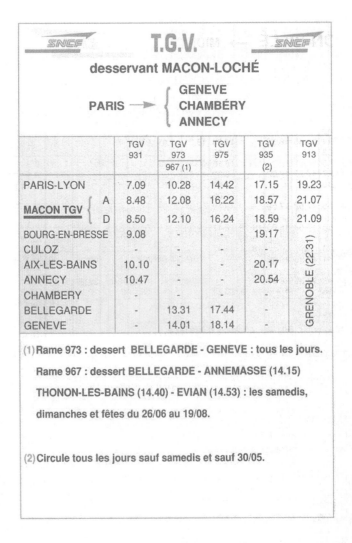

SNCF T.G.V. SNCF					
desservant MACON-LOCHÉ					
PARIS → { GENEVE / CHAMBÉRY / ANNECY }					
	TGV 931	TGV 973 967 (1)	TGV 975	TGV 935 (2)	TGV 913
PARIS-LYON	7.09	10.28	14.42	17.15	19.23
MACON TGV { A	8.48	12.08	16.22	18.57	21.07
MACON TGV { D	8.50	12.10	16.24	18.59	21.09
BOURG-EN-BRESSE	9.08	-	-	19.17	
CULOZ	-	-	-	-	
AIX-LES-BAINS	10.10	-	-	20.17	GRENOBLE (22.31)
ANNECY	10.47	-	-	20.54	
CHAMBERY	-	-	-	-	
BELLEGARDE	-	13.31	17.44	-	
GENEVE	-	14.01	18.14	-	

(1) Rame 973 : dessert BELLEGARDE - GENEVE : tous les jours.

Rame 967 : dessert BELLEGARDE - ANNEMASSE (14.15)

THONON-LES-BAINS (14.40) - EVIAN (14.53) : les samedis,

dimanches et fêtes du 26/06 au 19/08.

(2) Circule tous les jours sauf samedis et sauf 30/05.

C'est votre tour

Imagine that you are discussing what you are going to watch on television tonight. Role-play your conversation with another student, mentioning the times that different programs begin and on which stations they appear. Use the schedule on the preceding page as a guide.

Exploration 2

PARLER DU PASSÉ

Le passé composé avec **avoir**
Présentation

To express a completed past action, the **passé composé** is used.

Hier soir, j'ai regardé un documentaire.

The **passé composé** can express the meanings *I watched, I have watched, I did watch*. The **passé composé** for most verbs is formed by using the present tense of **avoir** plus a past participle.

A. The past participle of **er** verbs is formed by replacing the **er** ending with **é**: **parler → parlé, étudier → étudié.**

Le passé composé avec *avoir*	
j'**ai regardé**	nous **avons regardé**
tu **as regardé**	vous **avez regardé**
il/elle/on **a regardé**	ils/elles **ont regardé**

Elle **a travaillé** toute la journée.
Nous **avons acheté** plusieurs disques.
Quelles émissions **avez-vous regardées?**

[handwritten: Gender must agree verbs + NOUNS after verb you don't have to agree]

Note that the past participle (**regardées**) agrees in gender and number (**émissions** is feminine plural) with a preceding direct object.

B. **Avoir, être, boire, faire, prendre,** and **voir** have irregular past participles:

avoir	**eu**	boire	**bu**	prendre	**pris**
être	**été**	faire	**fait**	voir	**vu**

Nous **avons vu** un très bon film.
Vous **avez été** imprudent.
Est-ce que tu **as fait** tes devoirs?

C. In the negative, **ne** precedes and **pas** (or **jamais**) follows the form of **avoir.**

Elle **n'a pas** eu le temps de regarder cette émission.
Ils **n'**ont **jamais** appris à nager.

[handwritten: negative forms / Ne pas / Ne plus / Ne personne / Ne jamais / Ne rien]

D. Useful expressions for referring to past events are:

hier	*yesterday*
hier soir	*last evening*
hier matin	*yesterday morning*
la semaine dernière, la semaine passée	*last week*
samedi dernier, samedi passé	*last Saturday*
l'année dernière, l'année passée	*last year*
déjà	*already*
pas encore	*not yet*

Note that adverbs of time are generally placed at the beginning or at the end of a sentence.

Hier soir, j'ai regardé un documentaire. J'ai regardé un documentaire hier soir.
Samedi dernier, nous avons vu un bon film. Nous avons vu un bon film samedi dernier.

Note also that short adverbs are placed between the auxiliary verb and the past participle.

—Est-ce que tu **as déjà fait** tes devoirs?
—Non, je **n'ai pas encore eu** le temps.

Situation

Hier soir à la télé

Emmanuel et Martine parlent d'une émission qu'ils ont regardée hier soir.

MARTINE	Qu'est-ce que tu as fait hier soir?
EMMANUEL	**Rien de spécial.** J'ai regardé une émission sur l'écologie.
MARTINE	Moi aussi. J'ai trouvé ça super-intéressant. J'ai appris beaucoup de choses.
EMMANUEL	Et qu'est-ce que tu **as pensé** de la nouvelle pub pour Nescafé?
MARTINE	Bof! Les publicités sont toujours **bêtes.**

Vocabulaire

rien de spécial *nothing special;* **penser** *to think;* **bête** *stupid*

Avez-vous bien compris?

Est-ce que les phrases suivantes sont vraies ou fausses? Si la phrase est fausse, corrigez-la.

1. Martine a regardé une émission sur l'écologie hier soir.
2. Elle a trouvé l'émission ennuyeuse.
3. Elle trouve les pubs amusantes.

Premiers pas

A. Activités et occupations. Sylviane is talking about some of the things she did on her day off. Use the cues to describe her activities.

> **EXEMPLES** 10 h / téléphoner à Suzanne
> **À dix heures, j'ai téléphoné à Suzanne.**

1. 9 h / commencer à travailler
2. 11 h 30 / parler à mes parents
3. 12 h 15 / quitter la maison pour aller en ville
4. 12 h 30 / manger au restaurant avec des amis
5. 3 h / faire des courses
6. 4 h 45 / avoir la visite de Raymonde
7. 5 h 15 / acheter les provisions pour le dîner
8. 7 h 45 / regarder les informations

B. Encore et toujours des excuses! Some students are talking about why they aren't prepared for class. What are their excuses?

> EXEMPLE Micheline / avoir le temps de faire ses devoirs
> **Micheline n'a pas eu le temps de faire ses devoirs.**

1. nous / acheter les livres pour le cours
2. Michelle et Juliette / écouter en classe
3. tu / être sérieux
4. je / trouver mon cahier
5. vous / avoir le temps d'étudier
6. Pierre / faire ses devoirs

Communication et vie pratique

A. La semaine dernière. Create sentences expressing what you and your friends did during the past week by combining one element from each column.

> EXEMPLE **Hier, j'ai invité des amis à dîner.**

		parler à mes parents
		dîner chez des amis
		manger au restaurant
		avoir un examen difficile
hier		*inviter des amis à dîner*
lundi		*voir un bon film à la télé*
mardi	*je*	*écouter de la musique*
mercredi	*mes amis*	*faire des courses*
jeudi	*mes amis et moi*	*avoir la visite d'un(e) ami(e)*
vendredi	*mon ami(e)*	*passer l'après-midi à la bibliothèque*
samedi	*?*	*acheter des provisions*
dimanche		*faire le ménage*
la semaine dernière		*prendre un café avec des amis*
		faire une promenade

B. Et hier? Using the suggestions provided in **Communication et vie pratique A** on p. 177, ask questions to find out what other people in your class did recently.

> EXEMPLES **Est-ce que tu as fait des courses samedi?**
> **Qu'est-ce que tu as fait jeudi?**

C. Questions/Interview. Use the following questions to interview another student. Each main question has a series of related questions to help you gain skill in sustaining a conversation in French. If the answer to the numbered question is affirmative, ask the lettered questions. If the answer is negative, move on to the next numbered question.

1. Est-ce que tu as regardé la télé hier soir?
   a. Quelles émissions est-ce que tu as regardées?
   b. Est-ce que tu as vu un bon film?
   c. Est-ce que tu as écouté la météo?
   d. ?

2. Est-ce que tu as écouté des disques hier soir?
   a. Est-ce que tu as écouté de la musique classique?
   b. Quels disques est-ce que tu as écoutés?
   c. Quels sont tes chanteurs et tes chanteuses préférés?
   d. Est-ce que tu achètes souvent des disques?
   e. ?

3. Est-ce que tu as mangé à la maison hier soir?
   a. Est-ce que tu as fait la cuisine?
   b. Qu'est-ce que tu as préparé?
   c. Est-ce que tu as invité des amis?
   d. À quelle heure est-ce que tu as mangé?
   e. Qui a fait la vaisselle?
   f. ?

4. Est-ce que tu as mangé au restaurant universitaire ou dans un restaurant de la ville la semaine passée?
   a. Qu'est-ce que tu as mangé?
   b. Qu'est-ce que tu as bu?
   c. Avec qui est-ce que tu as mangé?
   d. Qu'est-ce que tu as pris comme dessert?
   e. ?

 C'est votre tour

Imagine that you are irritated with some friends who constantly try to find out what you did over the weekend. Role-play the conversation. The curious friends (played by other students) will ask many questions; you will try to avoid answering their questions. (Activity A may provide some suggestions.)

Réponses: peut-être; c'est possible; je ne suis pas sûr(e); je ne sais pas; je ne sais plus; pas grand-chose; rien d'intéressant; rien de spécial

> EXEMPLE **Qu'est-ce que tu as fait hier soir?**
> **Pas grand-chose.**

Exploration 3

INDIQUER QUAND UNE ACTIVITÉ COMMENCE OU FINIT

Finir *et les verbes de la deuxième conjugaison*
Présentation

A group of French verbs has infinitives that end in **ir.** The present tense of many of these verbs is formed by dropping the **ir** from the infinitive and adding the endings shown.

finir	
je fin**is**	nous fin**issons**
tu fin**is**	vous fin**issez**
il/elle/on fin**it**	ils/elles fin**issent**
Passé composé: j'**ai fini**	

Other useful verbs conjugated like **finir** are:

choisir *to choose*   Qu'est-ce que **vous choisissez** comme dessert?

grandir *to grow* (*up*)   Elle **a grandi** au Maroc.

réussir *to succeed, to pass* (*a test*)   J'**ai réussi** à mon examen.

Situation

On va au ciné?

Denis et Valérie invitent leurs amis à aller au cinéma ce soir.

DENIS   Vous finissez à quelle heure ce soir?

CHRISTINE   Moi, je finis à six heures, mais Pierre ne finit pas avant huit heures.

VALÉRIE   **Ça ne fait rien.** La deuxième **séance** commence à neuf heures.

CHRISTINE   Oui, mais elle ne finit pas avant onze heures. Qui va **garder** les enfants?

DENIS   Écoutez... Vous choisissez le film et moi, je trouve **quelqu'un** pour **garder** les **gosses.** C'est **d'accord?**

PIERRE   Alors, d'accord!

Vocabulaire

Ça ne fait rien *That doesn't matter;* **séance** (f) *show, showing;* **garder** *to keep;* **quelqu'un** *someone, somebody;* **les gosses** *the kids* (*familiar*); **d'accord** *O.K.*

Avez-vous bien compris?

Répondez aux questions suivantes.

1. À quelle heure est-ce que Christine et Pierre finissent leur travail?
2. À quelle séance du film est-ce qu'ils vont aller?
3. Qui va choisir le film?

Premiers pas

A. À quelle heure? Several students are planning to go out this evening and want to find out when the others finish their classes.

> **EXEMPLE** Marc / à 6 h
> **Marc finit à six heures.**

1. Monique / à 2 h
2. je / à 5 h 30
3. nous / à 4 h
4. tu / avant 7 h
5. vous / assez tôt
6. les autres / vers 5 h

B. Souvenirs d'enfance. The following people are talking about the places where they grew up. What do they say?

> **EXEMPLE** ma grand-mère / à Nice
> **Ma grand-mère a grandi à Nice.**

1. tu / dans une grande ville
2. nous / dans un petit village
3. Pierre / à la campagne
4. ma tante / en Italie
5. vous / au Canada
6. mes cousins / en Belgique

C. Petits et grands succès. The Monots are talking about some of the things that they have accomplished lately. Tell what they say. (Be sure to distinguish between **ir** verbs and other verbs previously learned.)

> **EXEMPLE** Madeleine / réussir à son examen d'anglais.
> **Madeleine a réussi à son examen d'anglais.**

1. Pierre / finir ses études
2. je / apprendre à nager
3. tu / voyager dans un pays étranger
4. mes amis / réussir à trouver du travail
5. nous / être très occupés
6. mon frère / choisir ses cours pour l'année prochaine
7. je / faire des progrès en maths

Communication et vie pratique

A. Il faut de tout pour faire un monde. People do well in certain subjects and not so well in others. What about you and people you know?

> **EXEMPLE** **Mon frère réussit bien en maths mais il n'est pas très fort en littérature.**

B. Choix et décisions. Answer the following questions about choices and decisions that you and others have made, the university you attend, and the courses that you take. You can also use these questions to interview another student.

1. Pourquoi est-ce que tu as choisi cette université? Est-ce que tu es content(e) de ton choix?

2. Est-ce que tu choisis tes cours avant le commencement du trimestre ou à la dernière minute? Quels cours est-ce que tu as choisis pour le trimestre prochain? Pourquoi est-ce que tu as choisi ces cours? En général, pour quelles raisons les étudiants choisissent-ils certains cours?

3. Quand est-ce que tu vas finir tes études à l'université? Est-ce que tu as déjà choisi ta future profession? Quelle profession est-ce que tu as choisie et pourquoi?

C. Votre ville natale. Tell another student about your hometown by using the questions below as a guide.

Questions: Où est-ce que tu as grandi? Comment est cette ville (grande ou petite? activités possibles? restaurants? cinémas, etc.)? Est-ce que tu as envie de rester (ou de retourner) dans la ville où tu as grandi? Si oui, pourquoi? Si non, quelle sorte de ville est-ce que tu préfères?

C'est votre tour

You have decided to go to the movies with your friends Stéphanie and Étienne (played by other students in the class), but you have trouble finding a time when you are all free, and you have very different tastes. Which movie do you choose based on the film listing on page 182?

Voici les éléments de la situation:

- Stéphanie travaille dans un magasin et elle ne finit jamais avant huit heures.
- Étienne a des examens cette semaine et il désire rentrer tôt pour étudier.
- Les films qu'on joue et l'heure de chaque séance sont indiqués dans le journal.

> **EXEMPLE** —**Stéphanie et toi, est-ce que vous êtes libres mardi soir?**
> —**Non, le mardi soir mes cours ne finissent pas avant neuf heures et demie.**

Intégration et perspectives: Qu'est-ce qu'il y a à la télé?

The following page from *Le Figaro TV Magazine* shows the day's programs for **France 2.** Tell what programs are offered in the categories listed in the **Avez-vous compris?** section and at what times they are shown. Notice how much you understand even though you may not know some of the individual words.

Avez-vous bien compris?

Quelles émissions y a-t-il sur France 2 dans les catégories suivantes et à quelle heure ces émissions sont-elles présentées?

1. des jeux
2. des feuilletons
3. des films
4. des causeries
5. des documentaires
6. des informations
7. des reportages sportifs
8. des spectacles de variétés

MERCREDI 28 AVRIL

2 France

❷ 6.00 BEAUMANOIR
Feuilleton français.

6.20 DESSIN ANIMÉ

❸ 6.30 TÉLÉMATIN
Présentation : William Leymergie.
JOURNAL A 7.00, 7.30, 8.00.
JOURNAL EN IMAGES A 6.30 ET 8.27.
MÉTÉO A 6.55, 7.24, 7.55.
Et les rubriques habituelles.

8.30 AMOUREUSEMENT VOTRE
Feuilleton américain.

8.55 AMOUR, GLOIRE ET BEAUTÉ
Feuilleton américain.

❹ 9.15 TÉLÉVISATOR 2
[JEUNES] *Emission pour la jeunesse proposée par Patrice Drevet.*
Présentation : Cyril Drevet.
Le Kisator - Les mini-magazines - Tiny Toons - Beetlejuice - Princesse Zelda.

❺ 10.50 DESSINEZ, C'EST GAGNÉ
[JEUNES] **JUNIOR**
Jeu. Présentation : Eric Galliano.

11.15 FLASH

11.20 MOTUS
Jeu. Présentation : Thierry Beccaro.

11.55 PYRAMIDE
Jeu. Présentation : Patrice Laffont.

12.25 QUE LE MEILLEUR GAGNE
Jeu. Présentation :
Laurent Petitguillaume.

13.00 JOURNAL
Présentation : Laurence Piquet
et Henri Sannier.

13.35 MÉTÉO

13.45 EMISSION DE L'INC

13.50 TATORT
Série de films TV allemands.

❼ 15.25 LA CHANCE AUX CHANSONS
♪♪ *Présentation : Pascal Sevran.*
STÉPHANE CHOMONT :
UN GAMIN DE PARIS !
Invités et séquences : **Lily Lian, Micheline Ramette, Minouche Barelli, Josy Andrieu, Georges Chelon, Chantal Simon, Alain Leprest, Catherine Boulanger.**

16.20 DES CHIFFRES ET DES LETTRES
Jeu. Présentation : Laurent Romejko.

16.45 BEAUMANOIR
Feuilleton français.
SECRETS ET RÉVÉLATIONS
Avec : **Sophie Durin, Jacques Serres, Martine Sarcey, Henri Serre.**

17.10 GIGA
[JEUNES] *Réalisation : Bernard Greggio.*
Reportages - **La fête à la maison - Happy Days - Quoi de neuf, docteur ? - Major Dad.**

19.20 QUE LE MEILLEUR GAGNE PLUS
Jeu. Présentation : Nagui.

20.00 JOURNAL
❽ *Présentation : Paul Amar.*

20.40 JOURNAL DES COURSES
EVRY

20.45 MÉTÉO

20.50

FILM TV DE LAZARE IGLÉSIS. EN 16/9. D'APRÈS LE ROMAN DE MARCEL AYMÉ

❻ LE BŒUF CLANDESTIN

ADAPTATION ET DIALOGUES : FRANÇOIS-OLIVIER ROUSSEAU ET LAZARE IGLÉSIS
MUSIQUE : VLADIMIR COSMA

Daniel Ceccaldi	M. Berthaud	**Stéphane Jobert**	Richard Dulatre
Danièle Lebrun	Mme Berthaud	**Cécile Auclert**	Lucy
Florence Darel	Claire Berthaud	**Jean Rougerie**	M. Dulatre
Jacques Sereys	le baron	**Gérard Sergue**	Philippe Lardut

FRANCE 2

Droit et honnête directeur d'une banque rachetée par les Japonais, M. Berthaud est un irréprochable père de famille catholique pratiquant. Par stoïcisme, il est végétarien, mais voilà, il cède en cachette à la tentation de la « viande » avant (peut-être) de céder à celle de la chair... Mme Berthaud, archétype de la mère de famille française, élève dans le sens du devoir leurs deux enfants : la superbe Claire, chercheuse au laboratoire Dulâtre, qui est amoureuse de son collègue Philippe Lardut, et Maurice, leur contestataire de fils, qui accomplit son service militaire et ne trouve rien de mieux que de déserter. Autour d'eux, les Dulâtre, propriétaires du laboratoire du même nom, dont le fils, Richard, a pour maîtresse une comédienne sans rôle, Lucy Dringuet, tandis que la fille Florence, elle, passe ses nuits hors du domicile familial.

Danièle Lebrun, Florence Darel, Daniel Ceccaldi.

On retrouve le trait à la fois tendre et acerbe de Marcel Aymé. Les dialogues sont bons et les personnages caricaturaux sont interprétés *avec intelligence. L'hypocrisie bourgeoise, croquée avec délice par l'auteur en 1939, reste aussi jubilatoire de nos jours.*

---

❾ 22.30 FOOTBALL
Eliminatoires de Coupe du monde, groupe 2. En direct de Wembley. Commentaires : Didier Roustan, Jean Tigana.
ANGLETERRE/PAYS BAS

TEMPSPORT

Stuart Pearce (Angleterre), Ronald Kœman (Pays Bas).

Rencontre au sommet entre deux des meilleures formations européennes. L'Angleterre et les Pays-Bas luttent pour conquérir l'une des deux places qualificatives. Ils se trouvent en concurrence avec la surprenante équipe de Norvège qui occupe à ce jour la première place de ce groupe.

0.20 JOURNAL

0.35 MÉTÉO

0.40 LE CERCLE DE MINUIT
Invité : **Johnny Clegg.** Musique : **Kudsi, les Derviches Tourneurs.**

1.40 HISTOIRE COURTE
Emission proposée par Alain Gauvreau.
MAIS QUI EST VALENTINO ?
Film de Jean-Paul Husson
et Jean-François Chiron.
Avec **Pierre-Loup Rajot, Olivier Berha, Eric Bonicatto.**
Marc Amblin roule sur une route au plus profond d'une angoissante forêt. Sous l'orage, il est seul au volant, à la radio chante Valentino Caruselli. Il s'arrête à une station-service, prend un potage à un distributeur automatique et frissonne. Le cauchemar commence...

1.50 LA NUIT SUR FRANCE 2
BAS LES MASQUES

3.10 EMISSIONS RELIGIEUSES

4.20 INFO

4.35 PYRAMIDE

❿ 5.05 LA CHANCE AUX CHANSONS

Info-culture: Téléguide

The numbered items on the page from *Le Figaro TV Magazine* are explained below.

1. **France 2,** a public television station, is one of the most popular channels. **TF1** is also widely watched.

2. French television stations frequently offer soap operas, among them many American programs.

3. **Télématin** offers news, weather, and special features. News and weather are broadcast throughout the day and night.

4. **Jeunes** indicates that the program is for young people. Most stations offer a variety of programs for children, especially on the weekends and in the summer.

5. Game shows are also very popular; some are based on American game shows (e.g., **Dessinez, c'est gagné**).

6. Most French television stations offer a wide variety of movies, including many foreign films and those based on French classics (e.g., *Le Bœuf Clandestin,* based on a novel by Marcel Aymé).

7. Concerts (both classical and popular) and musical variety shows are frequently shown on French television. The shows feature national and international stars.

8. **Le Journal des courses** reports the results of horse races.

9. Coverage of sports events (especially soccer and the **Tour de France** in the summer) is an important part of French television programming.

10. Note that programming goes around the clock.

Et vous?

Which of the programs listed in the television guide on the previous page interest you and which do not?

Communication et vie pratique

A. Il y a des goûts et des couleurs. Imagine that a group of people with very different tastes (sports fan, intellectual, music lover, soap opera fan, news lover) are looking at the television schedule from *Le Figaro TV Magazine* and are discussing the types of programs that they like. The other members of the group find the programs of the others uninteresting at best. Imagine the conversation as you and other students in the class play these roles.

B. Une interview. Imagine that you are a famous movie star and are being interviewed. Another student will play the role of the interviewer and will ask you questions such as the following. You can also play the role of a television or radio personality.

1. Où est-ce que vous avez grandi?

2. Pourquoi avez-vous choisi cette profession?

3. En quelle année est-ce que vous avez fait votre premier film?

4. Dans combien de films est-ce que vous avez joué?

5. Quels ont été vos rôles préférés?

6. Quel est le titre de votre dernier film?

7. Quand est-ce que vous avez fini votre dernier film?

8. Quels sont vos projets pour l'année prochaine?

C. Les Américains et leur télé. Describe American television to a French friend (**les différentes chaînes; quelles sortes d'émissions et de chaînes on peut regarder; les préférences de différents groupes de gens**). You might want to bring in an evening's television guide and use that as part of your description, explaining the types of programs available and when they are offered.

Invitation à écouter

On va au cinéma. Vous avez décidé d'aller au cinéma ce soir et vous téléphonez pour demander les heures des séances. Écoutez le message enregistré, et pour chaque film notez l'heure des différentes séances.

Film	Séances
Le Fugitif	
La Gloire de mon Père	
Germinal	

Prononciation et orthographe

The sounds /s/ and /z/

When the letter **s** occurs between two vowels, it is pronounced /z/ as in **poison.** When there are two **s**'s, the sound is always /s/ as in **poisson.** The sound /s/ also corresponds to the following spellings: **ç, c** followed by **i** or **e,** and **t** in the **tion** ending (**ça, ceci, nation**). An **x** is pronounced /z/ in liaison.

Compare and repeat:

ils ont / ils sont
poison / poisson
désert / dessert
nous avons / nous savons
deux heures / deux sœurs

Petite conversation

Practice repeating the following conversation.

—Et après le poisson, qu'est-ce que vous choisissez?
—Nous avons envie d'un bon dessert.
—Qu'est-ce que vous avez à nous proposer?

Vocabulaire

La télévision et les spectacles
(Voir pp. 164–166)
L'heure (Voir pp. 168–170)
Finir *et les verbes de la deuxième*
conjugaison (Voir p. 179)

Noms

l'**écologie** (f)......*ecology*
le/la **gosse**......*kid*
le **matin**......*morning*
la **séance**......*showing, session*

Verbes

garder......*to take care of, keep*
manquer......*to miss*
penser......*to think*

Divers

à mon avis......*in my opinion*
bête......*stupid*
d'accord......*agreed, okay*
déjà......*already*
encore......*yet, still*
hier......*yesterday*
passé......*past, last*
quelqu'un......*someone*
rien de spécial......*nothing special*

CHAPITRE 8

La pluie et le beau temps

Dans ce chapitre vous allez apprendre à...

Parler du temps qu'il fait
1. *Parler de vos allées et venues*

2. *Parler du passé*
3. *Situer un événement dans le temps*

Vocabulaire et structures

Mise en train: Quel temps fait-il?
*Les verbes conjugués comme **partir** et comme **venir***
*Le passé composé avec l'auxiliaire **être***
***Depuis** et autres expressions de temps*

Mise en train: Quel temps fait-il?

Quel temps fait-il au printemps?

Today

Aujourd'hui il fait beau.

Yesterday

Hier il a fait beau.

Tomorrow
en ...

Demain il va faire
assez beau.

Aujourd'hui il pleut.

Hier il a plu.

Demain il va pleuvoir.

Quel temps fait-il en été?

Il fait du soleil.

Il fait chaud.

Il y a quelquefois
des orages.

Quel temps fait-il en automne?

Il fait frais.

Il fait du vent.

Il fait mauvais.

Quel temps fait-il en hiver?

Il fait froid.

Le ciel est couvert.
Il va peut-être neiger.

Il neige.

Réactions

Il fait très chaud. Il fait 31° (31 degrés).
Nous avons très chaud.

Il fait froid. Il fait −5°.
On va avoir froid.

Communication et vie pratique

A. Le temps en France aujourd'hui. Using the following weather map, tell what the weather is like in each of the French cities given below.

EXEMPLE Paris
Quel temps fait-il à Paris?
Le ciel est couvert.

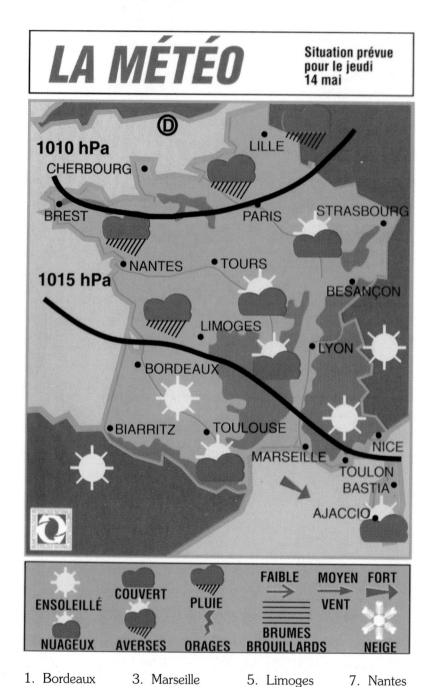

1. Bordeaux
2. Lille
3. Marseille
4. Strasbourg
5. Limoges
6. Lyon
7. Nantes
8. Ajaccio

B. Quel temps fait-il? A Paris newspaper reported the following temperatures and weather conditions around the world. Describe the weather in each city.

> **EXEMPLE** Berlin 10° PV
> **À Berlin il fait dix degrés. Il pleut et il fait du vent.**

Températures et conditions météorologiques			
N = neige	P = pluie		V = vent
S = soleil	C = couvert		O = orage
Paris	10° VP	Melbourne	25° OV
Madrid	14° S	Oslo	7° S
New York	2° N	Berlin	10° PV
Londres	8° C	Rome	13° SV

C. Les prévisions météorologiques. Using the weather map below, describe what the weather was like yesterday in Canada. Then tell what the weather is going to be like for the rest of the week in Montreal and Quebec.

Prévision à long terme pour **Montréal**

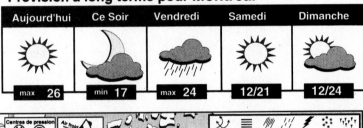

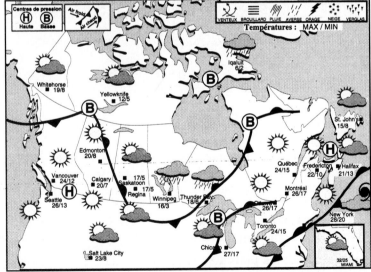

Environnement Canada

Prévision à long terme pour **Québec**

Info-culture: La France et son climat

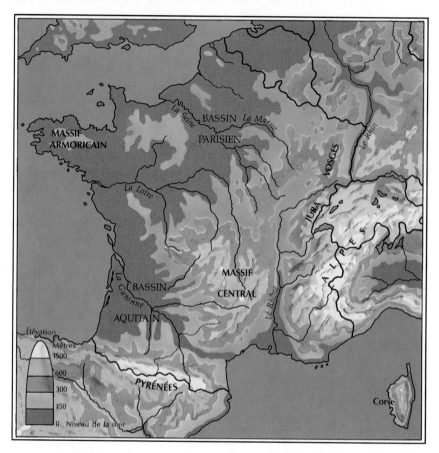

La France est un pays au climat modéré et varié. La variété de son **relief** contribue aussi à la variété du climat et des **paysages** naturels. Si vous regardez la carte, vous pouvez distinguer les grandes régions naturelles.

- **Les régions montagneuses,** les montagnes jeunes (les Alpes et les Pyrénées) et les montagnes anciennes (le Massif central et les Vosges).

- **Les plaines et les plateaux,** situés surtout dans le Nord et l'Ouest du pays: le Bassin parisien et le Bassin aquitain.

- **La vallée du Rhône,** entre les Alpes et le Massif central.

- **Les principaux fleuves:** la Seine, la Loire, la Garonne et le Rhône.

On distingue quatre types de climat.

- **Le climat atlantique** (à l'Ouest): hivers **doux** et humides et pluies fréquentes en toute saison.

- **Le climat continental** (dans le Nord): contrastes plus **marqués,** hivers froids, étés assez chauds.

- **Le climat montagnard** (surtout dans les Alpes): hivers longs et très froids et neige abondante.

- **Le climat méditerranéen** (en Provence et dans le Languedoc): hivers très doux et étés chauds et secs; climat particulièrement agréable, excepté quand le Mistral **souffle.** (Le Mistral est un vent violent qui souffle dans la partie sud de la vallée du Rhône.)

Vocabulaire

le relief *relief, topography;* **le paysage** *scenery, landscape;* **le fleuve** *river;* **doux** *mild;* **marqué** *marked;* **souffler** *to blow*

Et vous?
Faites une petite description de votre pays: montagnes, plaines, fleuves et rivières, climat. Vous pouvez utiliser une carte pour illustrer votre présentation.

Exploration 1
PARLER DE VOS ALLÉES ET VENUES
*Les verbes conjugués comme **partir** et comme **venir**
Présentation*

The present tense forms of several **ir** verbs like **partir** (*to leave*) and **sortir** (*to go out*) do not follow the regular pattern of second conjugation verbs like **finir.**

partir	
je **pars**	nous **partons**
tu **pars**	vous **partez**
il/elle/on **part**	ils/elles **partent**

À quelle heure **partez**-vous?
Ce soir je **sors** avec des amis.

Venir (*to come*) is also irregular.

venir	
je **viens**	nous **venons**
tu **viens**	vous **venez**
il/elle/on **vient**	ils/elles **viennent**

—Est-ce que vous **venez** du Maroc?[1]
—Non, je **viens** de Tunisie.[1]

[1]Note that masculine and plural countries are preceded by **du** or **des;** feminine countries by **de.**

A. Other verbs that are similar to **venir** are:

devenir *to become*   Le ciel **devient** nuageux.
revenir *to come back, to return*   Je **reviens** dans un instant.

B. Venir de, when followed by an infinitive, means *to have just done something.*

Je **viens de trouver** du travail.   *I just found a job.*
Nous **venons d'arriver.**   *We (have) just arrived.*

C. There are three ways in addition to the present tense to express actions that relate closely to present time.

- **Action about to take place: aller** + *infinitive*

Anne va faire du ski.

- **Action in the process of taking place: être en train de** + *infinitive*

Anne est en train de faire du ski.

- **Action that has just taken place: venir de** + *infinitive*

Anne vient de faire du ski.

Situation

Qu'est-ce que tu deviens?

Mathieu rencontre son vieil ami Raymond. Ils échangent des nouvelles.

MATHIEU	Alors, qu'est-ce que tu deviens?
RAYMOND	Je voyage beaucoup. Aujourd' hui, je reviens de Milan et demain, je pars à Londres. Ça devient fatigant.
MATHIEU	Si tu es **libre** ce soir, viens dîner **chez** nous.
RAYMOND	Impossible, je sors avec Natacha.
MATHIEU	Sophie et toi, vous ne sortez plus ensemble?
RAYMOND	Non, c'est fini entre nous. Mais... et vous deux, qu'est-ce que vous devenez?
MATHIEU	Nous venons d'acheter une maison, et... je vais **bientôt** être papa!
RAYMOND	Eh bien, **félicitations!**

Vocabulaire

libre *free;* **chez** *at the home, place of;* **bientôt** *soon;* **félicitations** *congratulations*

Avez-vous bien compris?

Quels sont les événements ou les changements importants dans la vie de Raymond et dans la vie de Mathieu?

Premiers pas

A. Départs. Nadine's boss has asked when members of the staff are leaving on trips and when they're returning. Based on the schedule below, how does Nadine answer her questions?

> **EXEMPLE** Marcel: départ 20/6; retour 2/7
> **Marcel part le vingt juin et il revient le deux juillet.**

1. Philippe et Yves: départ 15/5; retour 25/5
2. Régine: départ 10/7; retour 15/7
3. Madeleine: départ 29/8; retour 5/9
4. Dominique: départ 6/6; retour 11/6
5. Daniel: départ 1/10; retour 5/10

B. D'où viens-tu? Students taking the **Cours pour étrangers** at the **Université de Bordeaux** are telling each other where they are from. What do they say?

> **EXEMPLE** Mounir/ Tunisie
> **Mounir vient de Tunisie.**

1. Ibrahim / Maroc
2. je / Canada
3. nous / Allemagne
4. Marco et Teresa / Mexique
5. tu / Angleterre
6. vous / Sénégal

C. Activités. Laurence and her friends have different activities planned for today. What do they say?

> **EXEMPLE**   Laurence / partir en vacances
> **Laurence part en vacances.**

1. je / partir aussi en vacances
2. mes amis / partir en voyage
3. vous / sortir avec des amis
4. Éliane / partir à la campagne
5. tu / venir au cinéma avec nous
6. nous / sortir ensemble ce soir

D. Avant, pendant et après. Tell what Robert Lefranc and his friends are going to do, are doing, and have just done.

> **EXEMPLE**   **Il va manger à midi. Il est en train de manger. Il vient de manger.**

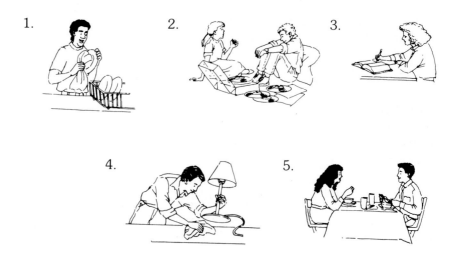

1.

2.

3.

4.

5.

Communication et vie pratique

A. Le travail et les sorties. Talk about when you go out with your friends and what you like to do. Answer the questions or use them to find out about another student's interests.

1. Est-ce que tu sors souvent pendant le week-end? Si oui, où est-ce que tu vas?
2. Quand tu sors avec tes amis, où est-ce que vous allez?
3. Est-ce que tu as le temps de sortir pendant la semaine?
4. Qu'est-ce que tu vas faire le week-end prochain?
5. Est-ce que tu pars le week-end prochain? Si oui, où est-ce que tu vas et quand est-ce que tu pars? Quand est-ce que tu reviens?

B. Excuses. One of your friends calls to ask you out. Unfortunately, you are very busy (or you don't feel like going out). What excuses can you make? Begin with a brief apology: **Je regrette beaucoup, mais…; C'est dommage, mais…; Je voudrais bien, mais…**

Excuses possibles:

- Vous allez avoir un examen demain et vous êtes en train d'étudier.
- Vous venez de rentrer et vous n'avez pas encore eu le temps de manger.
- Vous partez en voyage demain et vous avez besoin de faire vos valises.
- Vous revenez d'un voyage et vous êtes très fatigué(e).
- Vous êtes en train de préparer le dîner.
- ?

C'est votre tour

Call a friend (played by another student) and make plans for the evening. Use the following questions as a guide as you decide what you are going to do.

- Allô… Ici…
- Qu'est-ce que tu es en train de faire?
- Est-ce que tu as des projets pour ce soir?
- Est-ce que tu as envie de sortir?
- Qu'est-ce que tu as envie de faire?
- Est-ce qu'on sort avec des amis?
- À quelle heure est-ce qu'on part et quand est-ce qu'on revient?
- ?

Exploration 2

PARLER DU PASSÉ

*Le passé composé avec l'auxiliaire **être***
Présentation

Some French verbs, such as **aller,** use **être** instead of **avoir** as their auxiliary verb in the **passé composé.** They are usually verbs indicating motion or change of state. The past participles of these verbs agree in gender and number with the subjects.

Le passé composé du verbe *aller*	
je **suis allé(e)**	nous **sommes allé(e)s**
tu **es allé(e)**	vous **êtes allé(e)s**
il/on **est allé**	ils **sont allés**
elle **est allée**	elles **sont allées**

A. The following verbs take **être** as their auxiliary. New verbs are marked with an asterisk.

aller	Nous **sommes allés** au cinéma hier soir.
arriver	Est-ce que vous **êtes arrivés** en retard?
*****descendre**	Il **est descendu** de l'autobus.
devenir	Qu'est-ce qu'elles **sont devenues?**
*****entrer**	**Sont**-ils **entrés** dans ce café?
*****monter**	Elle **est montée** dans l'autobus.
partir	Ils ne **sont** pas encore **partis.**
*****rentrer**	Je **suis rentré** à midi.
rester	Nous ne **sommes** pas **restés** à la maison.
*****retourner**	Ils **sont retournés** en France l'été dernier.
revenir	Elle **est revenue** hier.
sortir	**Sont**-ils **sortis** ensemble?
venir	Qui **est venu** avec toi?

B. The following verbs indicating a change of state or condition also take **être** in the **passé composé.** Note that **arriver** can mean *to happen* as well as *to arrive.*

arriver	*to happen*	Qu'est-ce qui **est arrivé?**
naître	*to be born*	Elle **est née** le 12 octobre.
mourir	*to die*	Ils **sont morts** dans un accident.
tomber	*to fall*	Je **suis tombé** dans la neige.
tomber malade	*to become ill*	Elle **est tombée** malade.

C. When talking about a sequence of events, the following words can be useful: **d'abord** (*first*); **puis** (*then*); **ensuite** (*then, next*); **après ça; avant ça; finalement.**

Situation

En vacances

Chaque année un grand nombre de Français vont sur la Côte d'Azur pour **profiter** du soleil et de la mer. Cette année, Antoine et Céline, des Bruxellois, ont décidé de passer leurs vacances à Antibes. Céline explique à Béatrice pourquoi leur **séjour** n'a pas été très agréable.

BÉATRICE	Vous n'êtes pas descendus sur la Côte cette année?
CÉLINE	Si, mais nous ne sommes pas restés longtemps.
BÉATRICE	Quand êtes-vous partis?
CÉLINE	Samedi dernier.
BÉATRICE	Et vous êtes déjà rentrés? Qu'est-ce qui est arrivé?
CÉLINE	Nous avons eu toutes sortes d'**ennuis**. La voiture est **tombée en panne** et nous sommes arrivés à 3 heures du matin!
BÉATRICE	C'est **dommage**. J'**espère** qu'il a fait beau pendant votre séjour?
CÉLINE	Non. Il a fait **gris** tous les jours. Alors, nous sommes revenus à Bruxelles.

Vocabulaire

profiter *to take advantage, enjoy;* **le séjour** *stay;* **l'ennui** (m) *trouble, worry;* **tomber en panne** *to break down;* **dommage** *too bad;* **espérer** *to hope;* **gris** *gray, cloudy*

Avez-vous bien compris?

Répondez aux questions suivantes.

1. Où est-ce qu'Antoine et Céline sont allés en vacances?
2. Quand sont-ils partis?
3. Pourquoi est-ce que leurs vacances n'ont pas été très agréables?
4. Quel temps est-ce qu'il a fait?
5. Qu'est-ce qu'ils ont décidé de faire?

Premiers pas

A. Pendant le week-end. Some students are telling where they went last weekend. Use the cues to tell what they say.

> EXEMPLE   Robert / café
> **Robert est allé au café.**

1. tu / restaurant
2. Micheline / théâtre
3. Raoul et Marie / concert
4. Roger et Jean-Marc / cinéma
5. vous / match de football
6. Henri / piscine
7. nous / supermarché
8. Viviane et Louise / plage

B. Visite de la ville. The driver of a sightseeing bus in Monaco is reporting what happened earlier today. Using the cues provided, tell what he says.

> EXEMPLE   je / arriver à l'hôtel à midi
> **Je suis arrivé à l'hôtel à midi.**

1. les touristes / sortir de l'hôtel
2. ils / monter dans le bus
3. nous / partir à midi et quart
4. nous / passer devant le casino
5. nous / arriver au Palais à deux heures
6. les touristes / descendre de l'autobus
7. ils / entrer dans le Palais
8. je / revenir à la gare
9. je / retourner chercher les touristes
10. nous / rentrer à l'hôtel

C. Occupations. Here are some activities of Juliette Cordier, a French student. Tell what she did yesterday, making sure to use the correct form of **avoir** or **être**.

> EXEMPLES   étudier à la maison
> **Elle a étudié à la maison.**
> rester à la maison jusqu'à 9 h
> **Elle est restée à la maison jusqu'à neuf heures.**

1. prendre l'autobus
2. descendre près de l'université
3. marcher un peu
4. manger au restaurant universitaire
5. aller au café avec des amis
6. avoir son cours d'histoire
7. rester à la bibliothèque jusqu'à 6 h
8. quitter l'université à 6 h 30
9. acheter ses provisions
10. rentrer à la maison
11. faire la cuisine
12. dîner avec un ami

Communication et vie pratique

A. Expériences communes. Find students in your class who have done the following things. Then tell the rest of the class what you have found out.

Trouvez un ou plusieurs étudiants...

1. qui sont sortis tous les soirs cette semaine
2. qui sont nés le même mois
3. qui ne sont jamais montés dans un avion
4. qui sont arrivés à l'université avant sept heures ce matin
5. qui sont venus en classe tous les jours la semaine dernière
6. qui sont rentrés très tard le week-end passé
7. qui ne sont jamais allés dans un pays étranger
8. qui sont déjà allés en France

B. Qu'est-ce que vous avez fait? Create sentences describing what you did last weekend, last night, or during your vacation last year. Choose from the suggestions below or add your own comments. You may want to add what your friends, roommates, etc., did.

> EXEMPLE **Pendant les vacances d'été, je suis allé(e) à la plage et j'ai passé quelques semaines chez mes cousins. Après ça...**

1. Pendant les vacances d'été...
   faire un voyage / visiter un pays étranger / aller à la plage / passer un mois à la campagne / passer l'été avec ma famille / travailler dans un restaurant (dans un bureau, dans une usine, etc.)

2. Pendant le week-end...
   rester à la maison / manger au restaurant / acheter des vêtements / aller au cinéma / regarder la télé / étudier

3. Hier soir...
   aller au concert / inviter des amis à dîner / faire la cuisine / regarder un bon film à la télé / aller à la bibliothèque / finir mes devoirs

C. Une journée dans la vie d'un(e) étudiant(e). Tell what you did yesterday, using the questions below as a guide.

1. À quelle heure est-ce que vous êtes allé(e) à l'université?
2. À quelles classes est-ce que vous êtes allé(e) et à quelle heure?
3. Est-ce que vous avez étudié à la bibliothèque?
4. Où est-ce que vous avez mangé et avec qui?
5. À quelle heure est-ce que vous avez quitté le campus?
6. Est-ce que vous avez regardé la télé?
7. À quelle heure est-ce que vous avez commencé à étudier?
8. Quand est-ce que vous avez fini vos devoirs?

C'est votre tour

Imagine that you've just returned from one of the most miserable trips of your life and are answering a friend's questions. Your friend will react sympathetically to your misfortunes. Possible misfortunes and expressions of sympathy are listed below.

Malheurs: prendre la mauvaise route; rencontrer des gens désagréables; laisser nos billets d'avion, nos chèques de voyage, etc. à la maison; tomber en panne; pleuvoir tout le temps; faire mauvais pendant tout le voyage; tomber malade; manquer le train, l'avion, etc.

Expressions: C'est dommage; quel dommage; ah mon (ma) pauvre, tu n'as vraiment pas de chance; vraiment... ?; ce n'est pas possible.

Exploration 3

SITUER UN ÉVÉNEMENT DANS LE TEMPS

Depuis et autres expressions de temps
Présentation

To indicate that an action or condition that began in the past is still going on in the present, the present tense is used with the expression **depuis.**

Nous habitons ici **depuis trois mois.**	*We've been living here for three months.*
Il pleut **depuis trois jours.**	*It has been raining for three days.*
J'étudie le français **depuis six mois.**	*I've been studying French for six months.*

A. **Depuis** is also used to indicate when an action started.

Marie est ici **depuis le premier juillet.**	*Marie has been here since July 1st.*
Il neige **depuis minuit.**	*It has been snowing since midnight.*

B. To ask *how long* something has been going on, use **depuis quand** or **depuis combien de temps.** In conversational French, these two expressions are often used interchangeably.

Depuis quand as-tu ton diplôme?
Depuis le mois de juin.
Depuis combien de temps travailles-tu ici?
Depuis six mois.

C. To speak of an action that has a specific duration or time span, **pendant** is used.

Pendant combien de temps avez-vous habité au Canada?

How long did you live in Canada?

Nous avons habité au Canada **pendant deux ans.**

We lived in Canada for two years.

D. Il y a + *amount of time* is the equivalent of the English word *ago*. In this case a past tense is used.

Il a fini ses études **il y a deux ans.**

He finished school two years ago.

J'ai visité le Québec **il y a trois mois.**

I visited Quebec three months ago.

Situation

À la plage

Laurence est en vacances sur la Côte d'Azur. Elle est en train de **prendre un bain de soleil.** Un beau jeune homme bien **bronzé essaie**[2] de **faire sa connaissance.**

THIERRY   Bonjour, Mademoiselle. Il fait beau, n'est-ce pas? Vous êtes ici depuis longtemps?

LAURENCE   Non, seulement depuis dimanche soir. Et vous... ?

THIERRY   Je suis ici depuis le début du mois. Mais, **malheureusement,** je repars dans trois jours. Pendant combien de temps allez-vous rester à Antibes?

LAURENCE   Pendant quinze jours. Après ça, je vais partir en Corse.

THIERRY   Ah oui... ? J'ai passé deux semaines en Corse il y a deux ans. Il a fait un temps **merveilleux** pendant tout mon séjour.

Vocabulaire

prendre un bain de soleil *to sunbathe;* **bronzé** *tanned;* **essayer** *to try;* **faire la connaissance** *to get to know, become acquainted with;* **le début** *the beginning;* **malheureusement** *unfortunately;* **merveilleux** *great, marvelous*

Avez-vous bien compris?

Répondez aux questions suivantes.

1. Depuis combien de temps est-ce que Laurence est sur la Côte d'Azur?
2. Pendant combien de temps est-ce qu'elle va rester à Antibes?
3. Quand est-ce que Thierry a visité la Corse?
4. Quel temps a-t-il fait pendant son séjour en Corse?

---

[2]**Essayer** is an irregular verb: **j'essaie; tu essaies; il/elle/on essaie; nous essayons; vous essayez; ils/elles essaient.**

Premiers pas

A. Interview. Léon Forestier is applying for a job, and he is asked questions during the interview. Give his answers as indicated.

> EXEMPLE Excusez-moi, Monsieur, vous êtes ici depuis longtemps?
> (dix minutes)
> **Je suis ici depuis dix minutes.**

1. Depuis quand cherchez-vous du travail? (janvier)
2. Quand avez-vous fini vos études? (trois ans)
3. Depuis quand habitez-vous à Québec? (deux ans)
4. Pendant combien de temps êtes-vous resté dans votre emploi précédent? (trois mois)
5. Quand avez-vous commencé à travailler pour la première fois? (sept ans)
6. Depuis quand parlez-vous anglais? (l'âge de dix ans)

B. J'ai le plaisir de vous présenter... Madame Renaud has been asked to introduce an American colleague at her company's annual meeting. Using the fact sheet provided by the colleague, tell what she says.

> EXEMPLE started working twenty-five years ago
> **Il a commencé à travailler il y a vingt-cinq ans.**

1. born 55 years ago in England
2. came to the U.S. twenty years ago
3. has been living in Seattle since 1985
4. has been working for this company for ten years
5. worked in Toronto for five years
6. worked in Japan ten years ago
7. has been studying French for a year

Communication et vie pratique

A. Depuis quand... Ask other students how long they have been doing the following things.

> EXEMPLE être étudiant(e) ici
> **Depuis quand es-tu étudiant ici?**
> **Je suis étudiant ici depuis un an.**

1. être étudiant(e) ici
2. étudier le français
3. habiter dans cette ville
4. avoir un emploi
5. avoir une voiture

B. Quand... ? Ask another student how long ago the following events took place.

> EXEMPLE venir à cette université
> **Quand est-ce que tu es venu(e) à cette université?**
> **Je suis venu(e) à cette université il y a deux ans.**

1. venir à cette université
2. faire un voyage intéressant
3. commencer à travailler
4. finir mes études au lycée
5. acheter ma première voiture
6. commencer à étudier le français

C. Points communs… Ask questions to find out who in your class has done the following things.

Trouvez un(e) étudiant(e)…

1. qui est allé(e) au Canada pendant ses vacances
2. qui a habité dans la même ville pendant dix ans
3. qui est né(e) il y a vingt et un ans
4. qui est sorti(e) avec la même personne pendant plus de six ans
5. qui parle une langue étrangère depuis son enfance
6. qui a habité dans un pays étranger pendant un an ou plus
7. qui n'a jamais été absent(e) pendant tout le semestre/trimestre

C'est votre tour

You're at the beach and want to meet someone that you find particularly interesting. Start a conversation with that person (played by another student) by asking him or her questions. Use the **Situation** as a point of departure. Before role-playing the situation, make a list of questions that you could ask and comments that you could make. The person that you want to talk with can decide whether he or she is eager or reluctant to participate in the conversation.

Intégration et perspectives: Adieu la pluie, bonjour le soleil

Mme Magnien vient de recevoir une lettre de son neveu Daniel qui fait son service militaire à la Réunion, un des départements français d'**outre-mer** situé dans l'océan Indien.

Saint-Pierre, le 25 avril

Chère tante,

Ça fait deux mois que je suis à la Réunion où je fais mon service militaire dans la coopération. Je suis arrivé dans cette magnifique île le 23 janvier, au milieu de "notre" hiver. Mais quel contraste! Adieu la pluie, la neige et le froid. Bonjour le soleil, la végétation tropicale, le surfing!

Eh oui, je suis devenu un passionné de ce sport! Les vagues sont si hautes et si régulières que c'est un paradis pour les surfistes. Par contre, les belles plages sont rares car la côte est très sauvage. En fait, l'île est très montagneuse. C'est une succession de canyons, de plantations de vanille, et de forêts. Il y a même plusieurs volcans qui sont encore en activité.

Je profite de mon temps libre pour visiter l'île (qui est très petite en comparaison avec la France). En voiture, il est possible de faire le tour de l'île en trois heures. Mais, en réalité, le paysage est si beau et si varié qu'on a envie de s'arrêter et si varié qu'on a envie de s'arrêter partout. J'ai déjà pris des centaines de photos.

Des copains de Lyon sont venus passer huit jours ici. Pendant leur séjour, nous avons fait l'ascension d'un des volcans. Nous sommes partis à pied et nous avons marché et campé dans la nature pendant trois jours. Quel souvenir merveilleux !

Mon travail est assez agréable. Je suis conseiller technique dans une coopérative agricole. Je suis vite devenu ami avec les autres employés et les gens ici sont très accueillants. Je suis sûr que mes deux années à la Réunion vont passer très vite.

Je viens de recevoir une lettre de mes parents. Ils ont l'intention de venir ici l'an prochain. Quelle surprise ça va être pour eux qui n'ont jamais quitté la France.

Je pense souvent à toi et j'espère que tu es en bonne santé.

Grosses bises,
Daniel

Vocabulaire

outre-mer *overseas;* **coopération** (f) *a service-oriented civilian alternative to military service, similar to the Peace Corps;* **île** (f) *island;* **adieu** *goodbye;* **passionné** *fan;* **vague** (f) *wave;* **haut** *high;* **par contre** *on the other hand;* **car** *because;* **sauvage** *wild;* **en fait** *as a matter of fact;* **colline** (f) *hill;* **faire le tour** *to go around, make a tour;* **copain/copine** *friend, pal;* **faire l'ascension** *to climb;* **conseiller** *counselor;* **vite** *quickly;* **accueillant** *welcoming;* **eux** *them;* **santé** *health*

Avez-vous bien compris?

Les commentaires suivants ont été attribués à Daniel. À votre avis, est-ce qu'ils sont plausibles ou non? Basez-vous sur le contenu de sa lettre pour décider.

1. «Je suis ravi de mon séjour à la Réunion.»
2. «Je passe mes week-ends et mon temps libre à regarder la télé.»
3. «Le paysage ici est très monotone et très ennuyeux.»
4. «Les habitants de la Réunion sont froids et distants.»
5. «Mes parents n'ont jamais eu l'occasion de voyager à l'étranger.»
6. «J'ai encore vingt-deux mois à passer ici.»
7. «Je voudrais bien visiter l'île mais c'est impossible parce que ça prend trop longtemps.»
8. «Mes copains ont beaucoup aimé leur visite ici.»
9. «Je suis assez content de mon travail.»
10. «Je n'ai pas encore eu l'occasion de rencontrer des gens du pays.»

▌ Info-culture:
La France métropolitaine et les départements d'outre-mer

- La France est divisée en 96 départements, c'est-à-dire en 96 unités administratives. Ces départements sont aussi groupés en régions économiques.

- **En plus** des départements de la France métropolitaine, la République française **comprend** cinq départements d'outre-mer (les DOM):

  - la Guadeloupe et la Martinique, qui sont toutes deux situées dans les Caraïbes;
  - la Guyane française en Amérique du Sud;
  - la Réunion, située dans l'océan Indien;
  - Saint-Pierre-et-Miquelon, deux îles situées dans l'Atlantique près de Terre-Neuve.

- La République française comprend aussi quatre territoires d'outre-mer (les TOM) qui ont un statut plus indépendant. **Les plus importants** de ces territoires sont la Polynésie française et la Nouvelle-Calédonie.

- La France garde avec ses anciennes colonies, avec le **Tiers Monde** et avec ses départements et territoires d'outre-mer, des relations amicales. En plus de l'aide financière accordée à ces pays, la France envoie des coopérants qui travaillent dans ces pays comme enseignants et techniciens.

- Les coopérants sont souvent des jeunes Français qui ont choisi de faire leur service national dans la coopération à la place du service militaire qui **dure** dix mois. Le service national est obligatoire mais les étudiants peuvent obtenir un **sursis.**

Vocabulaire

en plus *in addition to;* **comprend** *includes;* **les plus importants** *the most important;* **Tiers Monde** *Third World;* **dure** *lasts;* **sursis** *deferment*

Et vous?

Based on the information given in the **Info-culture** section and the table and map below, tell what country each of the following statements describes. Then make up similar statements to give to other students in the class.

1. Ce pays est à environ 15 000 kilomètres de Paris.
2. C'est un pays qui a une population d'environ 500 000 habitants.
3. Le sucre, les bananes et le rhum sont les produits principaux de ce pays.
4. Ce département est situé en Amérique du Sud.
5. La ville principale de ce pays est Nouméa.
6. Ce territoire est situé dans l'océan Pacifique près de l'Australie.

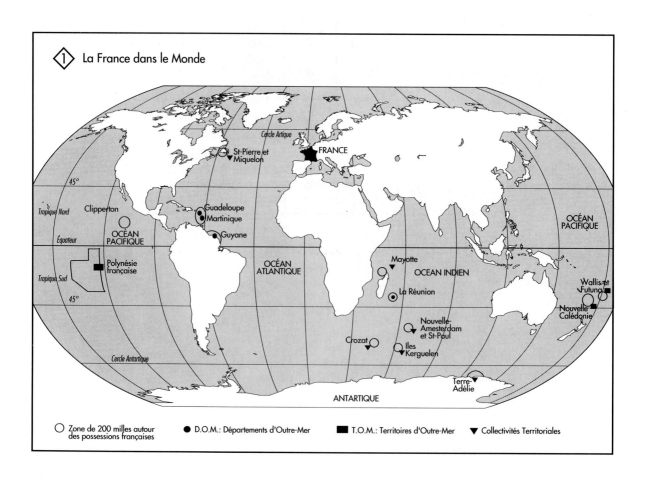

2 Quelques données fondamentales concernant l'Outre-Mer

	Éloignement de Paris (en km)	Superficie (en km^2)	Population (1)	Densité moyenne (hab./km^2)	Villes principales et nombre d'habitants	Principales productions
D.O.M. -Guadeloupe	6792	1780	328400	185	Pointe-à-Pitre (25310) Basse-Terre (12964)	Sucre, bananes, rhum
-Martinique	6858	1100	328566	299	Fort-de-France (97814)	Bananes, rhum, ananas, sucre
-Guyane	7072	91000	73022	0.8	Cayenne (38093)	Bois, pêche
-Réunion	9342	2510	515814	206	Saint-Denis (109068)	Sucre, rhum, essence à parfum
T.O.M. -Nouvelle-Calédonie	16745	19103	145368	7.6	Nouméa (60112)	Nickel
-Polynésie	15713	4200	166753	51	Papeete (23496)	Huile de coprah
-Wallis et Futuna	16065	274	12408	49	Mata-Utu (815)	Pêche, coprah
Collectivités territoriales -Terres australes et antarctiques françaises		440000	-	-	-	-
-Mayotte	8000	365	67167 (2)	180	Dzaoudi (5865)	Essence d'Ylang-Ylang, vanille
-St-Pierre-et-Miquelon	4350	242	6041	25	Saint-Pierre (5416)	Pêche

Communication et vie pratique

A. **Voyage à la Réunion.** Imagine that you were one of Daniel's friends who visited him in **la Réunion.** Using Daniel's letter as a guide, write to a friend about your trip. Include information such as the following.

- date d'arrivée
- sites visités
- activités
- réactions
- moyens de transport utilisés
- moments passés avec Daniel et ses amis de la Réunion
- date de votre départ et de votre retour en France

B. **Souvenirs de voyage.** Using the suggestions given in the preceding activity, tell about one of your interesting or memorable trips. Include information about where you went, with whom, what you did, where you stayed, what the weather was like, the problems you had, etc. You might also want to talk about high and/or low points of the trip.

C. **Il faut attirer les visiteurs.** Imagine that you are a travel agent and are talking with some French-speaking tourists. Try to persuade them to come to the area where your college or university is located. As part of your promotion, prepare a description of the weather in your area in different seasons, including the types of weather that characterize each season and some typical seasonal activities.

D. **Questionnaire.** Prepare a questionnaire to be given to French-speaking tourists who are visiting your town (the accommodations they would like, the activities they prefer, and so on). With other students playing the role of the tourists, fill out the form based on their responses and role-play a conversation in which you plan a week's activities for them.

Invitation à écouter

Le temps dans les Laurentides. Vous êtes au Canada dans la région des Laurentides. Vous écoutez la météo pour aujourd'hui. Écoutez ce qu'on dit et après complétez les phrases suivantes.

1. Ce matin il a fait...
2. Cet après-midi la température est montée jusqu'à...
3. Demain il va...
4. Ce week-end il va faire...

Prononciation et orthographe

A. Vowels can be distinguished from one another not only by the shape of the lips (spread vs. rounded) or by the position of the tongue (front vs. back), but also by the degree of opening of the mouth. For example, the vowels **e, eu,** and **o** each have two pronunciations that differ only by the degree of opening of the mouth. First, note that the written forms may not even differ. Then note that, in general, closed vowels tend to occur in syllables ending in a vowel sound, whereas open vowels are found in syllables ending in a consonant sound.

Study the examples below and repeat the following pairs of words.

	Closed Vowels	**Open Vowels**
e	/e/ mes	/ɛ/ mer
eu	/ø/ deux	/œ/ heure
o	/o/ nos	/ɔ/ note

/e/ vs. /ɛ/	**/ø/ vs. /œ/**	**/o/ vs. /ɔ/**
thé / tête	peu / peur	vos / votre
ses / cette	jeu / jeune	sot / sotte
premier / première	ceux / seul	beau / bord

B. Practice repeating words containing the sound /e/, and notice the different spellings associated with this sound.

été	mes	aimer	boulanger
clé	chez	écoutez	épicier
idée	et	préférer	pâtissier

C. Practice repeating words containing the sound /ɛ/, and notice the different spellings associated with this sound.

mère	faire	être	modeste
infirmière	chaîne	tête	vert
terre	chaise	bête	cet/cette
mer	j'aime	vous êtes	quel/quelle
cher/chère	maire	avec	vers

D. Practice repeating words and phrases containing both the sound /e/ and the sound /ɛ/. Note the role of the contrast of the /e/ and /ɛ/ in distinguishing the masculine versus the feminine form of some nouns and adjectives.

/e/	**/ɛ/**	**/ɛ/**	**/e/**
premier	première	cet	été
boulanger	boulangère	cette	clé
épicier	épicière	quel	thé
célèbre		quelle	idée
sévère		fermer	
je préfère		chercher	

Petite conversation

Practice repeating the following conversation.

—Mes deux sœurs sont un peu trop jeunes pour sortir seules.
—Mais mon cher, vous êtes trop sévère avec elles. Ces idées-là sont dépassées.

Vocabulaire

Le temps (Voir pp. 190–191)

Noms

le **bain de soleil**......*sun bathing*
la **colline**......*hill*
la **comparaison**......*comparison*
le **conseiller**/la **conseillère**......*counselor*
le **contraste**......*contrast*
le **copain**/la **copine**......*pal, buddy*
le **début**......*beginning*
l'**ennui** (m)......*trouble, difficulty, worry*
les **félicitations** (f)......*congratulations*
l'**île** (f)......*island*
le **neveu**......*nephew*
le **sable**......*sand*
le **séjour**......*stay*
le **surfing**......*surfing*
la **vague**......*wave*
la **végétation**......*vegetation*
le **volcan**......*volcano*

Adjectifs

agricole......*agricultural*
bronzé......*tanned*
fatigant......*tiring*
gris......*gray*
haut......*high*
libre......*free*
malade......*sick, ill*
merveilleux/euse......*marvelous, wonderful*
militaire......*military*
rare......*rare, uncommon*
régulier/ière......*regular*
sauvage......*wild*
sûr......*sure*
tropical......*tropical*

Verbes

arriver......*to arrive; to happen*
camper......*to camp*
descendre......*to go down*
devenir......*to become*
échanger......*to exchange*
entrer......*to enter*
espérer......*to hope*
essayer......*to try*
être en train de......*to be in the process of*
expliquer......*to explain*
faire l'ascension......*to climb*
faire la connaisance......*to meet, get to know*
faire le tour......*to go around*
monter......*to go up, get on*
mourir......*to die*
naître......*to be born*
partir......*to leave*
profiter de......*to take advantage of, enjoy*
recevoir......*to receive*
rentrer......*to return, to come back*
retourner......*to return, go back*
revenir......*to come back*
sortir......*to go out*
tomber......*to fall*
tomber malade......*to become ill*
tomber en panne......*to break down*
venir......*to come*
venir de......*to have just (done something)*

Divers

adieu......*good-bye*
car......*for, because*
d'abord......*first*
dommage......*too bad*
en fait......*in fact*
ensuite......*next, then*
eux......*them, they*
finalement......*finally*
malheureusement......*unfortunately*
par contre......*on the other hand*
puis......*then*
vite......*quickly*

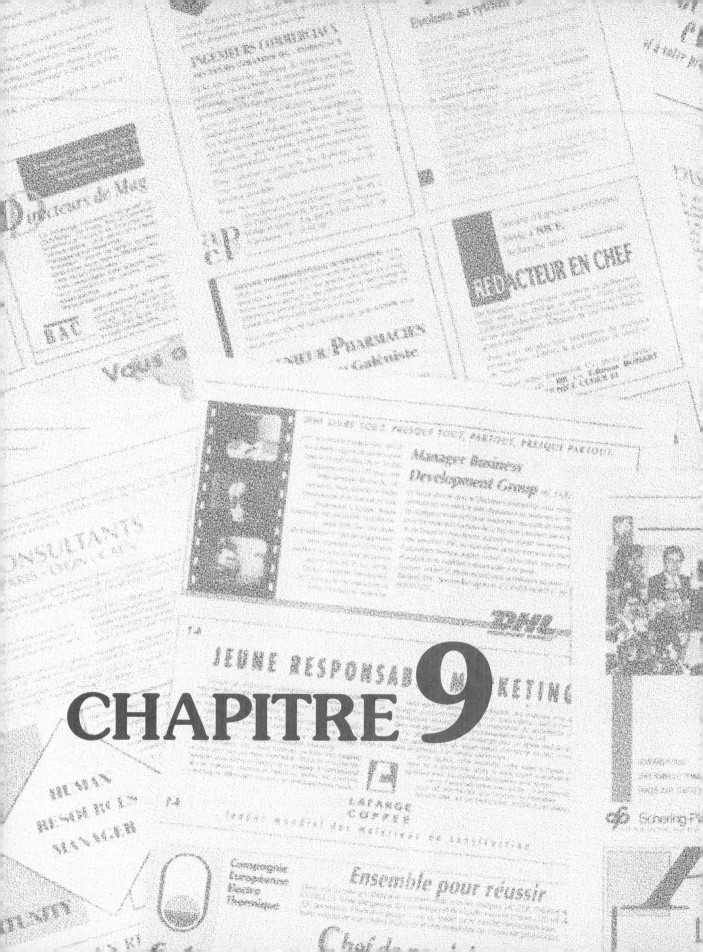

CHAPITRE 9

Le monde du travail

Dans ce chapitre vous allez apprendre à...

Parler de votre carrière

1. Parler de vos intentions, options et obligations
2. Parler de choses ou de personnes déjà mentionnées
3. Évaluer vos options

Vocabulaire et structures

Mise en train: Professions et métiers

Les verbes **vouloir, pouvoir** et **devoir**

Les pronoms compléments d'objet direct

Le subjonctif avec **il faut que** et **il vaut mieux que**

Mise en train: Professions et métiers

Orientation professionnelle: Est-ce que vous savez[1] ce que vous voulez faire dans la vie?

❏ Dans quel domaine avez-vous envie de travailler?
- dans les relations publiques
- dans l'administration
- dans le marketing
- dans la recherche scientifique
- dans les télécommunications
- dans l'informatique
- dans le commerce
- dans l'enseignement

Choix et aptitudes. Qu'est-ce qui vous intéresse et pour quel type de travail êtes-vous doué(e)?

❏ Les métiers manuels comme

- mécanicien(ne)
- électricien(ne)
- plombier/ière
- agriculteur/trice

❏ L'enseignement

- instituteur/trice
- professeur de lycée ou d'université

[1]**Savoir** (*to know*) is an irregular verb. Its present tense forms are: **je sais, tu sais, il/elle/on sait, nous savons, vous savez, ils/elles savent.** The **passé composé** is: **j'ai su,** etc.

❐ Les professions médicales

- dentiste
- médecin
- psychologue
- vétérinaire

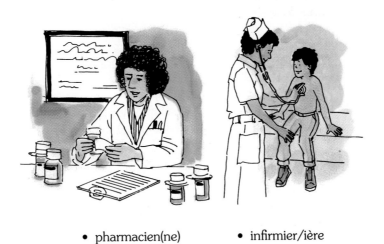

- pharmacien(ne)
- infirmier/ière

❐ Les professions comme

- avocat(e)
- architecte
- journaliste
- ingénieur

❐　Un emploi dans une entreprise publique ou privée

- comptable
- technicien(ne)
- informaticien(ne)
- chercheur/euse

- cadre d'entreprise
  (*managerial position*)
- chef d'entreprise,
  patron(ne) (*boss*)

Avantages et inconvénients. Qu'est-ce qui est important pour vous dans le choix d'un emploi?

le salaire
les conditions de travail
les possibilités de promotion
les heures de travail; travail à plein temps ou à mi-temps
les débouchés (*employment opportunities*)
les congés payés (*paid vacations*)
la sécurité de l'emploi
les avantages sociaux: assurance contre la maladie (*illness*), contre le
　chômage (*unemployment*), etc.

Communication et vie pratique

A.　Choix et décisions. Quelles sont les professions qui vous intéressent et pourquoi? Est-ce qu'il y a des professions qui ne vous intéressent pas? Pourquoi?

EXEMPLES　　**Je voudrais être vétérinaire parce que j'aime les animaux.**

ou:　**Je ne voudrais pas être comptable parce que je ne suis pas doué en maths.**

B. L'important. Qu'est-ce qui compte pour vous dans le choix d'une profession ou d'un emploi? Examinez les avantages et les inconvénients mentionnés dans la **Mise en train** et indiquez si…

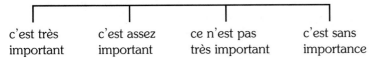

c'est très
important

c'est assez
important

ce n'est pas
très important

c'est sans
importance

> **EXEMPLE** La sécurité de l'emploi?
> **Oui, c'est assez important pour moi.**

C. Préparez votre curriculum vitæ. Lisez la description du curriculum vitæ et ensuite préparez votre propre dossier.

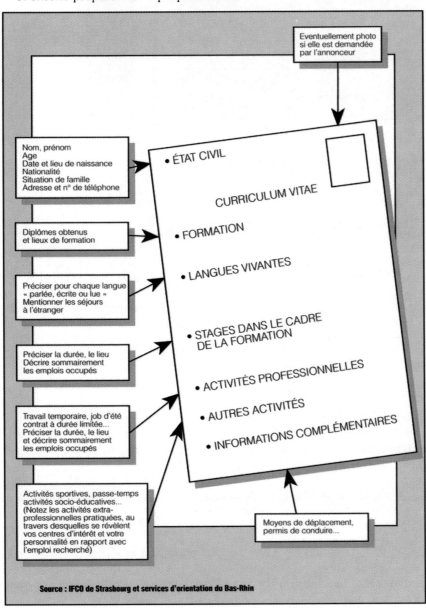

Eventuellement photo si elle est demandée par l'annonceur

Nom, prénom
Age
Date et lieu de naissance
Nationalité
Situation de famille
Adresse et n° de téléphone

Diplômes obtenus
et lieux de formation

Préciser pour chaque langue
« parlée, écrite ou lue »
Mentionner les séjours
à l'étranger

Préciser la durée, le lieu
Décrire sommairement
les emplois occupés

Travail temporaire, job d'été
contrat à durée limitée…
Préciser la durée, le lieu
et décrire sommairement
les emplois occupés

Activités sportives, passe-temps
activités socio-éducatives…
(Notez les activités extra-
professionnelles pratiquées, au
travers desquelles se révèlent
vos centres d'intérêt et votre
personnalité en rapport avec
l'emploi recherché)

• ÉTAT CIVIL

CURRICULUM VITAE

• FORMATION

• LANGUES VIVANTES

• STAGES DANS LE CADRE
DE LA FORMATION

• ACTIVITÉS PROFESSIONNELLES

• AUTRES ACTIVITÉS

• INFORMATIONS COMPLÉMENTAIRES

Moyens de déplacement,
permis de conduire…

Source : IFCO de Strasbourg et services d'orientation du Bas-Rhin

D. Interview. Imaginez que vous travaillez pour une agence de placement où vous aidez les gens à trouver du travail. Interviewez un(e) autre étudiant(e) et suggérez des emplois possibles. Préparez une liste des questions que vous allez poser aux candidats (e.g., formation, études, activités professionnelles, préférences, aptitudes). Les candidats, qui ont déjà préparé leur curriculum vitæ (voir activité C) vont expliquer ce qu'ils ont à offrir.

▌ Info-culture:
Les jeunes devant le monde du travail

À dix-huit ans, les jeunes sont prêts à quitter le lycée et à commencer leurs études supérieures ou à entrer dans **la vie active.** Que pensent-ils de leur avenir? Sont-ils **inquiets** ou optimistes? Voici les réponses que les élèves des classes de terminale (la dernière année d'études au lycée) ont données au cours d'un récent sondage.

Vocabulaire

la vie active *working world;* **inquiet** *uneasy, worried;* **encore plus** *even more;* **angoissé** *anxiety-ridden;* **d'abord** *at first;* **savoir** *to know how to;* **se débrouiller** *manage, get along;* **attirant** *attractive;* **inconnu** *unknown*

Et vous?

Répondez aux questions du sondage. Comparez les réponses données par les étudiants de votre classe avec les réponses des jeunes Français.

DEMAIN EST UN AUTRE JOUR...

Tous les jeunes sont préoccupés de leur avenir, mais les filles sont encore plus préoccupées que les garçons.   *even more*

Quels sentiments avez-vous quand vous pensez à votre avenir?

	Ensemble	Garçons	Filles
Serein	21	26	16
Préoccupé	51	50	53
Inquiet	21	18	23
Angoissé	6	6	7
Sans opinion	1	—	1

anxiety-ridden

UN BON DIPLOME POUR COMMENCER...

Pour avoir un bon emploi, il faut d'abord avoir un diplôme. Ensuite viennent les qualités personnelles.   *first*

	Ce qui est important pour trouver une bonne place comme premier emploi	Ce qui est important pour la réussite professionnelle
Diplômes	56	15
Qualités personnelles	25	73
Relations personnelles	12	8
Sans opinion	7	4

success

COMMUNIQUER POUR REUSSIR...

Etre bien organisé, savoir communiquer, persuader et travailler en équipe, voilà les qualités nécessaires pour réussir dans la vie professionnelle. Pour les filles, le respect des autres est aussi une qualité très importante.   *to know how to*

A votre avis, quelles sont les qualités nécessaires pour réussir dans la vie professionnelle?

	Ensemble	Garçons	Filles
Respecter les autres	17	11	21
Savoir réfléchir	19	22	17
Savoir organiser son travail	28	28	27
Se débrouiller seul	16	17	16
Avoir une culture générale	12	11	12
Avoir un métier	9	11	7

manage, get along

Quelles sont les autres qualités nécessaires?

	Ensemble	Garçons	Filles
Savoir communiquer	38	34	40
Savoir écouter	10	10	10
Savoir persuader	25	28	23
Savoir travailler sur les documents	3	5	2
Savoir travailler en équipe	26	23	28

INQUIETS? PASSIONNES?

Le monde du travail ne laisse pas les jeunes indifférents. Ils pensent beaucoup à leur entrée dans le marché du travail.

Pour vous, le monde du travail est...

	Ensemble	Garçons	Filles
Angoissant	12	10	13
Inquiétant	27	26	28
Attirant	31	32	30
Passionnant	8	9	8
Inconnu	21	22	26
Sans opinion	1	1	1

attractive

unknown

Exploration 1

PARLER DE VOS INTENTIONS, OPTIONS ET OBLIGATIONS

Les verbes **vouloir**, **pouvoir** *et* **devoir**
Présentation

The verbs **pouvoir** (*to be able, can, may*) and **vouloir** (*to want, to wish*) have similar forms.

pouvoir and vouloir	
je **peux**	nous **pouvons**
je **veux**	nous **voulons**
tu **peux**	vous **pouvez**
tu **veux**	vous **voulez**
il/elle/on **peut**	ils/elles **peuvent**
il/elle/on **veut**	ils/elles **veulent**
Passé composé:	j'**ai pu**
	j'**ai voulu**

Est-ce que je **peux** sortir?
Ils **peuvent** faire ce qu'ils veulent.
Nous ne **voulons** pas rester ici.

A. **Pouvoir** and **vouloir** are often used to make requests. Contrast the direct, almost blunt, forms in the first column below with the more polite forms in the second column. The polite forms should always be used when making requests or addressing people you don't know.

Je veux...	*I want . . .*	Je voudrais...	*I would like . . .*
Je peux...	*I can . . .*	Je pourrais...	*I could . . .*
Peux-tu?	*Can you?*	Pourrais-tu?	*Could you?*
Pouvez-vous?	*Can you?*	Pourriez-vous?	*Could you?*
Veux-tu?	*Do you want?*	Voudrais-tu?	*Would you like?*
Voulez-vous?	*Do you want?*	Voudriez-vous?	*Would you like?*

B. In the **passé composé, pouvoir** and **vouloir** have special meanings.[2]

Elle **n'a pas voulu** obéir.	*She refused to obey.*
Ils **n'ont pas pu** venir.	*They were not able to come (though they tried).*
Elle **a pu** trouver un bon travail.	*She succeeded in finding a good job.*

[2]For recognition only.

C. Devoir (*to have to, must, owe*) is also an irregular verb.

devoir	
je **dois**	nous **devons**
tu **dois**	vous **devez**
il/elle/on **doit**	ils/elles **doivent**
Passé composé:	j'**ai dû**

Nous **devons** gagner notre vie.	*We must earn our living.*
Tu **dois** rentrer maintenant.	*You have to go home now.*
Nous **avons dû** travailler jusqu'à minuit.	*We had to work until midnight.*
Ils **ont dû** oublier.	*They must have forgotten.*
	They probably forgot.

Situation

Un petit service

Emmanuel cherche du travail. Il **a rendez-vous** avec le patron d'une entreprise, et il voudrait **emprunter** la voiture de sa sœur pour aller à cette interview.

EMMANUEL	Dis, Sylvie, est-ce que je pourrais emprunter ta voiture demain?
SYLVIE	Et pourquoi veux-tu emprunter ma voiture? Tu ne peux pas prendre l'autobus comme **tout le monde?**
EMMANUEL	Non, il y a une **grève** des transports et je dois aller en ville pour une interview. C'est vraiment important, tu sais…
SYLVIE	Bon, je vais voir ce que je peux faire… Je dois faire des courses avec maman, mais ça peut attendre…

Vocabulaire

avoir rendez-vous *to have an appointment;* **emprunter** *to borrow;* **tout le monde** *everybody;* **grève** (f) *strike*

Avez-vous bien compris?

Indiquez…

1. ce qu'Emmanuel doit faire demain.
2. pourquoi il a besoin de la voiture de sa sœur.
3. ce que sa sœur décide de faire.

Premiers pas

A. Possibilités. Marc et ses amis veulent travailler pendant l'été. Quels sont les choix possibles?

> EXEMPLE   David / travailler dans une colonie de vacances
> **David peut travailler dans une colonie de vacances.**

1. je / travailler dans un bureau
2. nous / travailler dans un restaurant
3. tu / garder des enfants
4. mes frères / faire un travail manuel
5. Véronique / donner des leçons d'anglais
6. vous / faire le ménage chez les gens

B. Intentions. Des amis parlent de ce qu'ils ont envie de faire ce week-end. Qu'est-ce qu'ils disent?

> EXEMPLE   Laurent / aller au cinéma
> **Laurent veut aller au cinéma.**

1. je / inviter des amis à dîner
2. nous / aller voir des amis
3. Virginie et Marc / faire du camping
4. tu / aller voir un bon film
5. vous / aller à la campagne
6. Mireille / aller au théâtre

C. Obligations. Pascale et ses amis ont beaucoup de choses qu'ils doivent faire ce week-end.

> EXEMPLE   Pascale / faire le ménage
> **Pascale doit faire le ménage.**

1. Pierre / faire ses devoirs
2. nous / faire des courses
3. Valérie / préparer le dîner
4. tu / aller voir tes amis
5. je / faire la vaisselle
6. mes amis / travailler

D. Un travail d'été. Richard voudrait trouver un job pour cet été. Il examine ses préférences (*vouloir*), ses options (*pouvoir*) et ses obligations (*devoir*).

> EXEMPLE   (option) faire un travail manuel
> **Je peux faire un travail manuel.**

1. (préférence) ne pas travailler dans un bureau
2. (option) travailler dans l'usine de mon oncle
3. (option) commencer vers la fin du mois de mai
4. (obligation) revenir à l'université au mois de septembre
5. (obligation) gagner de l'argent pour payer mes études
6. (obligation) travailler pendant tout l'été
7. (préférence) ne pas passer tout mon temps à travailler
8. (préférence) ne pas faire un travail trop difficile

Communication et vie pratique

A. Trouvez un(e) étudiant(e)... Posez des questions aux autres étudiants de votre classe pour trouver un(e) ou plusieurs étudiant(e)s qui sont dans les situations suivantes.

Trouvez un(e) étudiant(e)...

1. qui veut travailler dans un pays étranger
2. qui veut être journaliste
3. qui veut être riche et célèbre
4. qui peut travailler dans les relations publiques
5. qui peut travailler comme secrétaire bilingue
6. qui doit chercher un job pour l'été
7. qui doit travailler pendant le week-end

B. Conflits. On ne peut pas toujours faire ce qu'on veut parce qu'on a quelquefois d'autres obligations. Est-ce que c'est le cas pour vous et vos amis?

> EXEMPLE **Mon camarade de chambre voudrait faire du ski, mais il ne peut pas parce qu'il doit étudier.**

C. Vouloir, c'est pouvoir. Qu'est-ce qui est important pour vous dans la vie? Utilisez les suggestions suivantes pour exprimer vos idées.

> EXEMPLE **Je veux avoir une profession intéressante, mais je ne veux pas habiter dans une grande ville.**

avoir des enfants / être heureux/euse / voyager dans des pays étrangers / faire le tour du monde / avoir une vie simple et tranquille / aider les autres / habiter à la campagne / avoir une belle maison / continuer mes études / avoir un travail intéressant / gagner beaucoup d'argent / ?

C'est votre tour

Vous devez aller à un rendez-vous important, mais votre voiture est en panne. Expliquez votre situation à un(e) ami(e) et demandez-lui si vous pouvez emprunter sa voiture. Votre ami(e) veut être sûr(e) que c'est pour une bonne raison. Soyez persuasif/ive! N'oubliez pas d'être poli(e)!

Exploration 2

PARLER DE CHOSES OU DE PERSONNES DÉJÀ MENTIONNÉES

Les pronoms compléments d'objet direct
Présentation

Direct object pronouns replace proper nouns and nouns with definite, possessive, or demonstrative articles. They agree in number and gender with the nouns that they replace and are placed before the verb of which they are the object.

me (m')	**nous**
te (t')	**vous**
le, la (l')	**les**

Qui cherche-t-elle?

(moi)	Elle **me** cherche.	(nous)	Elle **nous** cherche.
(toi)	Elle **te** cherche.	(vous)	Elle **vous** cherche.
(Patrick)	Elle **le** cherche.	(ses amis)	Elle **les** cherche.
(Chantal)	Elle **la** cherche.	(ses sœurs)	Elle **les** cherche.

A. When object pronouns are used with the **passé composé,** they are placed before the auxiliary verb. The past participle agrees in number and gender with the object pronoun.

Pauline ne **nous** a pas invité**s.**
Ses études? Elle **les** a fait**es** en France.

B. When an infinitive has a direct object, the direct object pronoun immediately precedes the infinitive.

Cette voiture? Oui, je vais **l'**acheter.
Il va écouter ces disques? Non, il n'a pas envie de **les** écouter.

C. Direct object pronouns can also be used with **voici** and **voilà.**

Où est Paul? **Le** voici.
Où sont mes devoirs? **Les** voici.

D. Direct object pronouns are often used with verbs that describe interactions between people. Some new verbs are listed below.

accepter	critiquer	insulter
admirer	embêter (*to annoy*)	intéresser
aider	emmener (*to take [someone] along*)	inviter
		respecter

Situation

Voyage d'affaires

Le patron de Michel Maréchal doit aller aux États-Unis en **voyage d'affaires.**
Il invite Michel à l'accompagner.

LE PATRON	Maréchal, je pars aux États-Unis la semaine prochaine. Je vous invite à m'accompagner.
MICHEL	Moi? Vous m'invitez à aller aux USA avec vous?
LE PATRON	Oui, j'ai besoin de quelqu'un pour m'aider et vous parlez très bien anglais, n'est-ce pas?
MICHEL	Vous me flattez, Monsieur!
LE PATRON	Non, non, pas du tout. Je vous trouve dynamique et **débrouillard.** J'aime ça.
MICHEL	Je vous **remercie.**
LE PATRON	**Inutile** de me remercier. Maintenant, je vous **quitte.** Il y a un client qui veut me voir.

Vocabulaire

voyage d'affaires *business trip;* **débrouillard** *resourceful;* **remercier** *to thank;* **inutile** *no need;* **quitter** *to leave*

Avez-vous bien compris?

Répondez aux questions suivantes.

1. Où est-ce que le patron de Michel doit aller?
2. Pourquoi est-ce qu'il l'invite à l'accompagner?
3. Comment est-ce qu'il trouve Michel?

Premiers pas

A. Réciprocité. Madame Dassin traite ses employés avec respect. Que dit-elle à leur sujet?

> EXEMPLE   Je les écoute...
> **Je les écoute et ils m'écoutent.**

1. Je les respecte...
2. Je les aime bien...
3. Je les laisse tranquilles...
4. Je ne les critique pas...
5. Je les aide...
6. Je les trouve intéressants...
7. Je ne les oublie pas...
8. Je ne les embête pas...

B. Pense-bête. Richard vérifie ce qu'il a déjà fait et ce qu'il n'a pas eu le temps de faire. Qu'est-ce qu'il dit?

> EXEMPLES   faire le ménage (oui)
> **Je l'ai déjà fait.**
> faire la vaisselle (non)
> **Je ne l'ai pas encore faite.**

à faire

		fini
1	*faire le ménage*	☑
2	*faire la vaisselle*	☐
3	*acheter les provisions*	☑
4	*fermer les fenêtres*	☑
5	*faire mon lit*	☐
6	*préparer le dîner*	☐
7	*faire mes devoirs*	☑
8	*finir ce travail*	☐
9	*ranger ma chambre*	☑

C. Opinions. Les Dubois vont assister à un congrès professionnel, mais il y a beaucoup de problèmes à résoudre avant le départ.

> EXEMPLE Qui va attendre les participants à l'aéroport? (un représentant de la compagnie)
> **Un représentant de la compagnie va les attendre à l'aéroport.**

1. Qui va nous emmener à l'aéroport? (Richard)
2. Qui va acheter les billets d'avion? (toi)
3. Qui va réserver les chambres? (ma secrétaire)
4. Qui va faire les valises? (moi)
5. Qui va aller chercher les chèques de voyage? (moi)
6. Qui va garder le chien et les chats? (les voisins)

Communication et vie pratique

A. Décisions. Demandez aux autres étudiants ce qu'ils ont envie de faire cet été et si les possibilités suivantes les intéressent.

> EXEMPLE travailler dans un restaurant
> **—Travailler dans un restaurant, ça t'intéresse?**
> **—Oui, ça m'intéresse beaucoup parce que j'aime être libre pendant une partie de la journée.**
> *ou:* **—Non, ça ne m'intéresse pas du tout. C'est un travail que je déteste.**

1. passer l'été dans un pays où on parle français
2. rester à l'université
3. passer l'été à la plage
4. rester à la maison
5. travailler dans une usine
6. faire du camping
7. étudier dans un pays étranger
8. travailler dans un hôpital

B. Compatibilité. Vous avez la possibilité de partager un appartement avec deux ou trois autres étudiants. Avant de décider, vous avez besoin de trouver des étudiants qui ont les mêmes goûts et les mêmes habitudes que vous. Répondez d'abord aux questions suivantes et ensuite posez ces mêmes questions à d'autres étudiants. Après cela, décidez ensemble si vous êtes compatibles ou non.

> EXEMPLE Est-ce que tu aimes la musique classique?
> **Non, je ne l'aime pas beaucoup. Et toi?**

1. Est-ce que tu aimes la musique rock?
2. Et la musique classique, est-ce que tu l'aimes?
3. Est-ce que tu aimes regarder la télé?
4. Est-ce que tu écoutes souvent la radio?

Avez-vous bien compris?

Pour chacun des cas présentés dans le texte, décrivez:

- leur emploi précédent
- ses avantages et ses inconvénients
- leur nouveau travail
- ses avantages et ses inconvénients

Info-culture:
Choix d'un métier

«Pour vous, qu'est-ce qui compte le plus dans le choix d'un métier?» C'est la question qu'on a posée aux jeunes Français au cours d'un récent sondage. Voici leurs réponses. Notez les différences d'opinion entre les filles et les garçons.

	Garçons	**Filles**
Salaire	71,7%	57,7%
Temps consacré à la famille	56,3	65,6
Stabilité de l'emploi	56,0	56,8
Contacts humains	24,7	40,9
Activités de loisir	28,9	26,7
Avantages sociaux	26,9	16,2
Travail intéressant	17,2	22,6
Possibilité de promotion	10,3	4,8
Prestige social	1,8	1,6

En général, pour les filles, la considération la plus importante est le temps libre pour la famille. Cette différence reflète le double rôle que les femmes jouent dans la société moderne. Elles travaillent et elles désirent avoir une carrière intéressante mais elles savent aussi que, malgré les énormes progrès accomplis, les responsabilités familiales reposent surtout sur les femmes. Le sondage révèle aussi que les filles acceptent plus facilement les responsabilités dans leur travail aussi bien que dans la famille. Les contacts humains sont aussi plus importants pour les filles que pour les garçons. La majorité des femmes continuent à travailler dans des domaines tels que l'enseignement, les professions para-médicales, les services sociaux et les services publics. Les garçons, par contre, ont tendance à préférer les carrières dans l'industrie, la technologie, les sciences et le commerce. Il faut mentionner cependant que toutes les professions sont ouvertes aux femmes et qu'un nombre de plus en plus grand de femmes choisissent des professions non traditionnelles.

Et vous?

Qu'est-ce qui est le plus important pour vous? Est-ce qu'il y a une différence importante entre l'opinion des filles et des garçons?

Communication et vie pratique

A. Inventez votre emploi! Alone or with other students, create a job based on your individual or combined talents. Use the guidelines below to assess your possibilities.

Vos qualités:

Nous sommes très indépendants, etc.

Vos aptitudes:

Nous parlons français, etc.

Vos préférences:

La sécurité de l'emploi ne compte pas beaucoup pour nous, etc.

Solution:

Nous pouvons enseigner le français à des enfants le samedi matin.

B. Offres d'emploi. Voici des offres d'emploi pour étudiants. Elles viennent d'un journal français. Remarquez qu'on utilise des abréviations dans ces annonces (e.g., *pr. = pour; ang. = anglais; sér. = sérieux; sem. = semaine*). Étudiez d'abord ces annonces et ensuite choisissez l'emploi qui vous intéresse le plus. Il faut aussi expliquer votre choix (e.g., intérêts, préférences, qualifications, expérience).

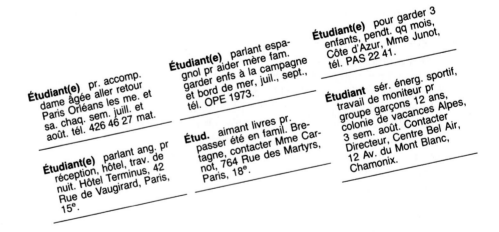

Étudiant(e) pr. accomp. dame âgée aller retour Paris Orléans les me. et sa. chaq. sem. juill. et août. tél. 426 46 27 mat.

Étudiant(e) parlant ang. pr réception, hôtel, trav. de nuit. Hôtel Terminus, 42 Rue de Vaugirard, Paris, 15ᵉ.

Étudiant(e) parlant espagnol pr aider mère fam. garder enfs à la campagne et bord de mer, juil., sept., tél. OPE 1973.

Étud. aimant livres pr. passer été en famil. Bretagne, contacter Mme Cartagne, not, 764 Rue des Martyrs, Paris, 18ᵉ.

Étudiant(e) pour garder 3 enfants, pendt. qq mois, Côte d'Azur, Mme Junot, tél. PAS 22 41.

Étudiant sér. énerg. sportif, travail de moniteur pr groupe garçons 12 ans, colonie de vacances Alpes, 3 sem. août. Contacter Directeur, Centre Bel Air, 12 Av. du Mont Blanc, Chamonix.

EXEMPLE   **Je voudrais travailler comme moniteur (monitrice) dans une colonie de vacances parce que j'aime les enfants et je suis très sportif/ive.**

C. Lettre de demande d'emploi. Vous avez trouvé dans le journal une offre d'emploi qui vous intéresse et vous avez décidé de poser votre candidature. (Choisissez une des offres d'emploi dans la Communication B ou bien trouvez dans un journal français une autre offre qui vous intéresse.) Voici le commencement et la fin d'une lettre de demande d'emploi. Complétez le reste de la lettre.

Votre nom et adresse

La date
Le nom et l'adresse de
votre correspondant(e)

Monsieur (Madame),
En réponse à l'annonce d'offre d'emploi que vous avez mise dans le journal, je voudrais me présenter comme candidat(e)...

Veuillez agréer, Monsieur (Madame), mes salutations respectueuses.

Signature

D. Interview. Vous avez rendez-vous avec vos employeurs éventuels. D'autres étudiants vont jouer le rôle des employeurs. Voici quelques questions que vous pouvez utiliser.

Questions que l'employeur peut poser:

1. Quel âge avez-vous?
2. Quelle est votre nationalité?
3. Est-ce que vous avez déjà travaillé? Si oui, où ça?
4. Avez-vous des lettres de recommandation?
5. Quel salaire espérez-vous gagner?
6. Est-ce que vous avez des talents particuliers?
7. Aimez-vous les enfants? (les livres, les animaux, etc.)
8. ?

Suggestions pour les candidats:

1. En quoi consiste le travail que vous me proposez?
2. Quelles vont être mes heures de travail?
3. Combien est-ce que je vais gagner?
4. Est-ce que je peux faire des heures supplémentaires?
5. Quelles vont être mes responsabilités?
6. Quand est-ce que je peux commencer à travailler?
7. ?

E. Demande d'emploi. Vous travaillez dans une administration où vous êtes chargé(e) du recrutement des futurs employés (joués par d'autres étudiants de la classe). Votre rôle est d'interviewer des candidats et de remplir (*fill out*) la fiche de demande d'emploi ci-dessous. Déterminez aussi le genre de travail que les candidats cherchent et les qualifications qu'ils possèdent. Ensuite faites un rapport de l'interview. N'oubliez pas de mentionner votre opinion des candidats.

DEMANDE D'EMPLOI

I - ÉTAT CIVIL ET SITUATION DE FAMILLE

Nom : . . . . Prénoms : . . . .

Nationalité : . . . .

Date et lieu de naissance : . . . .

Adresse : . . . .

Téléphone : . . . .

Situation de famille :   célibataire - marié(e) -
        séparé(e)-divorcé(e) -
Nombre d'enfants :
NOM, Prénoms, sexe, date de naissance des enfants :
1 -   4 -
2 -   5 -
3 -   6 -

II - SITUATION MILITAIRE

Avez-vous accompli votre Service National?   Oui - Non

Si oui, durée du service accompli : . . . . an(s) . . . . mois

III - ÉTUDES

École fréquentée :

Diplômes obtenus :

IV - SITUATION ACTUELLE

Emploi actuellement occupé par le candidat :

Employeur :

Salaire moyen :

 # Invitation à écouter

Choix d'un métier. Michel parle de ses études et de ce qu'il voudrait faire dans la vie. Écoutez ce qu'il dit et ensuite répondez aux questions suivantes.

1. Pourquoi est-ce que Michel étudie le droit?
2. Qu'est-ce que Michel pense du commerce?
3. Qu'est-ce que Michel trouve important dans un métier?
4. Quelle profession préfère-t-il?
5. Et sa sœur, qu'est-ce qu'elle a envie de faire?
6. Pourquoi son père n'est-il pas d'accord?

Prononciation et orthographe

A. Certain French vowels are pronounced with the lips rounded and the tongue forward (i.e., resting against the back of the lower front teeth). These vowels in order of increasing openness are:

/y/ as in **du**
/ø/ as in **deux**
/œ/ as in **jeune**

Since these vowels do not exist in English, learning to pronounce them requires special care. Make sure that your tongue is pressed against your teeth when you pronounce these sounds. Practice repeating the following sequences:

/y/	**/ø/**	**/œ/**
1. su	ceux	seul
2. jus	jeu	jeune
3. pu	peu	peur
4. plu	pleut	pleure

B. The sounds /ø/ and /œ/ are usually written as **eu.** Whereas /œ/ always occurs in a syllable ending in a consonant sound, /ø/ occurs in syllables ending in a vowel sound or /z/ sound.

Compare and repeat the following pairs. Note the role of the /ø/ versus /œ/ contrast in distinguishing the singular and plural of certain verbs as well as the masculine and feminine of certain adjectives and nouns.

/ø/	**/œ/**
1. il veut	ils veulent
2. il peut	ils peuvent
3. chanteuse	chanteur
4. vendeuse	vendeur
5. menteuse	menteur

Repeat words containing the sound /ø/:

il pleut	sérieux	sérieuse	je veux

Repeat words containing the sound /œ/:

heure	beurre	sœur	moteur

Petite conversation

Practice repeating the following conversation:

—Lucie, pourquoi pleures-tu? Tu n'es pas heureuse?
—Je ne veux pas rester seule pendant plusieurs heures.

Vocabulaire

Les professions et les métiers (Voir pp. 220–222)

Noms

l'**agence** (f) **immobilière**......*real estate office*
l'**annonce** (f)......*advertisement*
le/la **client(e)**......*customer*
la **côte**......*coast*
la **cuisine**......*cooking*
le **débouché**......*job opportunity, opening*
la **dizaine**......*about ten*
l'**élève** (m, f)......*pupil*
la **fois**......*time, instance*
la **formation**......*training, education*
la **grève**......*strike*
l'**initiative** (f)......*initiative*
l'**interview** (f)......*interview*
l'**invité(e)** (m, f)......*guest*
le **journal**......*newspaper*
la **journée**......*day*
la **liste d'attente**......*waiting list*
la **marine**......*navy*
le **moyen**......*means*
le/la **patron(ne)**......*boss*
la **réputation**......*reputation*
la **solution**......*solution*
le **transport**......*transportation*
le **voyage d'affaires**......*business trip*

Verbes

abandonner......*to abandon, to give up*
accepter......*to accept*
accompagner......*accompany*
admirer......*to admire*
aider......*to help*
avoir rendez-vous......*to have an appointment*
créer......*to create*
critiquer......*to criticize*
croire......*to believe*
devoir......*to have to, must, to owe*
embaucher......*to hire*
embêter......*to annoy*
emmener......*to take (someone) along*
emprunter......*to borrow*
enseigner......*to teach*
envoyer......*to send*
établir......*to establish*
explorer......*to explore*
flatter......*to flatter*
gagner......*to earn*
insulter......*to insult*
intéresser......*to interest*
inventer......*to invent*
inviter......*to invite*
mener......*to lead*
offrir......*to offer*
organiser......*to organize*
pouvoir......*to be able, can*
quitter......*to leave*
réaliser......*to achieve, realize*
remercier......*to thank*
respecter......*to respect*
réussir......*to succeed*
servir......*to serve*
taper......*to type*
vouloir......*to want, to wish*

Adjectifs

débrouillard......*resourceful*
diplômé......*having a diploma*
dur......*hard*
dynamique......*dynamic*
long(ue)......*long*
préoccupé......*preoccupied*
pressé......*in a hurry*
propre......*own*
satisfait......*satisfied*
studieux/euse......*studious, hardworking*
supérieur......*higher, superior*

Divers

bien sûr......*of course*
inutile de......*no need to*
qu'est-ce qui......*what*
sinon......*if not, otherwise*
tout le monde......*everyone*

CHAPITRE 10

La société de consommation

Dans ce chapitre, vous allez apprendre à...

Parler de ce qu'on vend dans les différents magasins

1. *Parler de vos achats*

2. *Donner des suggestions, des conseils et des ordres*

3. *Indiquer clairement de qui on parle*

Vocabulaire et structures

Mise en train: Les magasins et les marchandises

Vendre *et les verbes de la troisième conjugaison*

L'impératif

Les pronoms disjoints

Mise en train:
Les magasins et les marchandises

Les magasins

Les marchandises

Dans une pharmacie, on vend (*sells*)...

des médicaments (m)
des produits (m) pour la santé (*health*)
et pour l'hygiène personnelle comme...

du dentifrice et une brosse à dents
du shampooing
du déodorant
du savon

Dans une droguerie, on vend...

des produits pour la maison, la voiture
ou le jardin
des produits pour l'hygiène personnelle
(du papier hygiénique, un rasoir, etc.)

Dans une parfumerie, on vend...

des produits de beauté
du maquillage
du parfum

Dans une librairie-papeterie, on vend...

des livres (m)
du papier et des fournitures scolaires

Chez un marchand de journaux ou dans
un kiosque, on vend...

des journaux (m) et des revues (f)
des cartes postales (f)

Chez un marchand de vêtements, on vend
des vêtements comme...

un pantalon
une robe
une veste

Chez un marchand de chaussures,
    on vend des chaussures (f).

Dans une bijouterie, on vend...

    des bijoux (m)
    des montres (f)

Dans une maroquinerie, on vend
    des accessoires (m) comme...

    un sac
    un portefeuille
    des valises (f)

Dans un magasin de jouets, on vend
    toutes sortes de jouets, comme...

    des poupées (f)
    des jeux électroniques (m)

Chez un fleuriste, on vend...

    des fleurs (f)
    des plantes vertes (f)

Chez un opticien, on vend...

    des lunettes (f)
    des verres de contact (m)

Dans un grand magasin ou dans un hypermarché, on vend...

    pratiquement de tout

Les bonnes occasions (*bargains*)

La publicité nous invite à profiter de toutes sortes de «bonnes occasions»:

Prix réduits (m)
Soldes (f) (*Sales*) de fin d'année
Réduction de 20%
À vendre: Voiture d'occasion
Braderie (f) (*Clearance*) de fin de saison

Communication et vie pratique

A. Chez quel marchand? Indiquez ce qu'on achète dans les magasins suivants.

> **EXEMPLE**   dans une parfumerie
> **Dans une parfumerie, on peut acheter des
> produits de beauté.**

1. dans une pharmacie
2. dans un magasin de chaussures
3. dans un magasin de jouets
4. dans un magasin de vêtements
5. chez un marchand de journaux
6. dans une librairie-papeterie
7. dans une maroquinerie
8. dans une droguerie
9. dans une bijouterie
10. dans une parfumerie
11. chez un opticien

B. On fait des courses. Vous allez faire des courses avec des amis et vous parlez de ce que vous devez acheter. Choisissez une des situations suivantes et créez une conversation à ce sujet.

1. Vous allez partir en voyage. De quoi avez-vous besoin et où pouvez-vous l'acheter?
2. C'est le début de l'année scolaire et vous avez besoin de différentes choses. Qu'est-ce que vous allez acheter et où allez-vous l'acheter?
3. Deux de vos amis viennent de louer un appartement. De quoi ont-ils besoin pour l'appartement et où vont-ils le trouver?

C. Qu'est-ce qu'on va acheter? Vous faites partie d'un petit groupe d'étudiants qui ont été chargés d'acheter un cadeau pour votre professeur de français. Vous examinez les choix possibles. Malheureusement, vous avez des opinions très différentes. N'hésitez pas à défendre votre choix et à expliquer vos raisons.

Info-culture: Magasins et commerçants

Les descriptions suivantes sont extraites d'une brochure publicitaire qui décrit les différents magasins et services qu'on peut trouver dans la région d'Azé, une petite ville du sud de la Bourgogne.

1. Un grand nombre de villes ont un marché en plein air une ou deux fois par semaine. Les publicités vous donnent une idée du type de commerce et de marchandises qu'on peut trouver dans ces marchés. Notez aussi que les mêmes marchands sont présents dans les différents marchés de la région.

2. Les produits **surgelés** sont de plus en plus utilisés maintenant que **la plupart** des femmes travaillent **en dehors** de la maison.

3. La Bourgogne est réputée pour ses vins. Certains producteurs vendent leur vin directement à leurs clients. Ils peuvent aussi se grouper avec d'autres producteurs pour former une «**cave coopérative**». Ces coopératives ont habituellement «**un caveau de dégustation**», où on peut aller «déguster» ou acheter les différents vins de la région.

4. Bouchon Liss, une usine qui fabrique des **bouchons,** et Richard Philippon, qui vend des **plants de vigne,** représentent les types de commerce qui sont fréquemment associés à la **viticulture.**

5. En général, on peut trouver tous les services dont on a besoin même si on habite dans une petite ville. La description des services proposés par Henri de Ameida montre l'importance que les Français attachent à la tradition et à la restauration des vieilles maisons.

6. Dans les petites villes, on trouve fréquemment des établissements qui regroupent plusieurs fonctions, par exemple, le «café-restaurant-tabac» où on peut boire, manger et acheter des cigarettes.
7. La place et le rôle des personnes âgées dans la vie familiale ont beaucoup changé. **Autrefois** intégrés à la vie familiale, un grand nombre de gens âgés **vivent** maintenant séparés de leurs enfants en raison des circonstances de la vie moderne. Pour certains, le village de **retraite** est alors la meilleure solution.
8. À la popularité traditionnelle des fleuristes et des marchés aux fleurs s'ajoute maintenant la présence de nombreux «centres de jardinage».
9. Dans les grandes villes, taxis, ambulances, voyages organisés sont généralement des services séparés, mais ce n'est pas toujours le cas dans les petites villes.

Vocabulaire

surgelés *frozen*; **la plupart** *most*; **en dehors** *outside*; **cave** (f) *wine cooperative*; **caveau de dégustation** (m) *wine-tasting cellar*; **bouchon** (m) *cork*; **plant de vigne** (m) *starter plant*; **viticulture** (f) *wine growing*; **autrefois** *in the past*; **vivent** *live*; **retraite** (f) *retirement*

Et vous?

Préparez un spot publicitaire pour un des magasins ou un des services présentés dans la brochure sur Azé et sa région.

Exploration 1

PARLER DE VOS ACHATS

Vendre et les verbes de la troisième conjugaison
Présentation

Vendre belongs to a group of French verbs that has infinitives ending in **re.**

vendre	
je **vends**	nous **vendons**
tu **vends**	vous **vendez**
il/elle/on **vend**	ils/elles **vendent**
Passé composé: j'ai **vendu**	
Subjonctif: que je **vende**	

Qu'est-ce qu'on **vend** dans une droguerie?
Janine **a vendu** son vieux vélo.
Il faut que je **vende** ma voiture.

Note that the **d** is not pronounced in the singular (**il vend**) but is pronounced in the plural (**ils vendent**). In inversion with the third-person singular (**vend-il**), the liaison sound is /t/.

Other **re** verbs that follow this pattern are:

attendre	*to wait for,* *to expect*	J'**attends** une lettre d'un ami.
défendre	*to forbid,* *to defend*	Je te **défends** de faire ça.
entendre	*to hear*	Répétez, s'il vous plaît. Je n'**ai** pas bien **entendu.**
perdre	*to lose,* *to waste*	Vous **perdez** votre temps.
répondre (à)	*to answer*	Est-ce que tu **as répondu** à sa lettre?
rendre + NOUN	*to hand back,* *to return*	Est-ce que le prof **a rendu** les examens?
rendre + NOUN + ADJECTIVE	*to make*	L'argent ne **rend** pas les gens heureux.
rendre visite à	*to visit* *(a person)*	Ils **ont rendu visite à** leurs amis canadiens.

Situation

Au bureau des objets trouvés

Catherine a perdu son portefeuille. Elle va au bureau des objets trouvés pour voir si quelqu'un l'a trouvé. L'employé est très occupé.

CATHERINE	Monsieur! Monsieur! Ça fait un quart d'heure que j'attends.
L'EMPLOYÉ	Ne perdez pas patience, Madame! Je suis à vous dans un instant. Voilà... Qu'est-ce que je peux faire pour vous?
CATHERINE	J'ai perdu mon sac.
L'EMPLOYÉ	Où et quand l'avez-vous perdu?
CATHERINE	Je ne sais pas... Hier soir, j'ai rendu visite à une amie qui est à l'hôpital. Avant ça, je suis allée dans un magasin où on vend des **cadeaux.**
L'EMPLOYÉ	Qu'est-ce qu'il y a dans votre sac?
CATHERINE	Mon portefeuille et toutes mes cartes de crédit.

Vocabulaire

cadeau (m) *gift*

Avez-vous bien compris?

Indiquez...

1. où est Catherine et pourquoi.
2. pourquoi elle est impatiente.
3. où elle est allée hier soir.
4. ce qu'il y a dans son sac.

Premiers pas

A. **Au marché aux puces.** On vend un peu de tout au marché aux puces. Que vendent les marchands suivants?

> EXEMPLE   Annette
> **Annette vend des livres.**

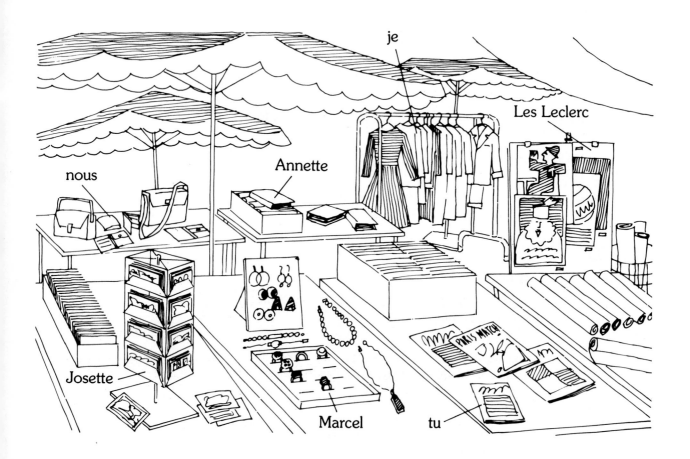

B. **On attend l'autobus.** L'autobus a du retard et les gens commencent à perdre patience. Depuis combien de temps attendent-ils?

> EXEMPLE   Monique/ 5 minutes
> **Monique attend depuis cinq minutes.**

1. je / un quart d'heure
2. nous / 20 minutes
3. vous / une demi-heure
4. Gérard / 5 minutes
5. tu / une heure
6. mes amis / 10 minutes

C. Au bureau des objets trouvés. Plusieurs personnes sont au bureau des objets trouvés. Qu'est-ce qu'ils ont perdu?

> EXEMPLE   Maryse / montre
> **Maryse a perdu sa montre.**

1. je / veste
2. nous / cartes de crédit
3. vous / portefeuille
4. Arnaud / lunettes
5. tu / appareil-photo
6. les autres / valises

Communication et vie pratique

A. Des produits internationaux. Dites quels sont les produits étrangers (e.g., **chaussures, journaux, voitures**) qu'on vend dans votre ville.

> EXEMPLE   **On vend des fromages français et des fromages suisses dans plusieurs magasins.**

B. Braderie. Vous êtes commerçant(e) et vous avez décidé de solder une partie de vos marchandises. Les clients (joués par les autres étudiants) vous demandent le prix de différents objets.

> EXEMPLE   **—Cette jolie affiche, vous la vendez combien?**
> **—Vous pouvez l'avoir pour soixante francs.**

C'est votre tour

Imaginez que vous avez perdu votre valise (votre sac, votre portefeuille, etc.). Vous expliquez votre situation à l'employé(e) du service des objets trouvés. L'employé(e), joué(e) par un(e) autre étudiant(e), va vous demander...

- ce que vous avez perdu
- où vous l'avez perdu
- quand vous l'avez perdu
- ce qu'il y a dans votre valise (votre sac, votre portefeuille, etc.)

Exploration 2

DONNER DES SUGGESTIONS, DES CONSEILS ET DES ORDRES

L'impératif
Présentation

Imperative verb forms are used to give orders and advice, to make requests, or to explain how to do something. They are identical to the **tu, nous,** and **vous** forms of the verb, with one exception: the final **s** is dropped from the **tu** form of **er** verbs, including **aller.** They are used without subject pronouns. The **nous** form of the imperative is used for the *let's...* command.

L'impératif		
er verbs	***ir*** verbs	***re*** verbs
écoute	**finis**	**vends**
écoutons	**finissons**	**vendons**
écoutez	**finissez**	**vendez**

Finis tes études.
Va chez le médecin.
Prends un taxi.

The negative of the imperative is regular.

Ne **travaillez** pas trop.
Ne **choisissez** pas ce métier.
Ne **perds** pas ton argent.

A. The verbs **être** and **avoir** have irregular imperatives.

	être	avoir
	sois	**aie**
	soyons	**ayons**
	soyez	**ayez**

Sois calme!
Soyons prudents.
N'**aie** pas l'air si triste.

B. In affirmative commands, direct object pronouns follow the verb, and **moi** and **toi** replace **me** and **te.** In negative commands, the direct object pronoun remains in its usual place before the verb, and its form does not change.

Achetez-**le.**	Ne l'achetez pas.
Vendez-**les.**	Ne **les** vendez pas.
Attendez-**moi.**	Ne **m**'attendez pas.

C. The imperative is used in common expressions.

Sois sage!	*Be good!*
Sois gentil!	*Be nice!*
Allons-y!	*Let's go!*
Faites attention!	*Be careful! (Pay attention!)*
Ne faites pas de bruit.	*Don't make any noise.*
N'ayez pas peur.	*Don't be afraid.*

D. When requesting a service, it is better to avoid the imperative and to use instead more polite forms such as **"Pourriez-vous me donner un renseignement, s'il vous plaît?"**

E. In the "official" language of public signs and billboards (as well as in instruction manuals or recipe books), the imperative is usually replaced by an indirect command in the form of an infinitive or a noun phrase.

> **Défense de fumer** or **Il est défendu/interdit de fumer**

> **Prière de frapper avant d'entrer** or **Vous êtes priés de frapper avant d'entrer**

NON FUMEURS
Une zone signalée par ce panneau vous est réservée à l'avant de nos avions.

Frappez, SVP

Situation

Dans un grand magasin

Michel travaille comme réceptionniste dans un grand magasin où il aide les gens à trouver ce qu'ils cherchent. Il donne des renseignements à une cliente.

LA CLIENTE	Pardon, Monsieur, pourriez-vous me **dire**[1] à quel **rayon** sont les **parapluies?**
MICHEL	Au troisième **étage,** au rayon maroquinerie. Prenez l'**ascenseur,** c'est plus rapide.
LA CLIENTE	Où est l'ascenseur?
MICHEL	Tournez à droite. Vous ne pouvez pas le manquer.
LA CLIENTE	Est-ce que vous vendez des **appareils-photos?**
MICHEL	Oui, bien sûr. Descendez au **sous-sol** et allez tout droit jusqu'au **fond.**
LA CLIENTE	(*à son fils*) Voyons, Gérard, sois sage. Ne touche pas à tout!

Vocabulaire

dire *to say, tell;* **rayon** (m) *department;* **parapluie** (m) *umbrella;* **étage** (m) *floor;* **ascenseur** (m) *elevator;* **appareil-photo** (m) *camera;* **sous-sol** (m) *basement;* **fond** (m) *back*

Avez-vous bien compris?

Répondez aux questions suivantes.

1. En quoi consiste le travail de Michel?
2. Qu'est-ce que la cliente cherche?
3. Où est le rayon des parapluies?
4. Est-ce que le fils de la cliente est très sage?

Premiers pas

A. Mais non, voyons! Lucette pense aux choses qu'elle va peut-être faire. Antoine pense que ce n'est pas une bonne idée. Qu'est-ce qu'il répond?

> **EXEMPLE** Je vais peut-être rester à la maison.
> **Mais non, voyons! Ne reste pas à la maison.**

1. Je vais peut-être étudier ce matin.
2. Je vais peut-être prendre l'autobus.
3. Je vais peut-être rendre visite à ma tante.
4. Je vais peut-être aller à la librairie.
5. Je vais peut-être acheter une nouvelle montre.
6. Je vais peut-être vendre ma voiture.
7. Je vais peut-être faire le ménage.

[1]**Dire** is an irregular verb; its present tense forms are: **je dis, tu dis, il/elle dit, nous disons, vous dites, ils/elles disent.** Its forms in the **passé composé** are: **j'ai dit, tu as dit,** etc.; and in the subjunctive: **Il faut que je dise,** etc.

B. Comment réussir aux examens. Robert a un ami qui a tendance à paniquer chaque fois qu'il a un examen. Quels conseils est-ce que Robert lui donne?

> EXEMPLE   ne pas perdre la tête
> **Ne perds pas la tête.**

1. rester calme
2. faire un plan avant de commencer
3. répondre à toutes les questions
4. ne pas avoir peur
5. ne pas attendre la dernière minute pour étudier
6. ne pas perdre de temps
7. arriver à l'heure

C. À l'agence de voyages. Les employés d'une agence de voyages ont été chargés d'une campagne publicitaire pour encourager les gens à visiter la Martinique. Quels sont les slogans qu'ils ont préparés?

> EXEMPLES   choisir notre agence
> **Choisissez notre agence.**
> ne pas prendre de risques
> **Ne prenez pas de risques.**

1. ne pas rester chez vous
2. oublier vos ennuis
3. ne pas attendre à demain
4. faire le voyage de vos rêves
5. faire vite vos valises
6. aller visiter la Martinique
7. venir explorer notre petit coin de paradis
8. prendre l'avion
9. choisir le soleil et la mer
10. ne pas oublier de réserver votre place

Communication et vie pratique

A. Conseils. Quels conseils allez-vous donner à des étudiants qui commencent leurs études dans votre université? Utilisez les suggestions suivantes comme point de départ et ajoutez vos propres idées.

> EXEMPLE   habiter dans une résidence universitaire
> **N'habitez pas dans une résidence universitaire.**
> **Cherchez un appartement près de l'université.**

1. être patient
2. choisir bien vos cours
3. passer tout votre temps à étudier
4. habiter près de l'université
5. passer votre temps dans les cafés
6. prendre le temps de sortir
7. faire attention en classe
8. attendre la fin du trimestre pour étudier
9. ?

B. **Je vous donne un petit conseil.** Quels conseils pourriez-vous donner aux personnes suivantes? Mettez vos suggestions en commun et choisissez les meilleurs conseils dans chacune des catégories mentionnées.

> EXEMPLE   aux professeurs
> **Ne donnez pas d'examens le lundi ou le vendredi.**

1. aux professeurs
2. aux futurs parents
3. aux enfants
4. aux touristes français qui viennent aux États-Unis
5. aux touristes américains qui vont en France
6. à l'administration de votre université

C. **Slogans.** Maintenant préparez des slogans publicitaires pour des produits ou des services susceptibles d'intéresser différents groupes de consommateurs. Vous pouvez travailler seul(e) ou en petits groupes.

> EXEMPLE   **Allez au cinéma sans sortir de chez vous; achetez un magnétoscope et louez des vidéo-disques.**

C'est votre tour

Quand on voyage dans un pays étranger, on ne sait pas toujours ce qu'on doit faire ou ne pas faire. Voici une série d'écriteaux (*door or wall signs*) et de panneaux de signalisation routière (*road signs*) qui vous indiquent ce que vous devez faire dans différentes circonstances. Essayez d'expliquer à un(e) ami(e) ce qu'il/elle doit faire.

EXEMPLES   «Défense de parler au chauffeur.»
Ne parle pas au chauffeur, c'est interdit.
«Sens interdit»
**Fais attention. Ne prends pas cette rue, c'est un
sens interdit.**

Exploration 3

INDIQUER CLAIREMENT DE QUI ON PARLE

Les pronoms disjoints
Présentation

The disjunctive (or stress) pronouns are:

Les pronoms disjoints			
moi	*I, me*	**nous**	*we, us*
toi	*you*	**vous**	*you*
lui	*he, him*	**eux**	*they, them* (m)
elle	*she, her*	**elles**	*they, them* (f)

These pronouns are used:

A. after prepositions.

>Est-ce que tu peux faire ça **pour moi?**
>Voulez-vous venir **avec nous?**
>Ils sont restés **chez eux.**

B. after **c'est** or **ce sont.**

>—**C'est toi** qui as fait cela?
>—**Non,** ce n'est pas moi.
>—Est-ce que c'est Jacques?
>—Oui, **c'est lui.**

C. alone or in short phrases where there is no verb.

>—Qui veut encore de la glace?
>—**Moi.**
>—Qui va faire la vaisselle?
>—Pas **moi!**

D. to emphasize the subject of the verb.

>**Eux,** ils ont de la chance, mais pas **nous!**
>**Moi,** je suis français. **Lui,** il est suisse.

E. in compound subjects where a pronoun is used for at least one of the persons.

>**Philippe et moi,** nous allons faire des courses.
>**Elle et toi,** vous êtes de bonnes amies, n'est-ce pas?

F. with the expression **être à** to indicate possession.

>Ce livre n'**est** pas **à moi**; est-ce qu'il **est à toi?**

G. with **-même(s)** to talk about oneself or others (*myself, yourself,* etc.).[2]

>Tu l'as fait **toi-même,** n'est-ce pas?
>Il fait sa cuisine **lui-même.**

Situation

Ce n'est pas moi!
Monsieur Maréchal est très **fier** *de la nouvelle voiture qu'il vient d'acheter. Mais pendant son absence, quelqu'un l'a empruntée et l'a* **cabossée.** *Il demande des explications à son fils.*

M. MARÉCHAL	Viens ici, toi!
FRANÇOIS	Qui? Moi?
M. MARÉCHAL	Oui, toi. C'est toi qui as cabossé ma voiture?
FRANÇOIS	Non papa, ce n'est pas moi, je t'assure.
M. MARÉCHAL	Tu n'es pas sorti avec tes copains hier soir?

[2]For recognition only.

FRANÇOIS	Non, je ne suis pas sorti avec eux; je suis resté chez nous.
M. MARÉCHAL	Alors, à ton avis, qui a emprunté ma voiture?
FRANÇOIS	Ben, je ne sais pas, moi.
M. MARÉCHAL	C'est peut-être ta sœur...?
FRANÇOIS	Oui, c'est probablement elle.

Vocabulaire

fier/fière *proud;* **cabosser** *to dent, damage*

Avez-vous bien compris?

Répondez aux questions suivantes.

1. Qu'est-ce que M. Maréchal vient d'acheter?
2. Pourquoi est-ce qu'il n'est pas content?
3. Qu'est-ce que François a fait hier soir?
4. Selon François, qui a probablement cabossé la voiture?

Premiers pas

A. **Je t'invite.** Monique a reçu plusieurs invitations, mais elle n'a pas envie de sortir. Qu'est-ce que Marc lui dit et qu'est-ce qu'elle répond?

> **EXEMPLE** Serge t'invite à aller au ciné.
> Marc: **Serge t'invite à aller au ciné. Veux-tu sortir avec lui?**
> Monique: **Je voudrais bien, mais je n'ai pas le temps de sortir avec lui aujourd'hui.**

1. Je t'invite à aller au théâtre.
2. Madeleine t'invite à faire du shopping.
3. Tes amies t'invitent à aller au café.
4. Laurent et Emmanuel t'invitent à aller au concert.
5. Je t'invite à prendre un verre.
6. Nous t'invitons à aller au restaurant.

B. **Quel désordre!** Henri et ses camarades de chambre ont décidé de faire le ménage. Henri veut savoir à qui appartiennent les objets suivants.

> **EXEMPLE** À qui est ce vieux parapluie? Il est à toi, Jérôme? (non)
> **Non, il n'est pas à moi.**

1. Ce portefeuille, il est à toi, Alain? (non)
2. Il est à ta petite amie? (oui)
3. Cette montre est à toi? (oui)
4. Et ces vêtements, ils sont à toi, Michel? (non)
5. Et ce shampooing, est-ce qu'il est à moi? (oui)
6. Ils sont à nous ces journaux? (non)
7. Ces lunettes sont à Alain? (oui)
8. Et ces disques compacts, est-ce qu'ils sont à tes frères? (oui)

C. Qui a fait cela? Les enfants n'ont pas été sages et Monsieur Savabarder n'est pas content. Il veut savoir qui est responsable.

> EXEMPLE   C'est toi qui as laissé tes vêtements dans la salle de bains? (non)
> **Non, papa, ce n'est pas moi.**

1. C'est toi qui as pris mon journal? (non)
2. Alors, c'est ta sœur? (oui)
3. C'est toi qui as emprunté mon rasoir? (non)
4. C'est vous, les enfants, qui avez mangé toute la glace? (non)
5. C'est moi qui ai laissé la porte ouverte? (oui)
6. C'est le chien qui a fait ça? (oui)
7. C'est toi qui as perdu mes clés? (non)
8. Alors, c'est ton petit frère? (oui)

Communication et vie pratique

A. Cadeaux de Noël. Un(e) de vos ami(e)s est allé(e) faire du shopping. Il/Elle a acheté beaucoup de cadeaux. Vous essayez de deviner pour qui sont ces cadeaux, mais votre ami(e) refuse de vous donner des détails.

> EXEMPLE   **Il est pour ton père ce rasoir électrique?**
> **Non, ce n'est pas pour lui.**

B. Points communs et différences. Répondez aux questions suivantes.

> EXEMPLE   Certaines personnes dépensent trop d'argent. Et vous?
> **Moi aussi, je dépense trop d'argent.**
> *ou:* **Pas moi. Moi, je suis très économe.**

1. Beaucoup d'étudiants vendent leurs livres à la fin du trimestre. Et vous?
2. Certains étudiants perdent toujours leurs livres ou leurs notes de classe. Et vous?
3. Il y a des gens qui détestent attendre. Et vous?
4. Il y a des gens qui sont très impatients. Et vous, perdez-vous souvent patience? Et vos professeurs?
5. La plupart des étudiants détestent les examens. Et vous? Et vos amis?
6. Beaucoup d'étudiants mangent au restaurant universitaire. Et vous?
7. Beaucoup de gens aiment faire du shopping. Et vous? Et vos amis?
8. Il y a des gens qui oublient souvent de rendre des choses qu'ils ont empruntées. Et vous?

C. Au bureau des objets trouvés. Vous êtes chargé(e) (avec deux ou trois autres étudiants) du service des objets trouvés. Vous quittez la salle pendant quelques minutes et pendant votre absence les autres étudiants placent différents objets sur la table. C'est à vous de trouver à qui appartiennent ces objets.

> EXEMPLE   **Est-ce que ce cahier est à Pierre?**
> **Non, il n'est pas à lui.**

C'est votre tour

Vous habitez avec plusieurs camarades de chambre (joués par d'autres étudiants). Quelqu'un a pris ou a cassé (*broke*) plusieurs de vos possessions. Posez des questions à vos amis pour savoir qui est responsable.

Intégration et perspectives: Acheter ou ne pas acheter?... Voilà la question

Partout la publicité est là pour nous inviter à consommer. Les images et les messages sont soigneusement étudiés pour nous séduire et nous donner envie d'acheter le produit en question. Regardez bien les pubs suivantes (pp. 267–270) et ensuite répondez aux questions.

Avez-vous bien compris?

Dans chacune des publicités présentées, quels sont les mots et les images qui sont particulièrement bien étudiés pour nous persuader d'acheter le produit en question? Maintenant, créez un nouveau slogan pour chacun des produits représentés.

CONFITURES

130 RECETTES SAVOUREUSES

NUMERO HORS SERIE
L'AMI DES JARDINS ET DE LA MAISON
LA BONNE CUISINE

Loïc Raison.
Chistr Breizh.*

Les CIDRES de France
* Cidre Breton.

La différence de

Loïc Raison,

c'est son origine : La Bretagne.

Avec ce cidre trouble,

au goût typé, c'est

l'occasion de redécouvrir

un terroir sauvage et

rude. Un cidre élaboré dans

le respect de la tradition

des cidriers Bretons.

Loïc Raison, Chistr Breizh.*

L'ABUS D'ALCOOL EST DANGEREUX POUR LA SANTÉ. A CONSOMMER AVEC MODÉRATION.

Collection Alias: la mode qu'on aime en hyper!

159F
CARDIGAN

189F
JUPE TWIST

alias

EN VENTE DANS LES HYPERMARCHÉS

mammouth
Géant Casino

Il est pas possible ce TGV.

• PARIS-ÉVIAN : une liaison directe les samedis et dimanches du 25 juin au 5 septembre.
• PARIS-NICE : 4 aller et retour quotidiens du 24 juin au 4 septembre (3 aller et retour en dehors de cette période).
• LILLE-NICE : le "FLANDRES-AZUR" relie le Nord et le Sud les samedis à partir du 18 juin.

Info-culture: Faire du shopping en France

- **Les grands magasins** sont l'équivalent de nos *department stores*. Les plus **connus** sont Les Galeries Lafayette et Le Printemps, et on les trouve dans presque toutes les grandes villes de France.

- **Les hypermarchés** comme Mammouth, Casino ou Euromarché sont d'immenses surfaces où on peut acheter pratiquement de tout.

- **Les centres commerciaux** sont composés d'une grande variété de magasins (**y compris** des grands magasins). Ils sont généralement situés à l'extérieur de la ville ou dans une partie rénovée du centre-ville.

- **Les marchés en plein air ont lieu** une ou deux fois par semaine. Dans ces marchés, on peut acheter toutes sortes de provisions et même des vêtements et des chaussures. Ces marchés sont souvent très pittoresques.

- **Les marchés aux puces** constituent un autre spectacle fascinant. Si on cherche bien on peut souvent trouver de très bonnes occasions, surtout si on s'intéresse aux objets et aux **meubles** anciens.

- **Les petits commerçants** sont en général propriétaires de leur magasin ou de leur boutique. Au cours des 30 dernières années, les petits magasins de quartier ont dû faire face à la concurrence des «grandes surfaces» (i.e., supermarchés, hypermarchés, grands magasins et centres commerciaux). **En dépit de** ces difficultés, un grand nombre de petits commerces ont réussi à survivre. Les Français apprécient la qualité des produits et la qualité du service **ainsi que** le charme et la proximité de ces petits magasins en dépit de leurs prix un peu plus élevés.

Vocabulaire

connu *well known;* **y compris** *including;* **ont lieu** *take place;* **meubles** (m) *furniture;* **en dépit de** *in spite of;* **ainsi que** *as well as*

Et vous?

Expliquez à des amis français les différents types de magasins où on peut faire du shopping dans votre ville ou dans votre région.

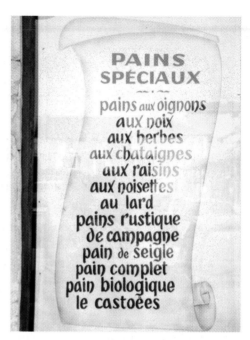

Communication et vie pratique

A. **Soyez persuasif!** Créez des spots publicitaires (durée: 30 secondes) en utilisant les mots de vocabulaire et les structures que vous avez déjà appris. Présentez votre publicité aux autres étudiants.

B. **Soyez les bienvenus à Châtillon.** Vous visitez Châtillon, une petite ville au nord-est de Lyon. Vous allez à l'Office du tourisme pour obtenir des renseignements. Expliquez votre situation aux employés et demandez-leur où vous pouvez trouver les magasins et services suivants.

- Vous désirez consulter un médecin.
- Vous cherchez une épicerie.
- Vous voulez savoir où il y a une station service.
- Votre voiture est tombée en panne.
- Vous avez perdu un de vos verres de contact.
- Vous voulez faire une excursion dans la région.
- Vous avez besoin d'acheter des médicaments.
- Vous avez décidé de faire du camping et vous avez besoin d'acheter l'équipement nécessaire.
- Vous avez besoin d'acheter un bon dictionnaire.

Le rôle des employés (qui ont un plan de la ville et la liste de quelques-uns des commerçants châtillonais) est de (1) se familiariser avec le plan de la ville et les services proposés; (2) dire aux visiteurs où ils peuvent trouver le service en question; (3) indiquer dans quelle rue le magasin est situé et comment y aller.

Le rôle des visiteurs (qui ont seulement le plan de la ville) est de (1) poser des questions à l'employé(e) pour savoir où ils peuvent trouver ce qu'ils cherchent, (2) écouter les indications que l'employé(e) leur donne, (3) et trouver sur la carte la rue où le magasin est situé.

LOCATIONS MEUBLE CLE CONFORT

- M. et Mme DUMERGUE Guy - 45, rue Philibert Collet - 74 55 34 31
  ou à Paris 16 (1) 30 34 06 13

GITES DE FRANCE

CHAMBRES D'HOTES
- Condeissiat 01400 - M. et Mme BELOUZARD
  Etang Ratel - 74 51 44 51
- Romans 01400 - M. et Mme MONTRADE GUY
  Le Grand Janan - 74 55 00 80

GITES RURAUX
- Neuville-les-Dames 01400 - M. et Mme SALLUCET André
  La Chassagne - 74 55 61 79
- Saint-Trivier-sur-Moignans 01990 - M. et Mme GOIFFON Jean
  Grand Etang - 74 55 80 73
- Sandrans 01400 - M. et Mme PROST G.
  Les Bornes- 74 24 52 57

PROFESSIONS LIBERALES
Architecte
- Etude et chantiers : M. LE BOT Jacques
  240, Av. Clément Désormes - 74 55 02 69

Dentiste
- Mme BRETTE-VIALLY Pascale
  Av. Clément Désormes - 74 55 04 29

Infirmières
- Centre de soins Saint-Vincent-de-Paul - 12, Pl. des Halles

Laboratoires d'analyses médicales
- Mme DELOCHE Martine - Pl. des Halles - 74 55 25 40

Médecins
- Dr COILLARD Victor - 151, Av. Clément Désormes - 74 55 05 63
- Dr COLSON Jacques - 19, rue Philibert Collet - 74 55 04 24
- Dr RIMAUD Christine - Av. Montpensier - 74 55 02 68
- Dr ROUSSEL François - Lot. Champ-de-Foire - 74 55 01 53

Notaires
- M. BRUNET Jean-Charles - Montée du Champ-de-Foire - 74 55 00 49
- Mme REGAL Josette

Pharmaciens
- M. CHANEL Pierre - Rue Gambetta - 74 55 00 81
- M. KROELY Philippe - 62, rue Philibert Collet - 74 55 06 22

Radiologie - Scanographie
- Dr VERCELLIS Yves - 15, Pl. Saint-Vincent-de-Paul - 74 55 14 98

ALIMENTATION GENERALE
- La Corbeille Châtillonnaise - M. ROCH Michel
  49, Av. Clément Désormes - 74 55 11 00

LAITERIE - FROMAGERIE
- Les Clarines - M. et Mme CUINET Christophe
  52, rue du Président Carnot - 74 55 09 22
- M. LAGUIN Jean - Rue Barrit - 74 55 08 59

ARTICLES DE SPORT
- Sport Evasion - Mlle MATHON Nadine
  127, rue Pasteur - 74 55 35 40

ASSURANCES
- Mutuelles du Mans :
  MM. BARRET Max, PERREAULT Philippe,
  ESCHBACH Jean-Charles - 81, rue Alphonse Baudin - 74 55 03 42
- Société d'Assurances Mutuelles contre l'Incendie et les Risques
  Divers - MIC :
  Mme GERBEL Danielle - 83, Pl. des Halles - 74 55 04 22

AUTO-ECOLE
- Auto-école des Dombes - M. DRUGUET Robert
  65, rue Bergerat - 74 55 03 29

BOUCHERIES-CHARCUTERIES
- M. et Mme DOUCET Jean-Pierre - Rue Pasteur - 74 55 01 28

BOUCHERIE GROS ET DETAIL
- Deplatière S.A. - M. DEPLATIERE Gérard
  La Tredonnière - 74 55 27 67

BOULANGERIES
- M. et Mme ARCHENY Christian - 88, rue Pasteur - 74 55 02 84
- M. et Mme PELUS André - Pl. des Halles - 74 55 02 02

COIFFEURS
- M. BOUDAT Roger - Av. Clément Désormes - 74 55 03 47

CORDONNIER
- M. GADIOLLET Armand - Rue Pasteur

COUTURIERE
- "Yvette" - Mme BELAY Yvette - 155, rue Victor Hugo - 74 55 34 52

ENTREPRISES
Accessoires Autos et Equipement Autos
- Targa - M. MARTIN Jean-Michel - Z.I. - B.P. 19 - 74 55 05 55

Décolletage
- Sindra (SA) - M. AZMAN (P.D.G.) - Z.I. - Sud B.P. 41 - 74 55 03 38

Laboratoires de Thérapeutique Moderne
- L.T.M. (SA) - M. CLIVIO Louis (Directeur) - Av. Foch - 74 45 54 42

- **Casques Gallet de France (SA) - C.G.F.**
  M. GALLET Adrien - Z.I. Sud - 74 55 01 55

GARAGE - CARROSSERIE - STATION
Garage
- Renault - M. GALLAND Michel
  48, Pl. du Champ-de-Foire - 74 55 03 23

Station-service
- Station Total - Mme FERRARI Stéphanie
  27, Pl. de la République - 74 55 00 02

LINGERIE - BONNETERIE - VETEMENTS ENFANTS
- Mme GERBET Isabelle - Pl. de l'Eglise - 74 55 15 20

MERCERIE - BONNETERIE - LINGE DE MAISON - FORAINS
- "La Pince à Linge" (linge de maison) - Mme RASSION Claude
  Pl. de l'Eglise - 74 55 24 91

MEUBLES - MENUISERIE
- Escalier restauration - Parquet - Plafond à la Française
  M. PRIVEL Frères - Impasse du Champ-de-Foire - 74 55 02 95

OPTICIEN
- Baillet Optique - M. BAILLET Christian
  64, rue Commerson - 74 55 12 11

PATISSERIES
- M. GAGET Michel - 98, rue Pasteur - 74 55 01 17
- M. LEBEAU Albert-Gilles - 28, rue Pasteur - 74 55 00 25
- M. REBOUL Charles - Rue Alphonse Baudin - 74 55 04 27

PAYSAGISTE - PEPINIERISTE
- Sté Sols et Paysage - M. MANIGAND Michel - Route de Belle
  "Maillard" - 74 55 00 53

PLOMBIER
- M. JAFFRE Henri - 113, rue Pasteur - 74 55 02 93

PRESSE - LIBRAIRIES
- M. RANDON Jean-Pierre - Pl. de la République - 74 55 05 86

PRET-A-PORTER - VETEMENTS
- Ninou Boutique - Mme Lety Irène - 21, rue Gambetta - 74 55 09 21

TOILETTAGE CANIN
- "L'Espace du Chien" - M. DEMULE Alain
  100, rue Pasteur - 74 55 07 35

VOYAGES - TRANSPORTS
- Le Courrier des Dombes - M. et Mme CARRE Jean-Pierre
  148, Av. Clément Désormes - 74 55 04 21

Ce plan de ville vous est offert par les artisans d'art, les hôteliers, les restaurateurs et les chambres d'hôtes

Adhérants à l'Office du Tourisme

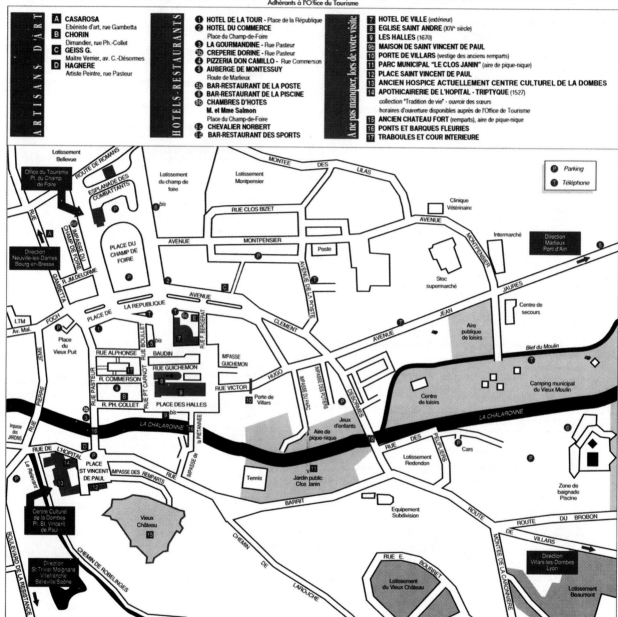

ARTISANS D'ART

A **CASAROSA**
Ébéniste d'art, rue Gambetta

B **CHORIN**
Dimandier, rue Ph.-Collet

C **GEISS G.**
Maître Verrier, av. C.-Désormes

D **HAGNERE**
Artiste Peintre, rue Pasteur

HOTELS-RESTAURANTS

1 **HOTEL DE LA TOUR** - Place de la République
2 **HOTEL DU COMMERCE**
Place du Champ-de-Foire
3 **LA GOURMANDINE** - Rue Pasteur
3b **CREPERIE DORINE** - Rue Pasteur
4 **PIZZERIA DON CAMILLO** - Rue Commerson
5 **AUBERGE DE MONTESSUY**
Route de Marlieux
5b **BAR-RESTAURANT DE LA POSTE**
6 **BAR-RESTAURANT DE LA PISCINE**
6b **CHAMBRES D'HOTES**
M. et Mme Salmon
Place du Champ-de-Foire
6c **CHEVALIER NORBERT**
6d **BAR-RESTAURANT DES SPORTS**

A ne pas manquer, lors de votre visite

7 **HOTEL DE VILLE** (extérieur)
8 **EGLISE SAINT ANDRE** (XIVe siècle)
9 **LES HALLES** (1670)
9b **MAISON DE SAINT VINCENT DE PAUL**
10 **PORTE DE VILLARS** (vestige des anciens remparts)
11 **PARC MUNICIPAL "LE CLOS JANIN"** (aire de pique-nique)
12 **PLACE SAINT VINCENT DE PAUL**
13 **ANCIEN HOSPICE ACTUELLEMENT CENTRE CULTUREL DE LA DOMBES**
14 **APOTHICAIRERIE DE L'HOPITAL - TRIPTYQUE** (1527)
collection "Tradition de vie" - ouvroir des sœurs
horaires d'ouverture disponibles auprès de l'Office de Tourisme
15 **ANCIEN CHATEAU FORT** (remparts), aire de pique-nique
16 **PONTS ET BARQUES FLEURIES**
17 **TRABOULES ET COUR INTERIEURE**

C. Économe ou dépensier? Est-ce que vous avez tendance à économiser votre argent ou à le dépenser sans compter? Pour le savoir, faites le test suivant et consultez l'interprétation à la fin du test. Vous pouvez répondre vous-même à ces questions ou les utiliser pour interviewer un(e) autre étudiant(e).

1. À la fin du trimestre, est-ce que...?
   a. vous revendez vos livres
   b. vous les gardez

2. Quand vous avez besoin d'une nouvelle voiture, est-ce que vous achetez...?
   a. une voiture d'occasion
   b. une voiture neuve

3. Quand vous avez envie d'un livre, est-ce que...?
   a. vous allez à la bibliothèque
   b. vous l'achetez dans une librairie

4. Quand vous avez besoin de nouveaux vêtements, est-ce que vous les achetez...?
   a. quand ils sont en solde
   b. quand ils sont vendus au prix normal

5. Quand vous cherchez un appartement, est-ce que vous choisissez...?
   a. un appartement modeste mais confortable
   b. un appartement luxueux qui possède tout le confort moderne

6. Comment organisez-vous votre budget? En général, est-ce que...?
   a. vous établissez votre budget au début de chaque mois
   b. vous dépensez votre argent sans compter

7. Il y a quelque chose que vous voulez acheter mais votre budget est très limité en ce moment. Est-ce que...?
   a. vous attendez d'avoir l'argent nécessaire
   b. vous l'achetez à crédit ou vous empruntez de l'argent

8. Quand vous utilisez une carte de crédit, est-ce que...?
   a. vous payez chaque mois ce que vous devez
   b. vous continuez à acheter ce que vous voulez sans penser à vos dettes

9. Quand vous empruntez de l'argent à un(e) ami(e), est-ce que...?
   a. vous rendez immédiatement l'argent que vous avez emprunté
   b. vous oubliez que vous avez emprunté de l'argent

10. À la fin du mois, est-ce que...?
    a. vous avez toujours assez d'argent pour finir le mois
    b. vous devez emprunter de l'argent ou vous devez faire très attention à ce que vous dépensez

Interprétation

Combien de fois avez-vous choisi la réponse *a*?

8–10   Vous êtes très économe et c'est une bonne chose. Mais
        ne soyez pas obsédé(e) par les questions d'argent.

6–7   Vous êtes économe, mais sans excès. Et vos amis peuvent
        compter sur vous quand ils ont besoin d'argent!

3–5   Vous aimez dépenser sans compter, mais n'espérez pas
        être un jour Ministre des Finances.

0–2   Si dépenser de l'argent rend les gens heureux, vous avez
        trouvé le bonheur!

 # Invitation à écouter

Soldes de printemps. Vous écoutez la radio et vous entendez une annonce publicitaire pour Monoprix, un magasin qu'on trouve dans presque toutes les villes françaises. Écoutez ce qu'on dit et répondez aux questions suivantes.

1. Quelles sont les dates des soldes de printemps?
2. À quels rayons est-ce qu'il y a des soldes?
3. Qu'est-ce qu'on peut trouver en solde au rayon maroquinerie?
4. Combien coûtent les chaussures de tennis *Le Coq?*
5. Et pour les enfants, qu'est-ce qu'il y a en solde?

Prononciation et orthographe

A. The letter **e** (without an accent mark) is usually pronounced /ə/, as in the following words:

    le   de   me   ce   demain   regarder

The letter **e** is not always pronounced, however. Whether it is pronounced or not depends upon its position in a word or group of words and upon its "phonetic environment." It is not pronounced in the following situations.

1. At the end of a word:

    ouvert*e*   chanc*e*   voitur*e*   anglais*e*

2. When it is preceded by only one consonant sound:

    sam*e*di   tout d*e* suite   seul*e*ment   je l*e* sais

Listen and repeat:

ach*e*ter	chez l*e* marchand
boulang*e*rie	ça n*e* fait rien
épic*e*rie	en c*e* moment
heureus*e*ment	un kilo d*e* pain
tout l*e* monde	je n'ai pas l*e* temps

B. The letter **e** is pronounced when it is preceded by two consonant sounds and followed by a third.

vend**r**edi   quelqu**e** chose   mon prop**re** patron

Listen and repeat:

mercr**e**di   pour d**e**main
quelqu**e**fois   ça march**e** bien
pr**e**mier   faire l**e** marché
vot**re** livre   pomme d**e** terre
not**re** voiture   une aut**re** personne

Petite conversation

Practice repeating the following conversation.

—Qu'est-cé que tu vas faire samédi?
—Je né sais pas; j'ai beaucoup dé travail en cé moment...
—Si tu as lé temps, viens avec nous chez lé cousin dé Monique.
—Tout lé monde est invité?
—Jé pensé que oui.

Vocabulaire

Les magasins et les marchandises (Voir pp. 248–251)

Noms

l'ascenseur (m)......*elevator*
le cadeau......*gift*
l'étage (m)......*level, floor*
le fond......*end, bottom, back*
l'image (f)......*image*
l'instant (m)......*instant, moment*
le message......*message*
l'objet (m)......*object, thing*
le parapluie......*umbrella*
la patience......*patience*
le rayon......*department*
le sous-sol......*basement*

Verbes

attendre......*to wait for, to expect*
avoir peur......*to be afraid*
cabosser......*to dent, damage*
défendre......*to forbid, to defend*
déranger......*to disturb*
dire......*to say, tell*
entendre......*to hear*
fumer......*to smoke*

perdre......*to lose, to waste*
rendre......*to make, to return*
rendre visite à......*to visit (a person)*
répondre......*to answer*

Divers

fier/fière......*proud*
neuf/neuve......*brand new*
sage......*well-behaved, good*
soigneusement......*carefully*

CHAPITRE 11

Être bien dans sa peau

Dans ce chapitre vous allez apprendre à...

Parler de votre santé et de vos activités de loisir
1. *Parler des activités quotidiennes*

2. *Parler des activités passées*
3. *Donner des conseils, des suggestions et des ordres*

Vocabulaire et structures

Mise en train: Santé et sport

L'infinitif et le présent des verbes réfléchis
Le passé composé des verbes réfléchis
L'impératif des verbes réfléchis

Mise en train: Santé et sport

A. Le corps humain

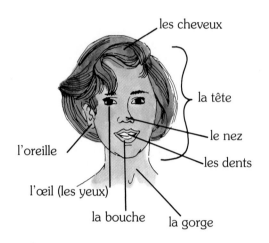

les cheveux

la tête

le nez

les dents

l'oreille

l'œil (les yeux)

la bouche

la gorge

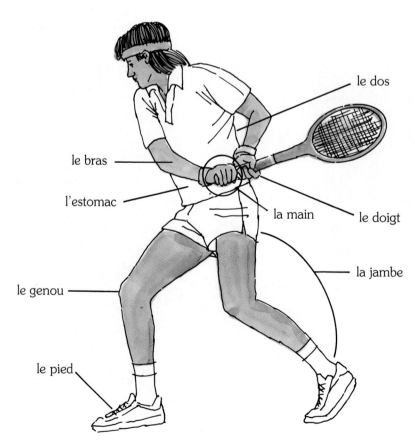

le dos

le bras

l'estomac

la main

le doigt

la jambe

le genou

le pied

B. La santé

être en bonne santé   être en mauvaise santé / être malade

avoir une maladie:
la grippe (*flu*); un rhume (*cold*); une infection;
le cancer; une crise cardiaque; le SIDA (*AIDS*)

Les symptômes

avoir mal à la gorge (à la tête,   avoir de la fièvre
à l'estomac, au dos, aux pieds, etc.)

tousser   avoir sommeil

C. Le sport

Pour rester en forme, on peut faire de la gymnastique ou faire du sport. Par exemple, on peut...

faire de la marche à pied   du judo ou du karaté   de la musculation

de la natation   du jogging   du vélo

du ski   du patinage   du cheval

jouer au tennis   au basket-ball   au football

au base-ball   au golf   au hockey sur glace

Communication et vie pratique

A. Chez le médecin. Vous êtes dans la salle d'attente du médecin. Il y a plusieurs autres personnes qui attendent leur tour. Où ont-ils mal et quelle maladie ont-ils?

> **EXEMPLE** **Le petit garçon a mal à la gorge. Il a peut-être la grippe.**

B. Êtes-vous sportif? Indiquez si vous pratiquez régulièrement, de temps en temps, rarement ou jamais les sports mentionnés dans la **Mise en scène**. Ensuite demandez aux étudiants s'ils pratiquent les mêmes sports.

> **EXEMPLE** **Je joue souvent au tennis, mais je fais rarement du vélo. Je fais de temps en temps du jogging. Et toi?**

C. Les vedettes du sport. Imaginez que vous êtes un(e) athlète célèbre. Les autres étudiants vont vous poser des questions pour trouver qui vous êtes.

> **EXEMPLES** **Est-ce que vous jouez au tennis?**
> **Est-ce que vous êtes une femme ou un homme?**

Info-culture: Les Français et le sport

Les Français s'intéressent de plus en plus au sport et un grand nombre d'entre eux pratiquent au moins un sport. Les observations suivantes sont basées sur de récents sondages d'opinion.

- Un Français sur deux pratique régulièrement un sport.

- Les Français s'intéressent plus au sport que dans le passé, mais ils continuent à être moins sportifs que les habitants des autres pays européens.

- En général, les Français préfèrent les sports individuels aux sports d'**équipe**. Il faut noter **cependant** que les jeunes (entre 15–24 ans) aiment mieux les sports d'équipe et que beaucoup d'entre eux font partie d'une association sportive.

- **Il existe** de nombreux «**stages** sportifs» (**voile**, ski, **plongée sous-marine, escalade,** etc.) où les Français peuvent pratiquer ou apprendre un nouveau sport.

- De nouveaux sports font leur apparition sur la scène sportive française (le golf, le base-ball, par exemple) et pour les gens qui cherchent l'aventure et les sensations fortes, la **parapente,** le canyoning, le **vol libre** et les sports acrobatiques.

Les Français aiment regarder les compétitions sportives à la télévision ou les écouter à la radio. Parmi les sports populaires, on peut noter:

- **Le football:** Le football (ce que nous appelons le *soccer* aux États-Unis) est très populaire, et les Français regardent avec intérêt, et même passion, les matchs de leurs équipes favorites. Les équipes des grandes villes comme Saint-Étienne, Clermont-Ferrand et Lille jouent non seulement dans des compétitions régionales, mais aussi dans des compétitions nationales et internationales comme la Coupe de France et le Championnat d'Europe.

- **Le cyclisme:** Le cyclisme est un sport très populaire aussi. Parmi les différentes courses cyclistes, c'est le Tour de France qui est suivi avec le plus de passion par les Français. Le Tour de France, comme son nom l'indique, fait le tour de presque toute la France **y compris** les régions montagneuses comme les Alpes et les Pyrénées.

- **Les courses automobiles:** Les Français s'intéressent aussi aux courses automobiles—surtout aux Vingt-Quatre Heures du Mans et au rallye de Monte-Carlo.

En plus de ces sports internationaux, il y a des sports typiquement français, par exemple les boules ou la pétanque (populaire surtout dans le sud de la France) et la pelote basque (ce que nous appelons le *jai alai*) au Pays Basque et dans le sud-ouest de la France.

Vocabulaire

équipe (f) *team;* **cependant** *however;* **il existe** *there exist;* **stage** (m) *training course;* **voile** (f) *sailing;* **plongée sous-marine** (f) *scuba diving;* **escalade** (f) *rock climbing;* **parapente** (f) *paragliding;* **vol libre** (m) *hang-gliding;* **y compris** *including;* **en plus de** *in addition to*

Et vous?

Le tableau suivant représente les principaux sports pratiqués en France. Quels sont les trois sports que les Français préfèrent? À quels sports ne s'intéressent-ils pas beaucoup? À votre avis, est-ce que les Américains ont les mêmes préférences?

	Occasionnellement		Régulièrement	
	H	**F**	**H**	**F**
• Alpinisme	2,2%	1,0%	0,6%	0,2%
• Athlétisme	5,1	2,4	1,8	0,9
• Aviation	1,2	0,6	0,3	0,0
• Basket	4,7	2,7	1,4	1,2
• Bateau à moteur	2,1	0,9	0,4	0,2
• Bateau à voile	2,9	1,7	1,2	0,3
• Planche à voile	3,2	2,3	1,3	0,3
• Boules	15,2	4,7	2,5	0,3
• Cyclisme	17,5	9,7	6,3	2,9
• Chasse	2,8	0,5	3,4	0,1
• Équitation	2,6	2,7	0,6	0,8
• Football	10,1	0,9	6,5	0,2
• Golf	1,6	1,1	0,5	0,3
• Gymnastique	4,2	9,3	2,6	11,4
• Jogging	12,6	8,4	6,5	3,6
• Judo-karaté	1,6	0,4	1,8	0,5
• Natation	20,2	16,7	5,1	6,0
• Patin à glace	3,8	3,1	0,1	0,2
• Pêche en mer	4,6	1,0	1,1	0,2
• Pêche en eau douce	8,6	1,5	4,2	0,2
• Plongée	3,0	1,3	0,9	0,2
• Rugby	2,0	0,2	1,1	0,1
• Randonnée pédestre	11,5	9,3	4,9	4,0
• Ski de fond	8,6	5,9	1,4	1,0
• Ski alpin	13,3	7,9	4,2	2,6
• Ski de randonnée	1,3	1,0	0,4	0,1
• Tennis	15,1	7,8	6,9	2,3
• Volley ball	6,1	2,9	2,1	1,6

Exploration 1

PARLER DES ACTIVITÉS QUOTIDIENNES

L'infinitif et le présent des verbes réfléchis
Présentation

Actions are often performed on an object or on another person.

Je lave la voiture.	*I wash the car.*
J'habille le bébé.	*I'm dressing the baby.*

When the action is performed on oneself—that is, when the object of the verb is the same as the subject—a reflexive construction is used in French.

Je me lave.	*I wash (myself).*
Je m'habille.	*I'm getting dressed.*

Reflexive verbs are conjugated with reflexive pronouns:

se laver	
je **me lave**	nous **nous lavons**
tu **te laves**	vous **vous lavez**
il/elle/on **se lave**	ils/elles **se lavent**

s'habiller *(to get dressed, to dress oneself)*	
je **m'habille**	nous **nous habillons**
tu **t'habilles**	vous **vous habillez**
il/elle/on **s'habille**	ils/elles **s'habillent**

A. Reflexive verbs fall into three main categories.

1. Some reflexive verbs, such as **se laver** and **s'habiller,** indicate that the subject performs the action on himself or herself.

s'arrêter	*to stop*	**se peigner**	*to comb one's hair*
se coucher	*to go to bed*	**se préparer**	*to get ready*
se détendre	*to relax*	**se reposer**	*to rest*
se lever[1]	*to get up*	**se réveiller**	*to wake up*

2. Many verbs can be made reflexive to indicate a reciprocal action.

s'aimer	*to like, to love each other*
s'embrasser	*to kiss, to kiss each other*

[1]**Se lever** is a regular **er** verb except for the spelling changes in its stem. It is conjugated like **acheter: je me lève, tu te lèves, il/elle/on se lève, nous nous levons, vous vous levez, ils/elles se lèvent.**

3. Some reflexive verbs have an idiomatic meaning.

s'amuser	*to have a good time*	On **s'amuse** bien ici.
s'appeler[2]	*to be named*	Comment **vous appelez**-vous?
se débrouiller	*to manage, get along*	Est-ce que tu **te débrouilles** bien en français?
se dépêcher (de)	*to hurry*	Nous **nous dépêchons** de finir notre travail.
s'entendre (avec)	*to get along with*	Henri ne **s'entend** pas très bien avec son frère.
s'intéresser à	*to be interested in*	Est-ce que tu **t'intéresses à** la politique?
se marier (avec)	*to get married (to)*	Ils **se marient** samedi.
s'occuper de	*to be busy with, to take care of*	Qui **s'occupe** des enfants?
se passer	*to happen*	Qu'est-ce qui **se passe?**
se souvenir de	*to remember*	Je ne **me souviens** pas de son adresse.
se sentir bien/ se sentir mal	*to feel good/bad*	Monique ne **se sent** pas bien aujourd'hui.

B. To form the negative of reflexive verbs, the **ne** is placed before the reflexive pronoun and the **pas** after the verb.

Je me lève très tôt.   Je **ne** me lève **pas** très tôt.
Nous nous entendons bien.   Nous **ne** nous entendons **pas** bien.

Questions are formed by using **est-ce que** or by inversion:

Est-ce qu'il se débrouille bien?
Se débrouille-t-il bien?

C. When reflexive verbs are used in the infinitive, the reflexive pronoun is always in the same person and number as the subject, and it precedes the infinitive.

Tu n'as pas l'air de **te** sentir bien.
On va bien **s'**amuser.
Je n'ai pas envie de **me** lever.

D. Certain reflexive verbs can also be used with parts of the body: **se laver les mains, se brosser** (*to brush*) **les dents,** etc. Note that in this case the noun is preceded by an article, not by a possessive adjective as in English.[3]

Elle se lave **les** mains.
Nous nous brossons **les** dents trois fois par jour.

[2]**S'appeler** also has spelling changes: **je m'appelle, tu t'appelles, il/elle/on s'appelle, nous nous appelons, vous vous appelez, ils/elles s'appellent.**
[3]For recognition only.

Situation

Chez le médecin

Monsieur Verdier ne se sent pas bien. Il vient consulter son médecin, le docteur Dupas.

LE MÉDECIN	Comment vous sentez-vous aujourd'hui?
M. VERDIER	Pas trop bien. Je me sens très fatigué et je n'ai pas d'énergie...
LE MÉDECIN	Est-ce que vous **dormez**[4] bien?
M. VERDIER	Non, je me réveille souvent pendant la nuit.
LE MÉDECIN	À quelle heure vous couchez-vous?
M. VERDIER	**Vers** minuit.
LE MÉDECIN	Et à quelle heure vous levez-vous?
M. VERDIER	À cinq heures.
LE MÉDECIN	Hmmm... Vous prenez le temps de déjeuner le matin, j'espère...?
M. VERDIER	Non, je n'ai pas le temps. Je me lève, je prends une douche, et je me dépêche d'aller à mon travail.

Vocabulaire

dormir *to sleep;* **vers** *toward, about*

Avez-vous bien compris?

Imaginez que Monsieur Verdier décrit sa journée. Qu'est-ce qu'il dit? Mettez les activités suivantes en ordre.

1. Je rentre à la maison.
2. Je me dépêche d'aller au travail.
3. Je prends une douche.
4. Je me lève.
5. Je me couche.
6. Je me réveille.

Premiers pas

A. C'est l'heure! À quelle heure est-ce que ces étudiants se lèvent d'habitude pour aller à l'université?

> EXEMPLE   Paul
> **Paul se lève à six heures et demie.**

---

[4]**Dormir** is an irregular verb conjugated like **venir: je dors, tu dors, il/elle dort, nous dormons, vous dormez, ils/elles dorment.** *Past participle:* **dormi;** *subjunctive:* **Il faut que je dorme,** etc.

1. nous

4. tu

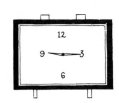

2. Catherine

5. Roger et Serge

3. vous

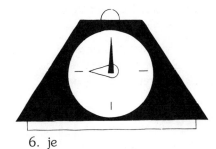

6. je

B. Tout va mal. Monsieur Ricard ne va pas très bien. Il décide d'aller chez le médecin. Donnez ses réponses aux questions du médecin.

> **EXEMPLE** Est-ce que vous vous sentez bien aujourd'hui?
> (non... pas très bien)
> **Non, je ne me sens pas très bien.**

1. Est-ce que vous vous reposez assez? (non)
2. Est-ce que vous vous couchez assez tôt? (non)
3. Est-ce que vous vous levez très tôt? (oui)
4. Est-ce que vous vous intéressez à votre travail? (non)
5. Est-ce que vos enfants se débrouillent bien à l'école? (non)
6. Est-ce qu'ils se couchent assez tôt? (non)
7. Est-ce que vous vous entendez bien avec vos enfants? (oui)

C. Différences. Il y a des gens qui aiment se coucher tôt et d'autres qui n'aiment pas ça. Utilisez les suggestions suivantes pour décrire la situation de chaque personne.

> **EXEMPLE**   Marc n'aime pas...
> **Marc n'aime pas se coucher tôt.**

1. Thérèse préfère...
2. Tu as besoin de...
3. Nous ne voulons pas...
4. Je voudrais...
5. Ils ont l'intention de...
6. Vous n'avez pas envie de...

D. Routine quotidienne. Utilisez les illustrations suivantes pour décrire la routine quotidienne de Philippe.

> **EXEMPLE**   **Il se réveille à sept heures.**

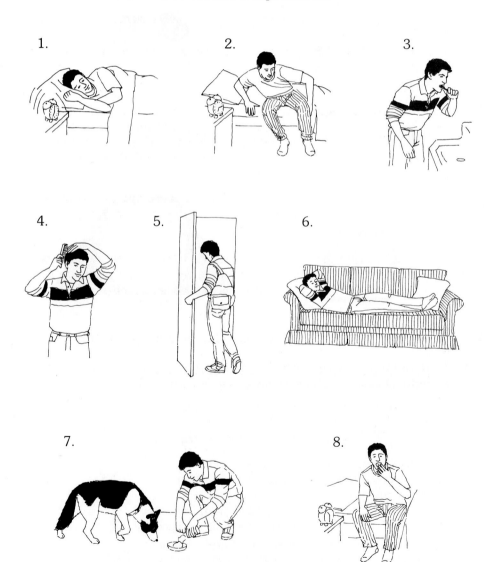

Communication et vie pratique

A. Habitudes et préférences. Répondez aux questions suivantes ou posez-les à un(e) autre étudiant(e).

1. À quelle heure est-ce que tu te lèves pendant la semaine? Et pendant le week-end?
2. En général, à quelle heure est-ce que tu te couches? Est-ce que tu te couches tôt ou tard pendant le week-end?
3. Est-ce que tu t'amuses bien pendant le week-end? Qu'est-ce que tu fais pour t'amuser?
4. Est-ce que tu t'intéresses au sport? à la politique? à la musique?
5. Est-ce que tu prends le temps de te détendre? Qu'est-ce que tu aimes faire pour te reposer?
6. Est-ce que tu te souviens de ton premier professeur de français? de ta première classe de français?
7. Dans quelles matières est-ce que tu te débrouilles bien? en maths? en français? en sciences?
8. Est-ce que tu t'entends bien avec tes profs? avec tes camarades de chambre?

B. Votre routine quotidienne. Décrivez votre routine quotidienne. Utilisez autant de verbes réfléchis que possible dans votre description. Essayez aussi d'utiliser des expressions comme **d'habitude, en général, tous les jours** pour marquer la répétition et des expressions comme **d'abord, ensuite, après ça,** etc. pour marquer la progression.

> EXEMPLE **D'habitude, je me lève tôt parce que j'ai un cours à huit heures. Après ça, je prends ma douche...**

C. Conseils. Vous avez un ami qui ne va pas très bien: Il ne fait pas attention à sa santé et a tendance à brûler la chandelle par les deux bouts (*burn the candle at both ends*). Utilisez les éléments de chaque colonne pour formuler les conseils que vous allez lui donner.

> EXEMPLE **Il vaut mieux te coucher beaucoup plus tôt.**

Colonne A	Colonne B
il vaut mieux	faire plus attention à sa santé
il faut	se reposer
tu as besoin de	se lever tôt/tard
tu pourrais	être moins pressé
tu dois	prendre le temps de se détendre
	s'amuser un peu
	s'arrêter de fumer
	se coucher plus tôt
	faire de la gymnastique
	aller plus souvent chez le médecin

C'est votre tour

Imaginez une conversation entre un malade imaginaire (*hypochondriac*) et son médecin. Jouez les rôles respectifs. Pour vous préparer, faites une liste des questions que le médecin peut poser au malade et pensez aussi aux différents symptômes que le malade imaginaire peut avoir.

Exploration 2

PARLER DES ACTIVITÉS PASSÉES

Le passé composé des verbes réfléchis
Présentation

The auxiliary verb **être** is used in the **passé composé** of reflexive verbs. The past participle agrees in gender and in number with the subject.

Le passé composé de *se laver*	
je **me suis lavé(e)**	nous **nous sommes lavé(e)s**
tu **t'es lavé(e)**	vous **vous êtes lavé(e)(s)**
il/elle/on **s'est lavé(e)**	ils/elles **se sont lavé(e)s**

Ils **se sont mariés** l'été dernier.
Nous **nous sommes** bien **amusés.**
Elle **s'est** bien **débrouillée** à l'examen.

A. The negative is formed by placing the **ne** before the reflexive pronoun and the **pas** after the auxiliary verb.

Je **ne** me suis **pas** souvenu de son anniversaire.
Nous **ne** nous sommes **pas** réveillés assez tôt.
Claude **ne** s'est **pas** bien reposé.

B. As with other verbs, questions with reflexives in the **passé composé** can be formed through intonation, by using **est-ce que,** or by using inversion.

Est-ce que Marie **s'est dépêchée** de partir?

Marie **s'est-elle dépêchée** de partir?

Où est-ce que **vous vous êtes rencontrés?**

Où **vous êtes-vous rencontrés?**

Note that to form questions using inversion, the subject pronoun is placed after the auxiliary verb and the reflexive pronoun stays before the auxiliary verb.[5]

---

[5]For recognition only.

C. Sometimes the reflexive pronoun is not a direct but an indirect object. In this case, there is no agreement.[6]

Ils se sont **téléphoné.**	(on téléphone **à** quelqu'un)
Ils se sont **parlé.**	(on parle **à** quelqu'un)
Ils se sont **brossé** les dents.	(on brosse les dents)

Situation

Une histoire d'amour

Claude et Josselyne viennent de se marier. Claude parle avec sa cousine Nathalie.

NATHALIE   Josselyne et toi, où est-ce que vous vous êtes rencontrés...?

CLAUDE   À une **conférence**. Nous nous sommes regardés, et tout de suite ça a été le **coup de foudre!** Après ça, je me suis débrouillé pour avoir son adresse. Je l'ai invitée à aller faire du ski. Nous nous sommes amusés comme des **fous**...!

NATHALIE   C'est à ce moment-là que tu as eu ton accident?

CLAUDE   Oui, je me suis **cassé** la jambe. Josselyne s'est occupée de moi et après ça, nous ne nous sommes plus jamais quittés!

Vocabulaire

amour (m) *love;* **conférence** (f) *lecture;* **coup de foudre** (m) *love at first sight;* **fou** (m) *crazy person;* **se casser** *to break*

Avez-vous bien compris?

Répondez aux questions suivantes.

1. Où Josselyne et Claude se sont-ils rencontrés?
2. Qu'est-ce qui s'est passé?
3. Où sont-ils allés ensemble?
4. Qu'est-ce qui est arrivé à Claude?

Premiers pas

A. **Un matin comme les autres.** Ce que Marie-Josée a fait ce matin n'est pas différent de ce qu'elle fait tous les matins. Qu'est-ce qu'elle dit?

> **EXEMPLE**   se réveiller à six heures
> **Je me suis réveillée à six heures.**

1. se lever	5. se peigner
2. se préparer	6. s'occuper du chat
3. se laver	7. se dépêcher de partir
4. se brosser les dents	8. s'arrêter à la boulangerie

---

[6]For recognition only.

B. Et un matin pas comme les autres. Marie-Josée est fatiguée de sa routine habituelle et elle a décidé de prendre un jour de repos. Qu'est-ce qu'elle a fait?

> EXEMPLE   se réveiller avant 10 h
> **Elle ne s'est pas réveillée avant 10 h.**

1. se lever tout de suite
2. se dépêcher de se préparer
3. se brosser les dents
4. se peigner
5. s'occuper du chat
6. s'habiller pour sortir

C. On part en voyage. La famille Bertrand va aller faire du ski dans les Alpes. Indiquez ce que chaque membre de la famille a fait le matin du départ.

> EXEMPLE   nous / se réveiller à 5 heures
> **Nous nous sommes réveillés à cinq heures.**

1. je / se lever à 6 heures
2. nous / se dépêcher
3. Solange / s'occuper des enfants
4. les enfants / s'habiller
5. ils / se brosser les dents
6. tu / se souvenir de fermer les fenêtres
7. Papa / s'occuper des valises
8. nous / s'arrêter à la boulangerie

D. Mère poule et papa poule. Il y a des parents qui sont de vraies mères poules (*mother hens*). C'est le cas de Monsieur Charrier. Qu'est-ce qu'il dit à sa fille?

> EXEMPLE   bien s'amuser hier soir
> **Est-ce que tu t'es bien amusée hier soir?**

1. se brosser les dents
2. se laver les mains
3. se brosser les cheveux
4. bien s'amuser chez tes amis
5. se dépêcher de rentrer de l'école
6. bien se débrouiller à l'école

E. Au club de gymnastique. Isabelle travaille dans un club de gymnastique. Elle parle de ce qu'elle a fait hier. (Notez que certains verbes ne sont pas réfléchis.)

> EXEMPLE   se lever très tôt
> **Je me suis levée très tôt.**

1. arriver au club à dix heures
2. s'occuper de ses clients
3. prendre une douche
4. se reposer un peu
5. quitter le club à six heures et demie
6. s'arrêter chez des amis
7. rentrer à dix heures
8. se coucher vers onze heures

Communication et vie pratique

A. Le week-end passé. Posez des questions aux autres étudiants pour savoir les choses suivantes.

> **EXEMPLE**   à quelle heure il/elle s'est réveillé(e)
> **À quelle heure est-ce que tu t'es réveillé(e) dimanche matin?**

1. à quelle heure il/elle s'est réveillé(e)
2. à quelle heure il/elle s'est levé(e)
3. ce qu'il/elle a fait vendredi et samedi soir
4. s'il/si elle a pris le temps de se détendre un peu
5. ce qu'il/elle a fait pour s'amuser
6. s'il/si elle a eu le temps de faire ses devoirs
7. ce qu'il/elle a fait dimanche après-midi
8. à quelle heure il/elle s'est couché(e)

B. Hier... Racontez votre journée d'hier. Utilisez autant de verbes réfléchis que possible dans votre description.

> **EXEMPLE**   Je me suis réveillé(e) à sept heures. Après ça...

C'est votre tour

Imaginez que vous êtes un des personnages d'un feuilleton romantique. Racontez votre histoire, décrivez la personne que vous aimez et répondez aux questions des autres étudiants. Indiquez, par exemple, où vous vous êtes rencontrés, ce qui s'est passé, etc.

Exploration 3

DONNER DES CONSEILS, DES SUGGESTIONS ET DES ORDRES

L'impératif des verbes réfléchis
Présentation

In the affirmative imperative, the reflexive pronoun follows the verb. In the negative imperative, it precedes the verb.

Dépêchez-**vous!**	Ne **vous** dépêchez pas!
Brossez-**vous** les dents!	Ne **vous** brossez pas les dents!

The reflexive pronoun **te** changes to **toi** in the affirmative imperative.

Léve-**toi!**	**Ne te** lève pas!
Amuse-**toi!**	Ne **t**'amuse pas!

Situation

C'est l'heure!

C'est l'heure de se lever, mais Stéphanie a encore sommeil...

MME CHEVRIER	Réveille-toi, Stéphanie!... Allez, vite, lève-toi, c'est l'heure!
STÉPHANIE	Laisse-moi dormir encore un peu... J'ai sommeil!
MME CHEVRIER	Stéphanie, voyons! Ne te recouche pas... ! Tu exagères!
STÉPHANIE	Bon, bon, ne te **fâche** pas! Je me lève...
MME CHEVRIER	Dépêche-toi de **faire ta toilette.**
STÉPHANIE	Je ne me sens pas bien.
MME CHEVRIER	**Ça suffit.** Arrête-toi et habille-toi vite.

Vocabulaire

se fâcher *to get angry;* **faire la toilette** *to get ready;* **ça suffit** *that's enough*

Avez-vous bien compris?

Indiquez...

1. Pourquoi Stéphanie ne veut pas se lever.
2. Pourquoi sa mère est impatiente.
3. Si Stéphanie réussit à persuader sa mère de la laisser dormir encore un peu.

Premiers pas

A. **Dans une colonie de vacances.** Gilbert est moniteur dans une colonie de vacances. Les enfants n'ont pas envie de se préparer. Qu'est-ce qu'il leur dit?

> EXEMPLES (à tout le monde) se réveiller
> **Réveillez-vous.**
> (à Julie)
> **Réveille-toi.**

1. (à tous les enfants) se lever
2. (à Jean-Marie) se dépêcher
3. (à Roger et à Philippe) se brosser les dents
4. (à Alain) se réveiller
5. (à Rémi) ne pas s'amuser
6. (à Éric) s'arrêter de parler
7. (à tous les enfants) s'habiller vite
8. (à tous les enfants) se dépêcher

B. **Comment vivre jusqu'à cent ans.** Josette Lebrun va bientôt avoir cent ans et elle donne sa recette de longévité. Quelles sont ses suggestions? (Notez que certains verbes ne sont pas réfléchis.)

> EXEMPLES   se coucher tôt
> **Couchez-vous tôt.**
> prendre le temps de s'amuser
> **Prenez le temps de vous amuser.**

1. se détendre un peu
2. faire une petite promenade chaque matin
3. s'amuser
4. boire un peu de vin, mais pas trop
5. ne pas avoir peur de dire ce que vous pensez
6. ne pas se dépêcher tout le temps
7. prendre la vie comme elle vient
8. s'intéresser à beaucoup de choses
9. ne pas s'occuper des affaires des autres
10. profiter de la vie

Communication et vie pratique

A. **Avez-vous de l'autorité?** Est-ce que vous aimez donner des ordres? Si oui, profitez de l'occasion et donnez des ordres aux autres étudiants. Utilisez autant de verbes réfléchis que possible. Les autres étudiants vont décider s'ils vont accepter ou refuser ces ordres.

> EXEMPLE   —**Lève-toi à cinq heures du matin.**
> —**Non, je refuse de me lever à cinq heures du matin.**
> *ou:*   —**Oui, c'est une bonne idée. Je vais me lever à cinq heures du matin.**

B. **Conseils.** Quelques étudiants vont imaginer qu'ils ont un problème de santé et ils vont l'expliquer au reste de la classe. Ce deuxième groupe d'étudiants va écouter avec sympathie et donner des conseils aux malades imaginaires.

> EXEMPLE   ***Problème:* Je ne me sens pas très bien. J'ai mal à la gorge et j'ai très sommeil.**
> ***Conseil:* Tu as peut-être la grippe. Couche-toi tôt ce soir et va chez le médecin demain matin.**

C'est votre tour

Imaginez que vous êtes moniteur ou monitrice dans une colonie de vacances. Vous êtes chargé(e) d'un groupe de garçons/filles (joués par d'autres étudiants de la classe). C'est l'heure du réveil, mais ils/elles n'ont pas envie de se lever. Imaginez la conversation.

Intégration et perspectives: La nouvelle culture, c'est la culture physique

Confessions d'un nouveau converti

J'ai résisté longtemps. Mais c'est fini, j'abandonne. Les **conseils** de mes amis, les messages qu'on peut voir sur les pages des magazines et sur les écrans de télévision, les livres dans les **vitrines** des librairies, mes voisins qui, chaque matin, font quinze fois le tour de notre **pâté** de maisons, tout cela **a fini par** me persuader.

J'ai donc décidé de devenir membre d'un club de gymnastique et d'être **parmi** les millions de Français qui veulent «se sentir bien dans leur peau». Mais quel club choisir? C'est là, la question.

CLUNY PHYSIC CLUB

7, place de la Liberté

CULTURE PHYSIQUE - MUSCULATION - AÉROBIC
PRÉPARATION SPORTIVE - ASSOUPLISSEMENT
MASSAGES - SAUNA - U.V.A. - YOGA

LE GYM LIGNE

Tarifs spéciaux étudiants et groupes
Essais gratuit sur R.V.

GYM RELAX • MUSCU • STRETCH • SAUNA
KARATE • AEROBIC • JAZZ • UVA
CUISSES-ABDOS • FESSIERS
Professeurs Diplomés d'Etat

2 adresses A ANGERS | 24, rue d'Alsace | Allée du Vercors (Tennis Express)

Club PHYSIC ENERGY

Sandrine et Alain
159 rue Anatole France
(entrée rue Pasteur)
01100 OYONNAX

MUSCULATION
AEROBIC
GYM COMPTEE
ASSOUPLISSEMENT
BODY-BUILDING
BRONZARIUM
SAUNAS

GYM - STRETCH - MUSCU - UVA

FORFAIT VACANCES

BRONZÉ
ET EN FORME

7, QUAI D'ILLE ET RANCE

SAKURA GYM

Me voilà **donc** parti à la conquête de mon corps. La route n'est pas facile. Je fais des exercices pour mes muscles pectoraux et des **abdominaux** pour mon **ventre**. Je soulève des poids pour développer mes biceps. Je fais du jogging pour mes **poumons**, mon **cœur** et mes artères. Je prends des vitamines, je bois de l'eau minérale et je mange de la cuisine diététique. Mon médecin m'assure que c'est bon pour ma santé, alors... je sue. Je sue donc je suis.[7]

(Inspiré d'un article de *l'Express*)

---

[7]A play on the famous words of Descartes: **Je pense donc je suis.**

Avez-vous bien compris?

Répondez aux questions suivantes selon les renseignements donnés dans le texte.

1. Est-ce que l'auteur a toujours fait de la culture physique?
2. Qu'est-ce qui l'a persuadé de changer son style de vie?
3. Qu'est-ce que ses voisins font chaque matin?
4. À quelle sorte de club est-ce qu'il appartient maintenant?
5. Selon l'auteur, est-ce que c'est facile de retrouver la forme?
6. Qu'est-ce qu'il fait pour être en forme et pour développer ses muscles?
7. Qu'est-ce que son médecin pense de tout ça?
8. Quel club de gymnastique allez-vous recommander à l'auteur du texte? Pourquoi?

Info-culture: Santé et forme

Est-ce vrai qu'en France la nouvelle culture, c'est la culture physique? C'est peut-être un peu exagéré mais ce qui est évident, c'est que les Français, traditionnellement assez peu sportifs et grands **amateurs** de bonne cuisine, s'intéressent **de plus en plus** à leur santé et à leur forme. Chaque année, de nouveaux clubs de gymnastique ouvrent leur porte et de nombreux livres, articles et émissions sur la santé, la forme, les **régimes** et la cuisine diététique et les produits **allégés** font leur apparition un peu partout. Les stations thermales, populaires depuis longtemps en France, continuent à attirer un grand nombre de gens qui viennent là pour **soigner** leur **foie**, leurs **reins**, leurs **bronches** ou leurs rhumatismes. Chaque jour, ils boivent l'eau de la source thermale, prennent des bains ou des douches d'eau ou de vapeur thermale et suivent un régime spécial. À cela, on ajoute maintenant tout un programme d'activités physiques et sportives.

Vocabulaire

amateur/trice (m, f) *lover;* **de plus en plus** *more and more;* **régime** (m) *diet;* **allégé** *"lite";* **soigner** *to take care of;* **foie** (m) *liver;* **rein** (m) *kidney;* **bronches** (f, pl) *bronchia*

Et vous?

Vous avez des amis français qui vont passer un an dans votre ville. Ils ont envie de faire partie d'un club de gym ou de participer aux activités sportives de votre université. Ils veulent savoir aussi s'il y a des magasins ou des restaurants où on peut trouver des produits naturels. Qu'est-ce que vous allez leur dire?

Communication et vie pratique

A. **Que faites-vous pour rester en forme?** Posez les questions suivantes à un(e) autre étudiant(e) pour voir ce qu'il/elle fait pour être en bonne santé et en bonne forme.

1. Est-ce que vous aimez faire de la culture physique?
2. Est-ce que vous êtes membre d'un club de gymnastique? Si oui, quel est le nom du club et quels sports est-ce que les membres du club peuvent pratiquer?
3. Quand vous faites de la gymnastique, quels exercices faites-vous?
4. Est-ce que vous faites de la danse aérobique? Si oui, combien de fois par semaine?
5. Est-ce que vous faites du jogging? Si oui, combien de fois par semaine?
6. Est-ce que vous faites de la musculation?
7. Est-ce que vous prenez des vitamines?
8. Est-ce que vous faites attention à ce que vous mangez?

B. **Club de gymnastique.** Quelques autres étudiants et vous avez décidé d'ouvrir votre propre club de gymnastique. Quel va être le nom de votre club et votre slogan publicitaire? Quelles vont être vos heures d'ouverture et les activités que vous allez proposer? Inspirez-vous des publicités dans la lecture, **Les confessions d'un nouveau converti.** Ensuite vos futurs clients vont vous téléphoner pour vous demander des renseignements.

C. **Activités de loisir.** Regardez d'abord à la page suivante la liste d'activités proposées par l'université d'Angers et faites votre choix. Ensuite essayez de trouver d'autres étudiants qui ont envie de participer aux mêmes activités.

D. **Bonnes résolutions.** Vous sentez-vous bien dans votre peau? Prenez cinq résolutions pour être sûr(e) de garder la forme—ou de la retrouver si vous l'avez perdue.

> EXEMPLE **Je vais me lever à six heures chaque matin pour faire du jogging.**

ACTIVITES HEBDOMADAIRES

Aérobic :
Lundi 12 h 30 – 13 h 30
Mercredi 17 h 30 – 18 h 30
Mercredi 20 h – 21 h

Athlétisme :
Mardi 13 h 30 – 16 h

Badminton :
Mardi 12 h – 13 h 30
Mercredi 18 h – 19 h 30
Mercredi 19 h 30 – 21 h

Basket-ball :
Lundi 17 h 30 –19 h
Lundi 21 h 15 – 22 h 30
Mercredi 19 h 30 – 21 h

Danse contemporaine :
Lundi   18 h 30 – 20 h
Mardi   11 h – 12 h 30
Mercredi 16 h – 17 h 30
                18 h 30 – 20 h
Jeudi   12 h – 13 h 30
                18 h – 19 h 30

Danses Folkloriques :
Jeudi 19 h 30 – 21 h

Foot Ball :
Mardi 20 h – 21 h 30

Footing :
10 h 30 – 11 h 30

Gym d'entretien :
Lundi   12 h – 13 h 30
                18 h – 19 h
Mercredi 18 h – 19 h 30
Vendredi 12 h – 13 h 30
Mercredi 12 h – 13 h 30

Gym sportive :
Lundi 17 h 30 – 19 h
Mardi 12 h – 13 h 30

Hand Ball : Lundi 19 h – 20 h 30
                      20 h – 21 h 15

Judo : Mercredi 14 h 30 – 16 h 30
              Vendredi 18 h – 20 h

Natation : Horaires en suspens

Plongée : mardi 20 h – 22 h
Nage avec palmes : mardi 21 h – 22 h

Rugby : Lundi 19 h – 21 h

Stretching : Lundi 17 h – 18 h 30

Taiji Quan : Mardi 12 h – 13 h 30

Musculation : Lundi 12 h –13 h 30
                        Mardi 18 h – 19 h 30
                        Jeudi 18 h – 19 h 30

Tennis de table : Lundi 20 h 30 –21h 30
                              21 h 30 – 22 h 30

Tennis : débutant
Lundi 12 h – 13 h 30
Jeudi 16 h 15 – 17 h 15

Perf 1
Lundi 19 h – 20 h
Mercredi 12 h – 13 h 30
Jeudi 17 h 15 – 18 h 15
Vendredi 17 h 30 – 18 h 30

Perf 2
Mardi 16 h 30 – 17 h 30
          17 h 30 – 18 h 30
Mercredi 17 h – 18 h
Vendredi 19 h 30 – 20 h 30

Entrainement
Mardi 18 h 30 – 19 h 30
Jeudi 12 h – 13 h 30
Vendredi 12 h – 13 h 30
Vendredi 18 h 30 – 19 h 30

Volley ball : Mardi 12 h –13 h 30
                        19 h 30 – 21 h
                  Mercredi 18 h–19 h 30

Karaté : Mercredi 19 h 30 – 21 h
                  Lundi 20 h – 21 h

Yoga : Mardi 18 h – 19 h
                  19 h – 20 h
          Jeudi 12 h – 13 h 30

🎧 Invitation à écouter

Chez le médecin. Écoutez la conversation entre Monsieur Leclerc et le médecin. Ensuite répondez aux questions suivantes.

Visite chez le médecin
_____

Symptômes:

_____

Diagnostic:

_____

Remèdes:

_____

Vocabulaire

Le corps humain (voir p. 280)
La santé (voir p. 281)
Le sport (voir p. 282)
Les verbes réfléchis (voir pp. 286–287)

Noms

l'amour (m)......*love*
l'artère (f)......*artery*
le biceps......*biceps muscle*
le club......*club*
le cœur......*heart*
la conférence......*lecture*
la conquête......*conquest*
le conseil......*advice*
le coup de foudre......*love at first sight*
le magazine......*magazine*
le pectoral......*pectoral muscle*
le poids......*weight*
le poumon......*lung*
le ventre......*abdomen, stomach*
la vitamine......*vitamin*
la vitrine......*display window*

Verbes

assurer......*to assure, ensure*
casser......*to break*
développer......*to develop*
dormir......*to sleep*
exagérer......*to exaggerate*
se fâcher......*to become angry*
faire la toilette......*to wash and get ready*
finir par......*to end up*
persuader......*to persuade*
résister......*to resist*
suer......*to perspire, sweat*

Divers

comme des fous......*like crazy (people)*
diététique......*dietetic*
donc......*therefore*
parmi......*among*

CHAPITRE 12

Des goûts et des couleurs

Dans ce chapitre vous allez apprendre à…

Décrire vos vêtements

1. *Parler d'une personne déjà mentionnée*
2. *Nier ou refuser*
3. *Faire des comparaisons*

Vocabulaire et structures

Mise en train: L'apparence et l'habillement
Les compléments d'objet indirect

La négation
Le comparatif et le superlatif

Mise en train: L'apparence et l'habillement

Les vêtements et les chaussures

Qu'est-ce que vous allez **mettre**[1] aujourd'hui?
Je vais **porter** (*wear*)...

[1]**Mettre** (*to put, to put on*) is an irregular verb. Its present tense forms are: **je mets, tu mets, il/elle met, nous mettons, vous mettez, ils/elles mettent.** Passé composé: **j'ai mis;** Subjunctive: **Il faut que je mette,** etc. **Permettre** (*to permit*), **promettre** (*to promise*), and **remettre** (*to hand in, postpone*) are conjugated like **mettre.**

Les commentaires et les compliments

Est-ce que ça me va bien? (*Does this look good on me?*)

Ça vous (te) va bien.

Cette couleur (ce style) vous (te) va bien.

C'est trop grand/petit.

C'est trop long/court (*short*).

C'est très à la mode (*in fashion*).

C'est très chic.

C'est très élégant.

Les mesures

Pour les vêtements: la taille

«Quelle est votre taille?»

«Je fais du 38.»

Pour les chaussures: la pointure

«Quelle est votre pointure?»

«Je fais du 45.»

Le portrait: Comment êtes-vous?

Etes-vous grand(e) ou petit(e)?

Avez-vous les cheveux bruns (*dark*)/châtains (*brown*)/roux (*red*)/blonds/gris?

Avez-vous les cheveux longs ou courts?

Avez-vous les yeux bleus/verts/gris/bruns?

Avez-vous une barbe (*beard*) ou une moustache?

Portez-vous des lunettes ou des verres de contact?

Les couleurs: Quelles sont vos couleurs préférées?

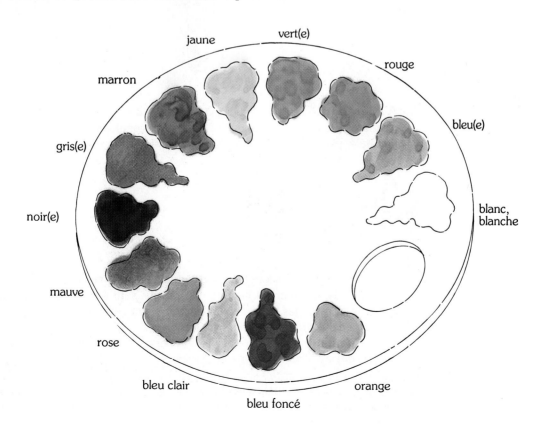

Communication et vie pratique

A. **Que portez-vous?** Décrivez les vêtements que vous portez dans les circonstances suivantes.

1. pour venir à l'université
2. pour rester chez vous pendant le week-end
3. pour faire du sport
4. pour aller dîner dans un restaurant élégant
5. pour aller à la plage

B. **Description.** Vous avez remarqué un individu suspect dans votre quartier. Vous remplissez une fiche de police pour donner sa description. Ensuite un agent, joué par un(e) autre étudiant(e), va vous poser des questions.

C. **À l'aéroport.** Vous allez étudier à Angers et votre famille d'accueil va vous attendre à la gare. Vous leur donnez votre signalement: taille, apparence générale, vêtements que vous allez porter, signes particuliers, etc.

▌ Info-culture: La mode

La France est depuis longtemps la capitale de la haute couture et les noms des grands couturiers et couturières français sont connus partout dans le monde. Courrèges, Chanel, Givenchy, Saint-Laurent, Cardin évoquent l'image de vêtements élégants et chers.

Cependant, quand on analyse le budget des Français, on **remarque** qu'ils **dépensent** de moins en moins pour l'habillement. Il semble que maintenant les Français se préoccupent moins des vêtements qu'ils portent, excepté dans les situations professionnelles où il faut faire bonne impression. La tendance générale est de **rechercher** le confort et l'apparence «relax».

Depuis les années 60, les blue-jeans, les tee-shirts et les sweat-shirts (beaucoup portent le nom d'une université américaine) **font partie** de la **garde-robe** des jeunes Français. Le blue-jean et le tee-shirt sont des vêtements démocratiques: ils **cachent** les différences sociales **tandis que** la haute couture les met en évidence.

Vocabulaire

cependant *however;* **remarquer** *to notice;* **dépenser** *to spend;* **re-chercher** *to seek, look for;* **faire partie** *to be a part of;* **garde-robe** (f) *wardrobe;* **cacher** *to hide, cover up;* **tandis que** *while, whereas*

Et vous?

Un employé du Printemps aide des clients américains à trouver leur taille ou leur pointure. Jouez les différents rôles. Les clients vont décider ce qu'ils cherchent et indiquer quelle est leur pointure ou leur taille selon le système américain. Les employés vont utiliser la table des comparaisons pour leur donner les conversions nécessaires.

EXEMPLE —**Je voudrais acheter des chaussures, mais je ne sais pas quelle est ma pointure.**
—Quelle est votre pointure aux Etats-Unis?
—**Je fais du 6½.**
—**Alors, ici ça correspond au 37½.**

Table de comparaison de tailles							
FEMMES							
Robes, manteaux et jupes							
Petites tailles							
USA		5	7	9	11	13	15
France		34	36	38	40	42	44
Tailles normales							
USA	6	8	10	12	14	16	18
France	36	38	40	42	44	46	48
Chaussures							
USA	5½ 6	6½	7	7½	8	8½	9
France	36½ 37	37½	38	38½	39	39½	40
HOMMES							
Complets							
USA		34	36	38	40	42	44
France		44	46	48	50	52	54
Chemises							
USA		14½	15	15½	16	16½	17
France		37	38	39	41	42	43
Chaussures							
USA		8	9	10	11	12	13
France		41	42	43	44½	46	47

Exploration 1

PARLER D'UNE PERSONNE DÉJÀ MENTIONNÉE

Les compléments d'objet indirect
Présentation

The object of a verb can be direct:

Nous avons vendu **notre voiture.**

or indirect (usually introduced by the preposition **à**):

Nous avons vendu notre voiture **à M. Girard.**

The following indirect object pronouns can replace **à** + A NOUN:

Les pronoms compléments d'objet indirect	
Il **me** parle.	Il **nous** parle.
Il **te** parle.	Il **vous** parle.
Il **lui** parle.	Il **leur** parle.

Note that only the third-person indirect object pronouns differ from direct object pronouns. **Lui** means either *to him* or *to her;* **leur** means *to them.*

A. Indirect object pronouns, like direct object pronouns, are placed directly before the verb of which they are the object.

Présent	Passé composé	Infinitif
Il **te** téléphone.	Il **t**'a téléphoné.	Il va **te** téléphoner.
Il ne **te** répond pas.	Il ne **t**'a pas répondu.	Il ne va pas **te** répondre.
Est-ce qu'ils **te** permettent de sortir?	Est-ce qu'ils **t**'ont permis de sortir?	Est-ce qu'ils vont **te** permettre de sortir?

B. In affirmative commands, the indirect object pronoun follows the verb, and **moi** and **toi** replace **me** and **te.** In negative commands, the indirect object pronoun remains in its usual place before the verb, and its form does not change.

Affirmatif	Négatif
Répondez-**lui.**	Ne **lui** répondez pas.
Apportez-**moi** votre livre.	Ne **m**'apportez pas votre livre.
Expliquez-**lui** la situation.	Ne **lui** expliquez pas la situation.
Donnez-**leur** un cadeau.	Ne **leur** donnez pas de cadeau.

Situation

Noël approche

*Madame et Monsieur Humbert **se demandent** ce qu'ils vont acheter comme cadeaux de Noël pour leurs enfants.*

M. HUMBERT   Si tu veux, on peut leur acheter des vêtements...
MME HUMBERT   Ce n'est pas une mauvaise idée. Henri grandit si vite. Les vêtements que je lui ai achetés l'hiver dernier ne lui vont plus...
M. HUMBERT   Alors, achète-lui un **anorak**. Et pour Annette, tu as une idée?
MME HUMBERT   Je lui ai promis de lui acheter une guitare.
M. HUMBERT   Et à toi? Qu'est-ce que je vais te donner?
MME HUMBERT   Si tu veux me faire plaisir, achète-moi un caméscope.

Vocabulaire

se demander *to wonder;* **anorak** (m) *ski jacket*

Avez-vous bien compris?

Répondez aux questions suivantes.

1. Pourquoi est-ce que c'est une bonne idée d'acheter des vêtements pour Henri?
2. Et à leur fille, qu'est-ce qu'ils vont lui acheter?
3. Qu'est-ce que Mme Humbert veut pour Noël?

Premiers pas

A. Générosité. Robert a acheté des cadeaux pour sa famille et ses amis. Qu'est-ce qu'il leur a donné?

> **EXEMPLE**   à ses parents / un magnétoscope
> **Il leur a donné un magnétoscope.**

1. à ses petits frères / des jouets
2. à son père / une cravate
3. à ses grands-parents / une boîte de chocolats
4. à sa sœur / une jupe
5. à sa mère / une robe
6. à ses amis / des disques compacts

B. Promesses. Qu'est-ce que Charlotte a promis à différentes personnes?

> **EXEMPLE**   à sa mère? (écrire plus souvent)
> **Elle lui a promis d'écrire plus souvent.**

1. à son ami? (aller au cinéma avec lui)
2. à ses professeurs? (faire ses devoirs)
3. à nous? (arriver à l'heure)
4. à ses camarades de chambre? (ranger ses affaires)
5. à son frère? (être plus patiente)
6. à son père? (lui téléphoner)
7. à moi? (sortir ensemble ce week-end)

C. Messages. Ce soir Laurent est sorti avec ses amis. Quand il rentre, il demande à Renaud, son camarade de chambre, si différentes personnes ont téléphoné ou laissé un message pour lui.

> **EXEMPLE**   Est-ce que quelqu'un m'a téléphoné?
> (oui, plusieurs personnes)
> **Oui, plusieurs personnes t'ont téléphoné.**

1. Est-ce que Muriel m'a téléphoné? (non)
2. Et Sonia, est-ce qu'elle m'a téléphoné? (oui)
3. Est-ce qu'elle m'a laissé un message? (non)
4. Est-ce qu'elle t'a posé des questions à mon sujet? (oui)
5. Et-ce que tu lui as dit que je sors avec Muriel? (non)
6. Est-ce qu'elle t'a parlé de sa famille? (oui)
7. Est-ce qu'elle va rendre visite à ses parents le week-end prochain? (oui)
8. Est-ce qu'elle va leur dire que nous ne sortons plus ensemble? (non)

D. J'ai changé d'avis. Il y a des gens qui changent d'avis comme ils changent de chemise. Jean-Luc est une de ces personnes. Une minute, c'est «oui», l'autre c'est «non». Qu'est-ce qu'il dit?

> **EXEMPLE**   Explique-lui ta situation.
> **Ne lui explique pas ta situation.**

1. Téléphone-nous ce soir.
2. Parle-moi de tes voyages.
3. Montre-leur tes revues.
4. Donnez-moi votre opinion.
5. Demandez-lui son adresse.
6. Répondez-moi.

Communication et vie pratique

A. Compliments. Vous faites des courses avec vos amis qui vous demandent si les vêtements qu'ils essaient leur vont bien. Qu'est-ce que vous allez leur dire?

> **EXEMPLE**   (ce tee-shirt)
> **Est-ce que ce tee-shirt me va bien?**
> **Non, ça ne te va pas très bien.**
> **C'est trop petit.**

1.   2.   3.   4.   5.   6.

B. J'ai une autre suggestion. Un(e) ami(e) vous a fait les propositions suivantes. Allez-vous accepter ou suggérer quelque chose d'autre?

> EXEMPLE Est-ce que je peux te parler de mon travail?
> **Oui, parle-moi de ton travail.**
> *ou:* **Non, ne me parle pas de ton travail. Parle-moi de tes voyages.**

1. Est-ce que je peux te téléphoner ce soir?
2. Est-ce que je peux te montrer mes photos de voyage?
3. Est-ce que je peux te donner mon numéro de téléphone?
4. Est-ce que je peux t'apporter un sandwich?
5. Est-ce que je peux te rendre visite pendant l'été?
6. Est-ce que je peux t'acheter des fleurs?

C. Vous êtes le professeur. Imaginez que vous êtes le professeur. Qu'est-ce que vous allez permettre ou ne pas permettre à vos étudiants de faire? Par exemple, est-ce que vous allez leur permettre de dormir en classe? De ne pas remettre leurs devoirs? D'être souvent en retard?

C'est votre tour

Discutez avec un(e) ami(e) ce que vous allez offrir comme cadeau de Noël ou comme cadeau d'anniversaire à différentes personnes. Commencez par faire une liste des différentes personnes à qui vous voulez donner quelque chose, et une liste de cadeaux possibles. Ensuite, expliquez ces choix à votre ami(e) et demandez-lui ce qu'il (elle) pense de vos choix et s'il (si elle) a d'autres suggestions à vous faire.

Exploration 2

NIER OU REFUSER

La négation
Présentation

In addition to **ne... pas** and **ne... jamais,** there are other ways to express negative meanings.

A. Ne... plus (*no longer, no more*) and **ne... pas du tout** (*not at all*) function in the same way as **ne... pas.**

Nous **n**'avons **plus** d'argent.
Cette couleur **ne** me va **pas du tout.**

B. Personne (*no one*) and **rien** (*nothing*) used with **ne** can be either subjects or objects of the verb and are sometimes objects of prepositions.

Est-ce qu'il y a quelqu'un au bureau?	Il **n**'y a **personne** au bureau.
Est-ce que tu as parlé à Jean?	Je **n**'ai parlé à **personne.**
Est-ce que vous faites quelque chose ce soir?	Nous **ne** faisons **rien.**
Est-ce que tu te souviens de ça?	Je **ne** me souviens de **rien.**

When **rien** and **personne** are subjects, both come at the beginning of the sentence.

Rien n'est simple.
Personne n'est venu.

Notice the word order when **rien** and **personne** are direct objects and used with the **passé composé: Rien** comes before the past participle; **personne** comes after it.

Je **ne** vois **rien.**	Je **n**'ai **rien** vu.
Je **ne** vois **personne.**	Je **n**'ai vu **personne.**

C. **Rien** and **personne** (as well as **quelqu'un** and **quelque chose**) are often used with adjectives. Note that the adjective is always masculine singular and is preceded by **de.**

Est-ce qu'il y a **quelque chose de bon** au menu?
Non, il **n**'y a **rien de bon** au menu.
Est-ce que tu as fait **quelque chose de spécial** hier?
Non, je **n**'ai **rien** fait **de spécial.**

D. In response to a question, **jamais, personne,** and **rien** can be used alone.

Quand vas-tu prendre une décision? **Jamais!**
Qui a téléphoné? **Personne.**
Qu'est-ce qui est arrivé? **Rien! Absolument rien!**

E. **Aussi** is used to agree with a positive statement; **non plus** is used to agree with a negative statement.

Christine s'habille très bien. Nathalie **aussi.**
Ils ne portent jamais de cravate. Nous **non plus.**

Situation

Dans une boutique de mode.

*Régine a été invitée à une **soirée,** mais elle n'a rien à porter. Elle va dans une boutique de mode pour voir si elle peut trouver quelque chose.*

RÉGINE	J'aime bien ce style, mais la couleur ne me va pas du tout. Est-ce que vous avez quelque chose d'autre?
LA VENDEUSE	Non, nous n'avons rien d'autre.
RÉGINE	Vous n'avez pas beaucoup de choix...
LA VENDEUSE	Vous savez, c'est la fin de la saison. Il ne reste pas grand-chose.
RÉGINE	Et les nouvelles collections, elle ne sont pas encore arrivées.
LA VENDEUSE	Non, nous ne les avons pas encore reçues.[2]
RÉGINE	C'est dommage.

Vocabulaire

soirée (f) *party (evening)*

---

[2]**Recevoir** is an irregular verb. Its present tense forms are: **je reçois, tu reçois, il/elle reçoit, nous recevons, vous recevez, ils/elles reçoivent.** Passé composé: **j'ai reçu,** etc.

Avez-vous bien compris?

Quelle est l'opinion de Régine sur les sujets suivants?

1. le style de la robe qu'elle veut acheter
2. la couleur de cette robe
3. le choix qu'il y a dans le magasin
4. les nouvelles collections

Premiers pas

A. Que la vie est cruelle! Jean se sent abandonné et négligé par ses amis. Retrouvez les réponses négatives que Jean a données aux questions de ses amis.

> EXEMPLE   Est-ce que tes amis viennent souvent te voir? (**non… jamais**)
> **Non, ils ne viennent jamais me voir.**

1. Est-ce qu'ils te téléphonent souvent? (**non… personne**)
2. Est-ce qu'ils te donnent des cadeaux pour ton anniversaire? (**non… rien**)
3. Est-ce qu'ils t'invitent à sortir? (**non… personne**)
4. Est-ce qu'ils s'intéressent à toi? (**non… pas du tout**)
5. Est-ce que tu vois encore Stéphanie de temps en temps? (**non… plus**)
6. Est-ce que tu joues quelquefois au tennis avec Paul? (**non… jamais**)
7. Est-ce que tu as quelque chose d'intéressant à faire ce week-end? (**non… rien**)
8. Est-ce que tu sors toujours avec Suzanne? (**non… plus**)

B. Mais non, ne t'inquiète pas. Bernadette est inquiète au sujet de son ami Christian et de sa famille. Marianne la rassure.

> EXEMPLE   Tout le monde dans sa famille est malade.
> **Mais non, personne n'est malade.**

1. Christian a toujours l'air triste.
2. Tout le monde est inquiet à son sujet.
3. Il a encore des problèmes avec son patron.
4. Sa femme est encore à l'hôpital.
5. Quelque chose est arrivé à sa mère.
6. Ses enfants sont toujours malades.

Communication et vie pratique

A. Rien ne va plus. Imaginez qu'aujourd'hui est un de ces jours où tout va mal. Indiquez d'abord ce que vous avez à dire au sujet de votre propre situation. Ensuite, mettez-vous à la place des personnes suivantes et imaginez ce qu'elles peuvent dire.

> EXEMPLES   vous-même
> **Personne ne s'est souvenu de mon anniversaire.**
> **Je n'ai rien fait d'intéressant pendant le week-end.**

1. vous-même
2. votre professeur de français
3. les étudiants de votre classe
4. les parents d'un enfant qui n'est pas sage
5. ?

B. J'en ai marre! En ce moment, tout va mal dans votre vie et vos amis semblent être dans la même situation. Ils vous racontent leurs malheurs et vous leur expliquez votre propre situation. Voici quelques suggestions pour commencer.

> **EXEMPLE** Vous n'aimez pas les plats qu'on sert dans les restaurants de votre université.
> **On ne sert jamais rien de bon ici, etc.**

1. Vous n'êtes pas content(e) de la région où vous passez vos vacances.
2. Vous essayez de préparer un bon dîner, mais c'est un vrai fiasco.
3. Vous allez dîner dans un restaurant mais vous n'aimez pas ce qu'il y a au menu et la cuisine laisse beaucoup à désirer.
4. Vous désirez acheter des vêtements, mais c'est la fin de la saison et il ne reste presque rien.
5. Vous partagez un appartement avec une autre personne, mais vous avez des habitudes et des goûts très différents.

C'est votre tour

Imaginez que vous êtes dans une boutique de mode. Expliquez au vendeur ou à la vendeuse (joués par d'autres étudiants) ce que vous cherchez (pour vous ou pour une autre personne). Répondez aux questions et aux suggestions du vendeur ou de la vendeuse et donnez votre opinion sur les différents vêtements qu'on vous propose.

Exploration 3

FAIRE DES COMPARAISONS

Le comparatif et le superlatif
Présentation

Comparative constructions are used to compare two things, individuals, or actions. In English, comparatives are formed by adding the suffix *er* (*faster, longer*) or by using the adverbs *more, less,* or *as* (*more quickly, less intelligent, as big*).

A. In French, comparisons of adjectives or adverbs can take three forms:

aussi... que	*as . . . as*	Il est **aussi** grand **que** sa sœur.
		Il marche **aussi** vite **que** sa sœur.
plus... que	*more (er) . . . than*	Il est **plus** grand **que** son frère.
		Il marche **plus** vite **que** son frère.
moins... que	*less (er) . . . than*	Il est **moins** grand **que** son père.
		Il marche **moins** vite **que** son père.

B. The following expressions of quantity are combined with **que** to compare amounts of things.

autant de + NOUN + **que**   *as much (many)* + NOUN + *as*

Tu as **autant d'**argent **que** Jean.

plus de + NOUN + **que**   *more* + NOUN + *than*

Tu as **plus d'**argent **que** Suzanne.

moins de + NOUN + **que**   *less* + NOUN + *than*

Tu as **moins d'**argent **que** Mireille.

C. Bon has an irregular comparative form, which is equivalent to *better* in English.

Le comparatif de *bon*		
	Singulier	*Pluriel*
Masculin	meilleur	meilleurs
Féminin	meilleure	meilleures

Cette boutique est **meilleure** que l'autre.
Les prix sont **meilleurs** ici.

D. The adverb **bien** also has an irregular form, **mieux,** which means *better.*

Est-ce vrai que les Français s'habillent **mieux** que les Américains?
Ça va **de mieux en mieux!**

E. The superlative is used to express the ideas of *the most, the least, the best.* In English, *est* communicates the superlative (*greatest, fastest*). In French, the superlative of adjectives is formed by simply adding the definite article to the comparative form. Note that **de** follows the superlative in French, whereas in English *in* is used.

C'est la ville **la plus** intéressante **de** la région.	*It's the most interesting city in the region.*
C'est **le meilleur** magasin **du** quartier.	*It's the best store in the neighborhood.*

To form the superlative of adverbs, the definite article used is always **le** because adverbs do not have number or gender.

C'est la robe que j'aime **le moins.**
Voici les vêtements que je porte **le plus souvent.**

Situation

Dans un magasin de vêtements
Vincent a décidé d'acheter une nouvelle veste. Il a déjà essayé plusieurs modèles.

VINCENT	Quelle veste est-ce que vous aimez le mieux?
LE VENDEUR	La première. À mon avis, c'est la plus jolie, et elle vous va beaucoup mieux que les autres.

VINCENT	Oui, mais c'est aussi la plus chère.
LE VENDEUR	C'est vrai, elle coûte un peu plus cher. Mais la qualité est meilleure.
VINCENT	Oui, mais le style ne me **plaît** pas! Je voudrais quelque chose de moins classique et de plus à la mode.
LE VENDEUR	Voici un de nos modèles les plus récents. Voulez-vous l'essayer?
VINCENT	Oui, j'aime **nettement** mieux ça.

Vocabulaire

plaire *to please;* **nettement** *clearly*

Avez-vous bien compris?

Indiquez...

1. Quelle veste Vincent préfère et pourquoi.
2. Quelle veste le vendeur préfère et pourquoi.

Premiers pas

A. Paris et la province. Madame Chanet, une Marseillaise qui vient de faire un séjour dans la capitale, a décidé qu'elle préfère la vie en province. Comment compare-t-elle les deux?

> **EXEMPLE** les gens / moins heureux
> **Les gens sont moins heureux que chez nous.**

1. la vie / moins agréable
2. les prix / plus élevés
3. les vêtements / aussi chers
4. les restaurants / moins bons
5. les gens / plus froids
6. les magasins / moins intéressants
7. le climat / beaucoup plus froid
8. les maisons / moins jolies

B. Le nouveau prof. Véronique est assez contente de Mademoiselle Villiers, son nouveau professeur d'anglais, surtout par rapport à ses autres professeurs.

> **EXEMPLE** Elle est dynamique.
> **Elle est plus dynamique que les autres professeurs.**
> Elle explique bien.
> **Elle explique mieux que les autres professeurs.**

1. Elle est gentille.
2. Elle est facile à comprendre.
3. Elle est sympathique.
4. Elle est amusante.
5. Elle est intéressante.
6. Elle comprend bien les jeunes.
7. Elle enseigne bien.
8. Elle s'entend bien avec ses étudiants.

Gérard est encore plus impressionné par Mademoiselle Villiers et il pense que c'est le meilleur prof de l'école. Qu'est-ce qu'il dit?

> **EXEMPLE** Elle est dynamique.
> **C'est elle qui est la plus dynamique.**
> Elle explique bien.
> **C'est elle qui explique le mieux.**

C. Paris. Monsieur Lefort pense que Paris est la plus belle ville du monde. Qu'est-ce qu'il dit?

> **EXEMPLE** des gens intéressants
> **C'est à Paris qu'on trouve les gens les plus intéressants.**
> on s'amuse bien
> **C'est à Paris qu'on s'amuse le mieux.**

1. de bons restaurants
2. de beaux quartiers
3. de jolis parcs
4. de bons théâtres
5. de bonnes écoles
6. des monuments célèbres
7. des musées intéressants
8. on s'habille bien
9. on mange bien
10. on s'amuse bien

Communication et vie pratique

A. Petite conversation. Répondez aux questions suivantes ou posez-les à un(e) autre étudiant(e).

1. Est-ce que tu as l'impression que le français est plus facile ou plus difficile que l'anglais?
2. Est-ce que ton cours de français est plus facile ou plus difficile que tes autres cours?
3. Pour toi, est-ce que les maths sont plus faciles que les langues?
4. Est-ce que tu as autant de travail maintenant qu'à la fin du trimestre? Est-ce que tu as plus de temps libre ou moins de temps libre ce trimestre?
5. Est-ce que tes cours à l'université sont plus faciles ou plus difficiles que tes cours au lycée?
6. Est-ce qu'il y a autant d'étudiants dans ta classe de français que dans tes autres classes?
7. En comparaison avec le trimestre passé, comment sont tes classes? Est-ce qu'elles sont plus intéressantes ou moins intéressantes? Plus difficiles ou moins difficiles?
8. Et toi, est-ce que tu comprends mieux ou moins bien? Est-ce que tu passes plus de temps ou moins de temps à étudier? Est-ce que tu es plus satisfait(e) ou moins satisfait(e) de ton travail?

B. **Comparaisons.** Utilisez les expressions ou les adjectifs suggérés pour exprimer votre opinion sur les sujets suivants. Notez les différentes possibilités dans l'exemple suivant.

> EXEMPLE l'avion ↔ le train
> rapide / dangereux / confortable / pratique / cher /
> aller vite / coûter cher / ?
> **Le train est moins rapide que l'avion.**
> *ou:* **Le train n'est pas aussi dangereux que l'avion.**
> *ou:* **Le train coûte moins cher que l'avion.**

1. la cuisine américaine ↔ la cuisine française
   variée / bonne / mauvaise / simple / de bonne qualité / ?
2. les Américains ↔ les Européens
   accueillants / conformistes / grands / naïfs / optimistes / s'habiller
    bien / ?
3. les voitures étrangères ↔ les voitures américaines
   économiques / chères / confortables / pratiques / de bonne qualité /
    rapides / coûter cher / marcher bien / ?
4. les hommes ↔ les femmes
   courageux (courageuses) / capables / sportifs (sportives) / ambitieux
    (ambitieuses) / indépendant(e)s / intelligent(e)s / ?

C. **À votre avis.** Utilisez les suggestions suivantes pour formuler des questions que vous allez poser à un(e) autre étudiant(e). L'autre étudiant(e) va répondre à vos questions.

> EXEMPLE la plus belle région des États-Unis
> **À votre avis, quelle est la plus belle région des
> États-Unis?**
> **À mon avis, le Sud-Ouest est la plus belle région
> des États-Unis.**

1. le meilleur chanteur ou la meilleure chanteuse
2. le meilleur acteur ou la meilleure actrice
3. la plus belle ville des États-Unis
4. le meilleur restaurant de la ville
5. le plus mauvais restaurant de la ville
6. le cours le plus difficile
7. le cours le plus facile
8. le film le plus amusant
9. le plus beau pays du monde
10. ?

C'est votre tour

Vous allez dans un magasin pour acheter un complet ou une robe (ou un autre vêtement de votre choix) mais vous avez un peu de difficulté à trouver ce que vous voulez. Vous essayez plusieurs modèles et vous comparez le prix, la qualité, la couleur, etc. Le vendeur ou la vendeuse—joué(e) par un(e) autre étudiant(e)— essaie de vous aider.

Intégration et perspectives: L'ABC des bonnes manières— Ce qu'il faut faire et ne pas faire

En général, on peut dire que la **politesse** et les bonnes manières sont basées sur le respect des autres. **Cependant**, ce qui constitue les bonnes manières peut varier d'un pays à l'autre. Il est donc bon de savoir ce qu'on doit faire ou ne pas faire pour **éviter** les **malentendus** et les **faux-pas**. Voici quelques conseils pour les étudiants qui se préparent à visiter un pays francophone européen.

À table

Tenez-vous bien à table. Ne parlez pas la bouche pleine. Ne posez pas les coudes sur la table, ni les pieds sur la chaise de votre voisin—**sauf**, peut-être, si vous êtes en famille ou entre jeunes. N'oubliez pas qu'en France, il faut garder les deux mains sur la table pendant le repas. Ne gardez pas la main gauche sous la table comme vous avez l'habitude de le faire aux États-Unis. Ça risque d'amuser vos amis français.

Aux États-Unis, vous devez reprendre votre **fourchette** dans votre main droite chaque fois que vous avez fini de couper un petit morceau de viande. En France, **ça ne se fait pas**. Gardez votre fourchette dans la main gauche.

Ne vous servez[3] pas avant d'être invité à le faire. Quand l'hôte ou l'hôtesse vous demande de vous servir une deuxième fois, répondez: «Oui, avec plaisir» si vous avez envie de reprendre un peu de ce qui vous est proposé. Mais attention, «merci» veut dire «Non, merci, je n'ai plus faim.» Et **surtout**, ne dites jamais «Je suis plein.» C'est très vulgaire en français.

Quand vous êtes invité à dîner, il est toujours poli—et gentil—d'**apporter** quelques fleurs, des **bonbons** ou un petit cadeau. Si vous apportez des fleurs, n'apportez jamais de chrysanthèmes. Ils sont associés avec l'idée de mort et de **deuil**. N'arrivez jamais en avance. En fait, il est bon d'arriver quelques minutes en retard pour laisser à vos hôtes le temps de s'occuper des préparatifs de dernière minute.

---

[3]**Servir** is conjugated like **partir** and **sortir: je sers, tu sers, il/elle/on sert, nous servons, vous servez, ils/elles servent.** Passé composé: **j'ai servi**, etc.

Rencontres et visites

Ne soyez pas choqué. Les Français, même les hommes quelquefois, s'embrassent sur les joues quand ils rencontrent des parents ou des amis. **Par contre**, c'est vous qui allez les choquer si vous les embrassez sur la bouche! Ça ne se fait pas, même entre parents et enfants. C'est réservé aux **amoureux**. Les Français **se serrent** aussi très souvent la main. On se serre la main chaque fois qu'on se rencontre et qu'on se quitte, excepté, bien sûr, si on travaille dans le même endroit ou si on se rencontre plusieurs fois par jour.

Ne **tutoyez** pas tout le monde! On se tutoie entre amis et en famille. Se tutoyer est une marque d'affection, d'amitié ou de camaraderie. Il vaut donc mieux attendre qu'on vous le demande, excepté quand vous êtes avec des étudiants de votre âge.

Un conseil général: quand vous n'êtes pas sûr de ce que vous devez faire, observez d'abord les gens autour de vous et laissez-les prendre l'initiative!

Vocabulaire

politesse (f) *politeness;* **cependant** *however;* **éviter** *to avoid;* **malentendu** (m) *misunderstanding;* **faux pas** (m) *mistake;* **tenez-vous** *sit straight;* **sauf** *except;* **ça ne se fait pas** *that isn't done;* **surtout** *especially;* **apporter** *to bring;* **bonbons** (m, pl) *candy;* **deuil** (m) *mourning, grief;* **par contre** *on the other hand;* **amoureux** (m, pl) *lovers;* **se serrer la main** *to shake hands;* **tutoyer** *to use the* **tu** *form with someone*

Avez-vous bien compris?

Les Johnson, une famille américaine, rendent visite à des Français. Indiquez si, en France, les actions suivantes sont considérées comme de bonnes manières ou non. Expliquez pourquoi.

1. Les Johnson sont invités chez les Grandjean. Ils arrivent dix minutes avant l'heure indiquée parce qu'ils ne veulent pas faire attendre leurs hôtes.
2. Ils se sont arrêtés chez un fleuriste et ils ont acheté de beaux chrysanthèmes pour les Grandjean.
3. Mme Johnson veut montrer ses bonnes manières et elle fait très attention à repasser sa fourchette dans sa main droite chaque fois qu'elle se prépare à porter à sa bouche le morceau de viande qu'elle vient de couper.
4. La conversation tourne à la politique et la discussion devient très animée. M. Johnson commence à tutoyer son voisin de table, le beau-père de M. Grandjean.
5. Mme Grandjean remarque que Mme Johnson garde sa main gauche sous la table. Elle est inquiète et elle se demande si Mme Johnson a mal au bras.
6. Mme Grandjean demande à M. Johnson s'il veut reprendre un peu de dessert. M. Johnson a beaucoup mangé et il n'a plus faim. Il répond: «Non, merci, Madame, votre tarte est délicieuse, mais je suis plein.»
7. Le fils des Johnson ne veut pas faire de faux-pas. Il observe les gens autour de lui. Il remarque que le fils des Grandjean tutoie un monsieur d'une cinquantaine d'années qu'il appelle «tonton Pierre». Il décide qu'il peut faire la même chose et qu'on vouvoie seulement les personnes âgées.

▌ **Info-culture:**
Les gestes parlent

Toutes les cultures ont leurs gestes caractéristiques qui sont souvent plus expresssifs et éloquents que des mots. Ces gestes permettent quelquefois de communiquer sans parler. Les Français, en particulier, ont la réputation de faire beaucoup de gestes.

   Pouvez-vous interpréter les gestes suivants? Sinon, consultez les réponses.

1.
a. Cette conférence n'est pas très intéressante.
b. Je suis perplexe.
c. Où est mon rasoir électrique?

2.
a. Tu as l'air fatigué.
b. Veux-tu sortir avec moi?
c. Mon œil! Tu exagères; je ne te crois pas.

3.
a. Embrasse-moi!
b. Ce champagne est superbe!
c. Au revoir et bon voyage!

4.
a. Que je suis intelligent!
b. Il est fou, ce garçon!
c. J'ai mal à la tête. Donnez-moi deux aspirines.

5.
a. Où est le ballon?
b. Quelle heure est-il?
c. Je ne sais pas.

6.
a. Un, deux...
b. Attention, il y a un revolver.
c. Vive la France!

1. a; 2. c; 3. b; 4. b; 5. c; 6. a

Et vous?

Les Américains aussi font souvent des gestes pour indiquer—ou pour ponctuer—
ce qu'ils veulent dire. Quels gestes faites-vous pour communiquer les messages
suivants? Y a-t-il d'autres gestes typiques que vous voulez expliquer à vos amis
français?

Quels gestes faites-vous ...

1. pour indiquer que vous êtes fatigué(e)?
2. pour indiquer que quelqu'un est fou?
3. pour indiquer que quelque chose est de qualité supérieure?
4. pour indiquer que quelque chose est de qualité très inférieure?
5. quand quelqu'un parle trop?
6. pour indiquer que vous n'avez pas de solution à un problème?
7. pour exprimer la surprise?
8. pour dire «au revoir» à quelqu'un?

Communication et vie pratique

A. **Vous êtes invité(e).** Imaginez que vous êtes invité(e) à déjeuner chez des
Français. Certains étudiants jouent le rôle des Français et d'autres jouent le
rôle des Américains. Jouez la scène. Les Français vont (1) dire bonjour, serrer
la main à leurs invités et indiquer qu'ils sont heureux de les voir; (2) inviter
leurs amis à entrer et à s'asseoir (*sit down*); (3) offrir un apéritif à leurs invités;
(4) demander à leurs amis s'ils ont fait bon voyage, demander des nouvelles
de la famille et parler de chose ou autre; (5) inviter leurs invités à passer à
table.

B. **L'ABC des bonnes manières.** Expliquez à des Français ce qu'il faut faire
ou ne pas faire aux États-Unis dans différentes circonstances (e.g., à table,
quand on est invité, quand on sort avec des amis).

C. **À la terrasse d'un café.** Imaginez que vous êtes à la terrasse d'un café. Vous regardez et vous décrivez les gens qui passent (apparence, gestes, vêtements, chaussures, impression générale).

D. **Opinions.** Choisissez une (ou plusieurs) des catégories suivantes et indiquez ce que vous considérez le meilleur et le plus mauvais dans chaque cas. Expliquez vos choix.

1. dans votre ville (restaurants, cinémas, parcs, écoles, etc.)
2. dans votre université et près du campus (librairies, cours, restaurants, résidences, etc.)
3. à la télévision (acteurs, actrices, jeux télévisés, feuilletons, etc.)

 # Invitation à écouter

Aux Galeries Lafayette. Micheline et Robert ont décidé d'aller faire des courses aux Galeries Lafayette. Écoutez les conversations qu'ils ont eues aux différents rayons et répondez aux questions suivantes.

1. Qu'est-ce que Robert a l'intention d'acheter?
2. Quelle est sa taille?
3. Combien est-ce qu'il va payer?
4. Qu'est-ce que Micheline a l'intention d'acheter?
5. Quelle couleur est-ce qu'elle cherche?
6. Quelle est sa pointure?

Vocabulaire

Les vêtements et les chaussures (Voir p. 306)
Les commentaires et les compliments (Voir p. 307)
Les mesures (Voir p. 307)
Le portrait (Voir p. 307)
Les couleurs (Voir p. 307)

Noms

l'anorak (m)......*ski jacket*
l'attention (f)......*attention*
le bonbon......*candy*
la boutique......*shop, boutique*
le coude......*elbow*
le faux pas......*mistake*
la fourchette......*fork*
la guitare......*guitar*
l'hôte (m)......*host*
l'hôtesse (f)......*hostess*
la manière......*manner, way, style*
le modèle......*model*
la mort......*death*
la politesse......*politeness*
la qualité......*quality*
la soirée......*evening party*
le style......*style*

Verbes

apporter......*to bring*
associer......*to associate*
avoir l'habitude......*to be in the habit of*
baser......*to base, found upon*
choquer......*to shock*
se demander......*to wonder*
éviter......*to avoid*

observer......*to observe*
permettre......*to permit*
plaire......*to please*
poser......*to put down, to pose, to ask* (a question)
promettre......*to promise*
repasser......*to pass back*
risquer......*to risk*
se serrer la main......*to shake hands*
tutoyer......*to address someone with* **tu**
varier......*to vary*

Adjectifs

classique......*classic*
européen(ne)......*European*
francophone......*French-speaking*
vulgaire......*vulgar*

Divers

ça ne se fait pas......*that's not done*
cependant......*however*
en général......*in general*
excepté......*except*
par contre......*on the other hand*
sauf......*except*
surtout......*especially*

CHAPITRE **13**

Le passé et les souvenirs

Dans ce chapitre, vous allez apprendre à...

Parler de votre vie et de vos sentiments

1. *Décrire des situations et des événements passés*
2. *Parler d'une chose ou d'un lieu déjà mentionné*
3. *Exprimer vos intentions et vos réactions*

Vocabulaire et structures

Mise en train: La vie et les sentiments
L'imparfait et le passé composé

*Les pronoms **y** et **en***

Le subjonctif avec les verbes de volition, d'émotion et de doute

Mise en train:
La vie et les sentiments

Les étapes de la vie

la naissance
On naît.

l'enfance
On grandit.

la jeunesse
On est jeune.

l'âge adulte
On devient adulte. Souvent, on se marie, on élève des enfants, et si ça ne marche pas, parfois on divorce.

la vieillesse
On prend sa retraite.
On vieillit.
On meurt.

Les réactions et les sentiments

le bonheur, la joie
  On est heureux. On est content.

la tristesse
  On est triste. On est déprimé.
  On pleure.

l'inquiétude (f)
  On est inquiet. On se fait du souci.

la surprise
  On est surpris. On est étonné.

l'amour (m)
  On tombe amoureux. On sort
ensemble. On s'aime.
la jalousie
  On est jaloux.

la colère
  On est en colère. On se met en colère.
le désaccord
  On se dispute. On se sépare. On se
réconcilie. On divorce.

Les vœux et les condoléances

Félicitations!	*Congratulations!*
Bon anniversaire!	*Happy birthday!*
Bonne fête![1]	*Happy saint's day!*
Meilleurs vœux!	*Best wishes!*
Sincères regrets.	*My deepest regrets.*
Mes condoléances.	*My sympathies.*

[1]France is a country with strong Catholic traditions. Thus, many children are named after saints, and they celebrate both their birthday and their saint's day.

Communication et vie pratique

A. Réactions et sentiments. Regardez les photos suivantes et décrivez les situations et les réactions des gens représentés.

> EXEMPLE   On est heureux.

1.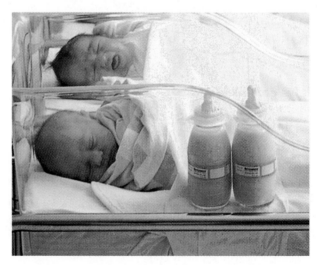

2.

4.

Accès aux avions
Satellites 1.2.3.4.5.6.7
To planes
Satellites 1.2.3.4.5.6.7

3.

5.

B. Une vie. Racontez la vie d'un membre de votre famille ou d'une personne que vous trouvez particulièrement intéressante. Indiquez, par exemple...

- où il/elle est né(e)
- où il/elle a passé son enfance
- où il/elle a fait ses études (lycée/université)
- s'il/si elle s'est marié(e) et à quel âge
- s'il/si elle a des enfants
- les principaux événements de sa vie
- ce qu'il/elle fait maintenant

C. Voeux et condoléances. Vous allez envoyer une carte à des amis qui se trouvent dans les situations suivantes. Qu'est-ce que vous allez mettre sur la carte?

1. C'est son anniversaire.
2. Un membre de sa famille est mort.
3. C'est le Nouvel An.
4. Il/Elle vient de réussir à un examen important.

▌ Info-culture: Rites et coutumes

En France, comme dans la plupart des autres cultures, les **étapes** et les événements importants de la vie sont marqués par des rites particuliers. La France **étant** un pays de tradition catholique, la plupart de ces cérémonies ont une origine religieuse.

- **Le baptême.** Les enfants sont généralement baptisés dans les quelques mois qui suivent leur naissance. Jusqu'à une époque récente, l'Église **exigeait** même qu'on donne aux enfants des noms de saints, **tels que** Jean, Paul, Thérèse ou Marie. Ainsi en France, on célèbre non seulement l'anniversaire mais aussi la fête d'une personne. Le baptême est suivi d'un dîner qui réunit toute la famille et le **parrain** et la **marraine.**
- **La première communion.** Il y a également une cérémonie religieuse suivie d'un dîner de famille quand l'enfant fait sa première communion, généralement à l'âge de onze ou douze ans.
- **Le mariage.** Selon les statistiques, la plupart des Français se marient entre l'âge de vingt-quatre et vingt-six ans. Pour être marié légalement, il faut se marier à la mairie mais un grand nombre de couples choisissent **également** d'avoir une cérémonie religieuse.
- **Autres religions. Autres rites et coutumes.** Il y a aussi en France un grand nombre de protestants, de juifs et de musulmans. Les pratiquants de ces différentes religions célèbrent les événements importants de la vie selon les traditions propres à leurs religions.

Vocabulaire

étape (f) *stage;* **étant** *being;* **exiger** *to require;* **tels que** *such as;* **parrain** (m) *godfather;* **marraine** (f) *godmother;* **également** *also, as well*

Et vous?

Selon les statistiques suivantes, combien de gens en France sont catholiques? musulmans? juifs? protestants? Quel pourcentage se déclare sans religion? À votre avis, est-ce que les pourcentages sont les mêmes aux États-Unis?

Religion déclarée par les Français en 1991 (en %):	
• Catholiques pratiquants réguliers	11,5
• Catholiques pratiquants occasionnels	26,3
• Catholiques non pratiquants	41,8
• Musulmans	0,9
• Juifs	0,6
• Protestants	2,1
• Autres	0,9
• Sans religion	15,8
• Ne se prononcent pas	0,1
Total	100,0

Exploration 1

DÉCRIRE DES SITUATIONS ET DES ÉVÉNEMENTS PASSÉS

L'imparfait et le passé composé
Présentation

The imperfect tense (**l'imparfait**) provides another way of talking about the past. It is formed by dropping the **ons** ending from the **nous** form of the present tense and adding the endings shown below.

nous parlons	**parl** + IMPERFECT ENDINGS
nous avons	**av** + IMPERFECT ENDINGS
nous finissons	**finiss** + IMPERFECT ENDINGS

L'imparfait du verbe *parler*	
je parl**ais**	nous parl**ions**
tu parl**ais**	vous parl**iez**
il/elle/on parl**ait**	ils/elles parl**aient**

The only exception is **être.**

L'imparfait du verbe *être*	
j'ét**ais**	nous ét**ions**
tu ét**ais**	vous ét**iez**
il/elle/on ét**ait**	ils/elles ét**aient**

Depending on the context used, the imperfect has several translations in English:

j'habitais $\left\{ \begin{array}{l} \textit{I was living} \\ \textit{I used to live} \\ \textit{I lived} \end{array} \right.$

A. There are two main uses of the imperfect.

1. To indicate a habitual past action:
   Nous **allions** en Bretagne **tous les étés.**
   Chaque matin je **me levais** à huit heures.
2. To describe a situation or condition that existed in the past:
   Quand il **était** petit, il **était** souvent malade.
   Ils **avaient** une petite maison à la campagne.

B. Certain time expressions are often used with the imperfect.

à cette époque-là	*at that time, in those days*
autrefois	*in the past, long ago*
d'habitude	*generally, usually*
chaque année, mois, etc.	*every year, month, etc.*
tous les jours	*every day*

C. Although the **imparfait** and the **passé composé** are both past tenses, they have different purposes. Whether the imperfect or **passé composé** is used depends on the speaker's view or perception of a past action.

Imparfait	**Passé composé**
Background	**Event**
The **imparfait** is used to describe a situation that existed in the past. There is no concern for the time when the situation began or ended. It can describe, for example, the following:	In contrast, the **passé composé** is used to describe specific events. It expresses the following:

Imparfait	Passé composé
Background	**Event**

Imparfait	Passé composé
• a condition Il **pleuvait.** *It was raining.* • a state of mind Elle **était** très malheureuse. *She was very unhappy.*	• an action that is a completed event Il **a fini** ses devoirs. *He finished his homework.* • an event that had a known beginning or end, or a specific duration, whether the duration was a few moments or many years Nous **avons attendu** pendant deux heures. *We waited for two hours.*
• an action that was continuing or was in progress Il **finissait** ses devoirs. *He was finishing his homework.* À cette époque-là, il **travaillait** dans une usine. *At that time, he was working in a factory.*	• a change in state of mind or a reaction to an event J'**ai été** très surprise quand j'**ai appris** la nouvelle. *I was very surprised when I heard the news.*
	• a succession of events, each event moving the story forward Elle **s'est réveillée,** elle **s'est habillée** et elle **a quitté** la maison. *She woke up, got dressed, and left the house.*

Repeated Action	**Specific action**
The **imparfait** describes a habitual action in the past. Le samedi, mon père **faisait** la cuisine. *My father used to do the cooking on Saturdays.* Autrefois, j'**allais** rarement au cinéma. *In the past, I rarely went to the movies.*	In contrast, the **passé composé** describes what was done or said at a particular time. Hier, mon père **a fait** la cuisine. *Yesterday my father did the cooking.* Je **suis allé** quatre fois au cinéma la semaine dernière. *I went to the movies four times last week.*

The **passé composé** and the **imparfait** are frequently contrasted when a continuing action is interrupted by a specific event and when a reason for a specific action is given.

Nous **parlions** quand le professeur **est entré.**
Ils **étaient** en train de manger quand nous **sommes arrivés.**
Il **faisait** froid quand je **suis sortie** ce matin.
Je **suis allé(e)** chez le dentiste parce que j'**avais** mal aux dents.
Elle **a pris un taxi** parce qu'elle **était** en retard.

Situation

La naissance de Christine

Christine et sa mère parlent du jour de sa naissance.

CHRISTINE	Maman, parle-moi du jour où je suis née.
MME FOURNIER	Bon, vers deux heures du matin j'ai commencé à avoir des **douleurs.**
CHRISTINE	Et papa, il était là?
MME FOURNIER	Oui, il dormait, alors je l'ai réveillé et nous avons téléphoné au médecin. Tout était prêt. Papa m'a vite emmenée à l'hôpital. Il faisait très froid ce jour-là.
CHRISTINE	Et je suis née à quelle heure?
MME FOURNIER	Il était presque minuit quand tu es finalement venue au monde.

Vocabulaire

douleur (f) *pain*

Avez-vous bien compris?

Répondez aux questions suivantes.

1. À quelle heure la mère de Christine s'est-elle réveillée et pourquoi?
2. Qu'est-ce que son père a fait?
3. Quel temps faisait-il ce jour-là?
4. À quelle heure Christine est-elle née?

Premiers pas

A. **Souvenirs d'enfance.** Au cours d'une visite dans le quartier du vieux Lyon où il a grandi, Monsieur Berger évoque quelques souvenirs de son enfance.

> EXEMPLE   je / jouer souvent dans cette rue
> **Je jouais souvent dans cette rue.**

1. mes parents / habiter dans ce quartier
2. ma mère / faire les courses chaque matin
3. je / aller toujours avec elle
4. nous / s'arrêter dans chaque magasin
5. elle / prendre le temps de parler avec les marchands
6. ils / parler de la pluie et du beau temps
7. nous / passer ensuite devant le magasin de Monsieur Giraud
8. je / vouloir être boulanger comme lui
9. il / répondre à toutes mes questions
10. ma mère / attendre patiemment

B. **Pourquoi?** Bertrand demande toujours des explications à ses amis. Qu'est-ce qu'ils répondent à ses questions?

>   **EXEMPLE**   Pourquoi as-tu acheté un sandwich? (avoir faim)
>   **J'ai acheté un sandwich parce que j'avais faim.**

1. Pourquoi es-tu allé chez le médecin? (être malade)
2. Pourquoi t'es-tu couché à 9 heures? (être fatigué)
3. Pourquoi t'es-tu levé si tôt? (avoir beaucoup de travail)
4. Pourquoi es-tu allé à la poste? (vouloir acheter des timbres)
5. Pourquoi as-tu vendu ta vieille voiture? (ne pas marcher bien)
6. Pourquoi es-tu resté à la maison? (avoir mal à la tête)
7. Pourquoi as-tu décidé de faire une promenade? (faire beau)
8. Pourquoi t'es-tu dépêché? (être en retard)

C. **L'histoire de Cendrillon** (*Cinderella*). Pour compléter l'histoire, mettez les verbes suggérés à l'imparfait ou au passé composé selon le cas.

Il était une fois une jeune fille qui _____ (s'appeler) Cendrillon. Elle _____ (avoir) deux demi-sœurs qui n'_____ (être) pas gentilles avec elle. C'_____ (être) Cendrillon qui _____ (faire) tout le travail à la maison.

Un jour, le prince _____ (décider) de donner un grand bal. Mais Cendrillon ne _____ (pouvoir) pas aller au bal parce qu'elle n'_____ (avoir) pas de jolis vêtements.

Cendrillon _____ (être) en train de pleurer quand sa marraine (*godmother*) _____ (arriver). Elle _____ (posséder) une baguette magique (*magic wand*). La marraine _____ (toucher) les vêtements de Cendrillon et ils _____ (devenir) très beaux. Cendrillon _____ (promettre) à sa marraine de rentrer avant minuit et elle _____ (partir) au bal.

Le prince _____ (inviter) à danser la mystérieuse jeune fille et ils _____ (danser) pendant tout le bal. Cendrillon _____ (être) si heureuse qu'elle _____ (oublier) l'heure. Quand elle _____ (entendre) minuit sonner (*ring*), elle _____ (partir) si vite qu'elle _____ (perdre) une de ses chaussures.

Le prince, qui _____ (aimer) Cendrillon, _____ (aller) dans toutes les maisons de son pays pour essayer de la retrouver. Finalement, le prince _____ (venir) à la maison où Cendrillon et ses sœurs _____ (habiter). Les deux sœurs _____ (essayer) la chaussure mais elle _____ (être) beaucoup trop petite pour elles. Timidement Cendrillon _____ (demander): «Est-ce que je peux l'essayer?» La chaussure lui _____ (aller) parfaitement. Il _____ (être) évident que la belle jeune fille du bal et Cendrillon _____ (être) la même personne. Le prince et Cendrillon _____ (se marier) et ils _____ (avoir) beaucoup d'enfants.

Communication et vie pratique

A. **Cendrillon! Tu viens de loin, ma petite!** L'histoire de Cendrillon appartient au folklore international et reflète les valeurs traditionnelles de notre culture. Transformez-la pour la rendre plus moderne, moins sexiste, plus amusante, etc. Vous pouvez changer les personnages, le pays où l'action a lieu, le développement de l'histoire ou sa conclusion. Si vous préférez, inventez une autre histoire.

B. Souvenirs d'enfance. Répondez aux questions suivantes ou utilisez-les pour interviewer un(e) autre étudiant(e). Choisissez un ou plusieurs des sujets suggérés.

La famille

Où et quand es-tu né(e)? Est-ce que tu as grandi dans cette ville? Est-ce que tu avais des frères et des sœurs? Dans combien de villes différentes est-ce que tu as habité?

Les amis

Comment s'appelaient tes meilleur(e)s ami(e)s? Habitaient-ils (elles) près de chez toi? Veux-tu me raconter quelques aventures qui vous sont arrivées? Est-ce que tu es resté(e) en contact avec ces ami(e)s? Que sont-ils (elles) devenu(e)s?

Les gens

Est-ce que tu te souviens d'une personne de ton enfance avec un plaisir particulier? Qui était cette personne? Pourquoi est-ce que tu te souviens de cette personne? Est-ce que tu l'admirais beaucoup? Comment était-il (elle)?

Les études

Comment était le lycée où tu es allé(e)? Quel âge avais-tu quand tu es entré(e) au lycée? Quels étaient tes cours et tes professeurs préférés? Est-ce que tu avais un travail après l'école? En quoi consistait ce travail? Quelles étaient tes responsabilités à la maison? En quelle année est-ce que tu as fini tes études secondaires? Qu'est-ce que tu as fait après? Pourquoi as-tu décidé de venir faire tes études à cette université?

C. Souvenirs de voyage. Racontez un voyage que vous avez fait récemment ou quand vous étiez petit(e). Où est-ce que vous êtes allé(e)? Avec qui? Qu'est-ce que vous avez fait? Comment est-ce que c'était? Est-ce que vous vous êtes bien amusé(e)?

D. Les étapes de la vie. Racontez votre vie jusqu'au moment présent. Utilisez le vocabulaire présenté dans la **Mise en train**.

 C'est votre tour

Décrivez à un(e) autre étudiant(e) un événement important dans la vie de votre famille, comme une naissance ou un mariage. Donnez autant de détails que possible et répondez aux questions de votre camarade de classe.

Exploration 2

PARLER D'UNE CHOSE OU D'UN LIEU DÉJÀ MENTIONNÉ

Les pronoms y *et* en
Présentation

A. The pronoun **y** (*there*) is used to replace a prepositional phrase indicating location.

La voiture n'est pas **dans le garage.**	La voiture n'**y** est pas.
Elle va rester deux mois **en Belgique.**	Elle va **y** rester deux mois.
Roland n'est jamais entré **dans ce musée.**	Roland n'**y** est jamais entré.
N'allez pas **chez le dentiste.**	N'**y** allez pas.
Va **au cinéma.**	Vas-**y.**

Note that an **s** is added to **va** for the affirmative command with **y** to make it easier to pronounce.

B. The pronoun **y** can also replace other phrases with the preposition **à,** as long as the object of the preposition is a thing, not a person.

Je pense **à mon enfance.**	J'**y** pense.
Est-ce que tu as répondu **à sa lettre?**	Est-ce que tu **y** as répondu?
Je m'intéresse beaucoup **à ça.**	Je m'**y** intéresse beaucoup.
Ne pensez pas trop **à vos problèmes.**	N'**y** pensez pas trop.

C. When the object of the preposition **à** is a person, indirect object pronouns or disjunctive pronouns are used instead of **y.** This contrast is especially important when using the verb **penser à,** which means *to think about* or *to have one's mind on* someone or something. Compare:

Je pense **à mon travail.**	J'**y** pense.
Je pense **à mes parents.**	Je pense **à eux.**

D. The pronoun **en** replaces the partitive. Its meaning is usually the equivalent of *some, any, not any.*

Nous avons acheté **du pain.**	Nous **en** avons acheté.
Il n'a pas **de chance.**	Il n'**en** a pas.
Elle va m'acheter **des disques.**	Elle va m'**en** acheter.
Prenez **de la salade.**	Prenez-**en.**

En is also used to replace a noun modified by a number or by an expression of quantity.

J'ai **un disque.**	J'**en** ai **un.**
Il y a **dix étudiants.**	Il y **en** a **dix.**
Nous avons **beaucoup de travail.**	Nous **en** avons **beaucoup.**
Il n'y a **plus de sucre.**	Il n'y **en** a **plus.**

E. **En** is also used with the verb **penser de** (*to have an opinion about*) when referring to a thing or an idea. When it is a person, disjunctive pronouns are used. Compare:

Qu'est-ce que tu penses **de cette idée?**   Qu'est-ce que tu **en penses?**

Qu'est-ce que tu penses **du professeur?**   Qu'est-ce que tu penses **de lui?**

Questions using **penser de** are answered by **je pense que...**
—Qu'est-ce que tu **penses de** son camarade de chambre?
—Je **pense qu'**il est assez sympa.

Situation

Qu'est-ce que tu en penses?
Deux amis parlent des choses qui les préoccupent.

DIDIER   Et le danger d'une **guerre** nucléaire, tu y crois, toi?
PATRICK   Je ne sais pas. Avant, j'en avais très peur. Mais maintenant, avec la **détente** entre l'est et l'ouest, j'y pense moins souvent.
DIDIER   Tu n'es pas allé à la **manif?** J'y étais mais je ne t'ai pas vu.
PATRICK   Quelle manif?
DIDIER   La manif des **écolos** contre les **centrales nucléaires.** Il y en a une dans ma région. Ça m'inquiète beaucoup.

Vocabulaire

guerre (f) *war;* **détente** (f) *relaxation of tension;* **manif(estation)** (f) *demonstration;* **écolo(giste)** (m,f); *environmentalist, ecologist;* **centrale nucléaire** (f) *nuclear power plant*

Avez-vous bien compris?

Répondez aux questions suivantes.

1. Pourquoi est-ce que Patrick pense moins souvent à la guerre nucléaire?
2. Pourquoi est-ce que Didier est allé à une manifestation contre les centrales nucléaires?
3. Qui a organisé cette manifestation?
4. Est-ce que Patrick y est allé aussi?

Premiers pas

A. Curiosité. Marguerite veut savoir où ses amis vont ce week-end. Donnez leurs réponses à ses questions.

> EXEMPLE   Est-ce que Serge va au cinéma? (oui)
> **Oui, il y va.**

1. Est-ce que tu vas au concert? (non)
2. Est-ce que Robert et Anne-Marie vont au théâtre? (oui)
3. Est-ce que vous allez à la campagne ce week-end? (oui)

    4. Est-ce que nous allons à la plage samedi après-midi? (oui)

    5. Est-ce que Bruno va aller à la montagne avec ses amis? (non)

    6. Paul et toi, est-ce que vous allez à la piscine? (oui)

B. **Différences.** Charles et Henri sont deux frères qui sont très différents l'un de l'autre. Décrivez-les.

> **EXEMPLES**   son professeur de français
> **Charles pense souvent à son professeur de français, mais Henri ne pense jamais à lui.**
> l'avenir
> **Charles pense souvent à l'avenir, mais Henri n'y pense jamais.**

    1. le danger d'une guerre nucléaire

    2. leur grand-mère

    3. leurs parents

    4. le chômage

    5. les examens

    6. la faim dans le monde

    7. les autres

    8. les problèmes sociaux

C. **Ça peut aller.** La vie de Jean n'est pas parfaite mais ça peut aller. Quelle est son opinion sur chacun des sujets suivants?

> **EXEMPLE**   du temps libre (pas assez)
> **Je n'en ai pas assez.**

    1. de l'argent (assez)

    2. des amis (plusieurs)

    3. de la chance (un peu)

    4. des disques canadiens (trois)

    5. des devoirs (trop)

    6. de bons profs (plusieurs)

    7. des soucis (pas beaucoup)

    8. du travail (beaucoup)

D. **Qu'est-ce que vous en pensez?** Colette veut savoir ce que ses amis pensent de sa nouvelle situation.

> **EXEMPLES**   son nouvel appartement
> **Qu'est-ce que vous en pensez?**
> son fiancé
> **Qu'est-ce que vous pensez de lui?**

    1. les photos qu'elle a prises

    2. son nouveau patron

    3. la jupe qu'elle vient d'acheter

    4. une actrice qu'elle admire beaucoup

    5. un ami qu'elle vient de rencontrer

    6. les gens avec qui elle travaille

    7. les petites boutiques de son quartier

    8. sa nouvelle camarade de chambre

E. Projets de week-end. Des étudiants sont en train de parler de leurs projets pour le week-end. Formulez leurs réponses en utilisant *y* ou *en*.

> EXEMPLE   Est-ce que vous allez chez vos parents ce week-end?
> (non)
> **Non, nous n'y allons pas.**

1. Est-ce que vous êtes allés chez vos parents récemment? (non)
2. Est-ce que vous allez chez eux ce week-end? (oui)
3. Est-ce que tu vas aller au cinéma, Henri? (oui)
4. Est-ce que tu as écouté des disques américains récemment? (oui... deux)
5. Est-ce que Jean était au café hier soir? (non)
6. Est-ce que vous avez envie d'aller à Versailles? (non)
7. Est-ce que tu es déjà allé à Versailles? (non... jamais)
8. Est-ce que vous avez beaucoup de travail ce week-end? (oui... beaucoup)

Communication et vie pratique

A. Habitudes et activités. Utilisez les suggestions suivantes pour indiquer ce que vous faites et ce que vous ne faites pas. Utilisez le pronom *en* ou le pronom *y* dans vos réponses.

> EXEMPLES   boire du vin
> **Je n'en bois pas souvent.**
> *ou:*   **Chez nous, nous en buvons de temps en temps.**
> aller au cinéma
> **Je n'y vais pas souvent.**

1. acheter des revues françaises
2. faire du sport
3. aller aux matchs de football
4. avoir beaucoup de travail
5. aller à la bibliothèque
6. manger assez de légumes
7. boire du lait
8. prendre des vitamines
9. aller chez le dentiste
10. avoir envie d'aller au cinéma

B. Questions / Interview. Répondez aux questions suivantes ou utilisez-les pour interviewer un(e) autre étudiant(e). Utilisez *y* ou *en* dans vos réponses.

1. Est-ce que tu achètes quelquefois des journaux français? Est-ce qu'il y en a dans les librairies de ta ville?
2. Est-ce qu'il y a des restaurants français dans ta ville? Est-ce que tu as déjà mangé dans un de ces restaurants?
3. Est-ce que tu as beaucoup de travail en ce moment? Est-ce que tu passes beaucoup de temps à la bibliothèque?
4. Est-ce que tu as envie d'écouter des disques français? Est-ce que tu sais où on peut en trouver?
5. Combien d'habitants y a-t-il dans la ville d'où tu viens? Est-ce que tu y retournes souvent?
6. Est-ce que tu vas souvent au cinéma? Est-ce que tu as vu un film français récemment?
7. Est-ce que tu t'intéresses à la musique? Est-ce que tu vas souvent au concert?
8. Est-ce que tu es déjà allé(e) au Québec? Si oui, est-ce que tu as envie d'y retourner?

C'est votre tour

Imaginez que vous voulez persuader un(e) ami(e) de venir avec vous à un concert, au cinéma, etc. Votre ami(e) n'a pas envie d'y aller. Essayez de le (la) persuader.

Exploration 3

EXPRIMER VOS INTENTIONS ET VOS RÉACTIONS

Le subjonctif avec les verbes de volition, d'émotion et de doute
Présentation

The subjunctive is used after verbs and expressions of wanting or wishing, emotion, or doubt.

A. Wanting or wishing (**vouloir, désirer, préférer, aimer mieux,** etc.):

Ils ne **veulent** pas que je **sorte** seule le soir.
Je **voudrais** que vous **soyez** heureux.

B. Emotion (**avoir peur, être content, regretter, être triste, être surpris,** etc.):

J'**ai peur** qu'ils **aient** un accident.
Il **regrette** que nous ne **puissions** pas venir.
Les amis de Charles **sont tristes** qu'il ne leur **écrive** plus.

C. Doubt (**douter, ne pas croire, ne pas être sûr,** etc.):

Je **doute** qu'ils **viennent.**
Je **ne crois pas** que tu le **saches.**
Je **ne suis pas sûr** qu'ils **comprennent.**

Croire and **penser** are followed by the subjunctive only when used in the negative and interrogative—that is, when doubt is implied. Compare:

Je **crois** qu'ils **viendront.**
Tu **penses** qu'il **pourra** se débrouiller.

Je **ne crois pas** qu'ils **viennent.**
Penses-tu qu'il **puisse** se débrouiller?

The verb **espérer** is not followed by the subjunctive: **Nous espérons que vous vous amuserez bien.**

D. The subjunctive is used only when the subject of the first clause is not the same as the subject of the second clause. When there is only one subject, an infinitive is used instead. Compare:

Elle est contente que nous partions.

Mon père veut que je finisse mes études.

Nous sommes contents de partir.

Je veux finir mes études.

Situation

On va au concert

Jean-Pierre Rampal, le célèbre flûtiste, va donner un concert. Sébastien et Nathalie voudraient bien y aller, mais ils ont oublié de **retenir** leurs **places** suffisamment à l'avance.

NATHALIE	Téléphone vite, j'ai peur qu'il n'y ait plus de places.
SÉBASTIEN	J'aimerais mieux que tu le fasses toi-même. Je ne sais jamais quelle place choisir.
NATHALIE	Je doute que nous ayons beaucoup de choix! J'espère qu'il reste encore quelque chose. Allô, allô. Nous voudrions retenir deux places pour le concert de Jean-Pierre Rampal.
L'EMPLOYÉ	À l'orchestre ou au balcon?
NATHALIE	Au premier **rang** du balcon, de préférence.
L'EMPLOYÉ	Je ne crois pas que ce soit possible. Non, tout est pris. Il ne nous reste que deux places au quinzième rang.
NATHALIE	Sébastien, il ne reste que deux places au quinzième rang. Tu veux que je les prenne **quand même?**

Vocabulaire

retenir *to reserve;* **place** (f) *seat;* **rang** (m) *row;* **quand même** *anyway*

Avez-vous bien compris?

Indiquez...

1. Quel est le problème.
2. Pourquoi Sébastien préfère que Nathalie s'en occupe.
3. S'il reste encore des places et où elles sont situées.

Premiers pas

A. Opinions. Paul Lefranc donne son opinion sur les activités de sa famille. Qu'est-ce qu'il dit?

> **EXEMPLE** Nous allons si rarement au théâtre. (je regrette)
> **Je regrette que nous allions si rarement au théâtre.**

1. Mon fils apprend à jouer au tennis. (je suis content)
2. Il fait des progrès. (je voudrais)
3. Il n'a pas beaucoup de talent. (j'ai peur)
4. Ma femme a envie de voir cette exposition. (je ne crois pas)
5. Nous pouvons aller au concert samedi soir. (je doute)
6. Nous passons des heures devant la télé. (c'est dommage)
7. Nous sommes un peu déprimés. (je suis triste)
8. Nous n'avons pas de magnétoscope. (je regrette)

B. Différences d'opinion. Jean-Luc et ses parents ne sont pas toujours d'accord. Quelle est sa situation?

> EXEMPLE   Ses préférences: aller à l'université de Nice
> **Il voudrait aller à l'université de Nice.**
> Les préférences de ses parents: aller à l'université de Lille
> **Ils voudraient qu'il aille à l'université de Lille.**

Ses préférences	Les préférences de ses parents
1. *louer un appartement*	1. *habiter dans une résidence universitaire*
2. *acheter une moto*	2. *utiliser son vieux vélo*
3. *apprendre à conduire*	3. *apprendre à jouer du piano*
4. *être musicien*	4. *être comptable*
5. *faire des études de médecine*	5. *faire des études de droit*
6. *sortir tous les soirs*	6. *sortir moins souvent*
7. *s'amuser*	7. *être plus sérieux*
8. *choisir des cours intéressants*	8. *suivre des cours plus pratiques*

C. Iront-ils à la manif ou non? Pascal et Roland, iront-ils à la manif ou non? Il y a autant d'opinions que de personnes. Qu'est-ce que chacun dit? (Notez que certaines phrases prennent le subjonctif, d'autres prennent l'indicatif.)

> EXEMPLES   je crois
> **Je crois qu'ils iront à la manif.**
> je ne crois pas
> **Je ne crois pas qu'ils aillent à la manif.**

1. je doute
2. je voudrais
3. j'espère
4. je suis sûr
5. je suis content
6. je ne pense pas
7. ce n'est pas sûr
8. je ne suis pas sûr
9. je ne crois pas
10. il vaudrait mieux
11. je crois
12. je regrette
13. je pense
14. croyez-vous

Communication et vie pratique

Êtes-vous d'accord? Êtes-vous d'accord avec les opinions exprimées? Indiquez votre opinion en commençant la phrase avec *je crois, je suis sûr(e), je ne suis pas sûr(e), j'ai peur, je regrette, je doute, etc.*

> **EXEMPLE**   On peut être à la fois riche et heureux.
> **Je crois qu'on peut être à la fois riche et heureux.**
> *ou:*   **Je doute (Je ne crois pas) qu'on puisse être à la fois riche et heureux.**

1. Les arts et la culture ont une place importante dans la vie des Américains.
2. Nous nous intéressons plus au sport qu'à l'art.
3. On peut être à la fois riche et heureux.
4. Les jeunes sont bien préparés pour la vie.
5. Les parents donnent trop de liberté à leurs enfants.
6. Les valeurs traditionnelles sont en train de revenir.
7. Les journalistes disent toujours la vérité.
8. Il est trop facile de divorcer.

C'est votre tour

Vous essayez de réserver des places pour une série de concerts qui vont avoir lieu dans votre ville. Malheureusement, vous avez attendu un peu trop longtemps pour faire vos réservations. Essayez de trouver un jour où il reste encore des places libres. Un(e) autre étudiant(e) va jouer le rôle de l'employé(e). Utilisez la **Situation** comme guide.

Intégration et perspectives: Jacques Prévert

Jacques Prévert (1900–1977) a été le poète de la vie de tous les jours, des choses simples et familières, de la solidarité humaine. Il prend le temps d'écouter, de regarder, de sentir les gens et les choses **vivre** autour de lui. Et ensuite il les **exprime** avec des **mots** de tous les jours, dans un style simple et spontané, mais plein de fantaisie et de tendresse.

Dans ses poèmes et ses chansons, Prévert parle des choses et des gens qu'il aime. **Parfois**, il est aussi le **témoin** discret des drames de la vie, comme, par exemple, dans le poème suivant.

Déjeuner du matin

Il a mis le café
Dans la tasse
Il a mis le lait
Dans la tasse de café
Il a mis le sucre
Dans le café au lait
Avec la petite cuiller
Il a tourné
Il a bu le café au lait
Et il a **reposé** *la tasse*
Sans me parler
Il a **allumé**
Une cigarette
Il a fait des **ronds**
Avec la **fumée**
Il a mis les **cendres**
Dans le **cendrier**
Sans me parler
Sans me regarder
Il s'est levé
Il a mis
Son chapeau sur sa tête
Il a mis
Son manteau de pluie
Parce qu'il pleuvait
Et il est parti
Sous la pluie
Sans une **parole**
Sans me regarder
Et moi j'ai pris
Ma tête dans ma main
Et j'ai **pleuré**

JACQUES PRÉVERT, «Déjeuner du matin»,
extrait de Paroles, © Éditions GALLIMARD.

Vocabulaire

vivre *to live;* **exprimer** *to express;* **mot** (m) *word;* **parfois** *sometimes;* **témoin** (m) *witness;* **reposer** *to put back down;* **allumer** *to light;* **rond** (m) *ring;* **fumée** (f) *smoke;* **cendre** (f) *ash;* **cendrier** (m) *ashtray;* **parole** (f) *word;* **pleurer** *to cry*

Avez-vous bien compris?

A. Répondez aux questions suivantes selon les renseignements donnés dans le texte.

1. Où et quand ce drame de la vie se passe-t-il?
2. À votre avis, qui sont les deux personnages du poème?
3. Quelles sont les actions principales de l'homme?
4. Est-ce que ses actions sont des actions ordinaires et habituelles ou des actions inhabituelles? Donnez des exemples.
5. À votre avis, quelle attitude est-ce que ces gestes et ces actions révèlent?
6. Quelle est la réaction de l'autre personne?
7. À votre avis, quel est le problème principal entre ces deux personnes?
8. Quelle est votre réaction personnelle devant l'attitude de chaque personne?
9. Est-ce que vous pouvez suggérer une solution à leur problème?
10. À votre avis, quels sont les différents sentiments de chaque personnage du poème de Prévert? Quels sentiments semblent absents de leur vie?

B. Refaites le poème du point de vue de l'homme qui quitte l'autre personne.

▌Info-culture: La littérature française à vol d'oiseau

16e Siècle: La Renaissance

- Rabelais (1494–1553), moine, médecin, érudit et écrivain de génie, il est le parfait modèle des humanistes de la Renaissance. En 1994 la France a commémoré le 500e anniversaire de sa naissance.
- Ronsard (1524–1585), le grand poète de la Renaissance.
- Montaigne (1533–1592), écrivain et penseur, auteur des *Essais*.

17e Siècle: Le Classicisme

- Corneille (1606–1684) et Racine (1639–1699), auteurs de nombreuses tragédies, et Molière (1622–1673), auteur comique.

18e Siècle: Le Siècle des Lumières

- Montesquieu (1689–1755), Voltaire (1694–1778), Rousseau (1712–1778) et Diderot (1713–1784), écrivains et philosophes.

19e Siècle: Romantisme, Réalisme, Naturalisme, Symbolisme

- Le Romantisme triomphe dans l'œuvre de Victor Hugo (1802–1885), auteur de nombreux romans (*Les Misérables, Notre Dame de Paris*, etc.) et recueils de poèmes.

- Balzac (1799–1850) et Flaubert (1821–1880) ouvrent la porte au roman réaliste (*Le Père Goriot, Madame Bovary*). Ils sont suivis par Zola (1840–1902) qui devient vite le chef de l'école naturaliste (*Germinal, Nana,* etc.).
- Baudelaire (1821–1867), Verlaine (1844–1896), Rimbaud (1854–1891) et Mallarmé (1842–1898), quatre grands poètes symboliques de la fin du 19e siècle.

20e Siècle: Surréalisme, Existentialisme, Littérature de l'absurde, Nouveau roman

Parmi les nombreux écrivains du 20e siècle, les plus connus du public américain sont probablement Marcel Proust, Antoine de Saint-Exupéry (*Le Petit Prince, Vol de nuit,* etc.), Albert Camus (*L'Étranger, La Peste,* etc.), Jean Paul Sartre (*Huis clos, Les Jeux sont faits,* etc.), Simone de Beauvoir (*Le Deuxième Sexe, Mémoires d'une jeune fille rangée,* etc.), Eugène Ionesco (*Rhinocéros*), Samuel Beckett (*En attendant Godot*), Alain Robbe-Grillet (*La Jalousie*) et Marguerite Duras, auteur de nombreux romans et films.

Et vous?

Quels sont quelques-uns des grands noms et des grandes œuvres de la littérature américaine (romans, poèmes, pièces de théâtre)? Quels sont les auteurs et les œuvres que vous aimez particulièrement?

Communication et vie pratique

A. Rapports des témoins. Vous étiez présent(e) quand les événements suivants ont eu lieu (*took place*). Répondez aux questions de l'agent de police, joué(e) par un(e) autre étudiant(e). Les autres étudiants écoutent et prennent des notes. Ensuite ils vont préparer un rapport oral ou écrit.

Suggestions

1. Un piéton (*pedestrian*) qui traversait la rue a été renversé (*run over*) par un cycliste.
2. Il y a eu un cambriolage (*burglary*) dans votre quartier.
3. Il y a eu une dispute dans un des bars du quartier.

B. Portraits. Racontez la vie de différentes personnes célèbres ou de différents personnages historiques sans mentionner leurs noms. Les autres étudiants vont deviner l'identité de ces personnes.

C. Voyage dans le temps. «Cela se passait il y a vingt siècles sur une planète qui s'appelait la Terre... » Ainsi commence le rapport d'un historien du 40e siècle décrivant la vie telle qu'elle existait sur la Terre vingt siècles plus tôt. Complétez son rapport.

Invitation à écouter

Souvenirs d'enfance de Kiwele Shamavu. Kiwele Shamavu, un Africain né au Zaïre, parle de son enfance avec un reporter. Écoutez leur conversation et ensuite répondez aux questions suivantes.

1. Où est-ce que Kiwele a passé son enfance?
2. Est-ce qu'il habitait dans une grande ville?
3. Combien de langues est-ce que Kiwele parle?
4. Pourquoi est-ce qu'il est parti en Belgique quand il avait douze ans?
5. Est-ce que Kiwele est resté longtemps sans retourner dans son pays?
6. Quelle a été sa réaction quand il est arrivé à Bruxelles?

Vocabulaire

La vie et les sentiments (Voir pp. 330–331)

Noms

le balcon......*balcony*
la centrale nucléaire......*nuclear power plant*
la détente......*relaxation*
la douleur......*pain*
l'écologiste (m,f)......*environmentalist, ecologist*
la fumée......*smoke*
la guerre......*war*
la manifestation (la manif)......*demonstration*
l'orchestre (m)......*orchestra, seat in the orchestra*
la place......*seat, place*
le rang......*row*
la solidarité......*solidarity*
le témoin......*witness*

Verbes

allumer......*to light*
douter......*to doubt*
exprimer......*to express*
oublier......*to forget*
retenir......*to reserve, hold, retain*
réveiller......*to awaken*
tourner......*to turn*
vivre......*to live*

Divers

à l'avance......*in advance*
autrefois......*formerly*
de préférence......*preferably*
finalement......*finally*
là......*there*
parfois......*sometimes*
quand même......*even though, anyway, nevertheless*
suffisamment......*sufficiently*

Adjectifs

humain......*human*
nucléaire......*nuclear*
spontané......*spontaneous*

CHAPITRE 14

Le monde d'aujourd'hui et de demain

Dans ce chapitre vous allez apprendre à…

Vous tenir au courant de ce qui se passe dans le monde
1. *Parler de l'avenir*
2. *Parler des possibilités*
3. *Indiquer ce qui pourrait être*

Vocabulaire et structures

Mise en train: À la une des journaux

Le futur
Le conditionnel
La phrase conditionnelle

Mise en train:
À la une des journaux

La lecture (*reading*) du journal nous permet de nous tenir au courant de (*informed*) ce qui se passe dans le monde. De quels sujets parle-t-on?

Les problèmes économiques et sociaux

- l'inflation (f), le chômage (*unemployment*), l'augmentation (f) (*increase*) des prix
- la violence et les crimes (m), la drogue
- l'injustice (f), les inégalités (f), la pauvreté (*poverty*)
- l'intolérance (f) et les préjugés (m), le racisme, le sexisme

Les relations internationales

- signer un traité, la paix (*peace*)
- une guerre, un conflit, les victimes (f)

Les événements politiques

- les partis (m) politiques, être pour/être contre
- une élection, voter pour un candidat
- le gouvernement, prendre une décision
- les syndicats (m) ouvriers (*labor unions*), organiser une manifestation, faire grève

Les catastrophes

- une inondation (*flood*), un tremblement de terre (*earthquake*), une tornade, un incendie (*fire*)
- un accident d'avion, les accidents de la route

La nature et l'environnement

- la pollution de l'environnement: les produits (m) chimiques, les déchets (m) (*wastes*) toxiques, le gaspillage (*waste*) des ressources naturelles
- la protection de l'environnement (m): conserver l'énergie (f) et les ressources naturelles, protéger les espèces (f) en voie d'extinction, recycler les déchets

Le progrès et la recherche scientifique

- la lutte contre la maladie, les injustices sociales, la pollution
- les découvertes (f) scientifiques
- la technologie
- l'exploration spatiale

Communication et vie pratique

A. **De quoi s'agit-il?** Lisez les titres suivants et indiquez le sujet de chaque article.

A bord d'une capsule russe,
il doit rejoindre aujourd'hui la station spatiale Mir

Un quatrième Français à l'embarquement pour l'espace

IBM : 10.000 suppressions
d'emploi l'an prochain

Faut-il faire confiance à Bill Clinton ?

Sur les marchés étrangers

Franc : poussée de la spéculation

Il est tombé à son plus bas niveau historique contre le mark. Le dollar poursuit sa descente face au yen.

Paris et l'Europe : bonnes questions, mauvaises réponses

Grâce à la vision française, l'Europe n'est pas seulement un marché mais une puissance.

**Cancer du sein : la vitamine A
du moindre risque**

Débat sur la réforme du Conseil constitutionnel

Nuage toxique sur San Francisco

La Russie face aux épidémies

Choléra, diphtérie et typhus … Les maladies infectieuses se propagent et inquiètent les autorités.

Les bizarreries de la nature

Yen-dollar : nouvel appel à la concertation

Fin de la grève des camionneurs italiens

B. A votre avis. Quelle est, à votre avis, l'importance de chacun des problèmes suivants dans la société américaine? Essayez de justifier votre point de vue.

1	2	3	4
pas important	assez important	très important	extrêmement important

- l'inflation
- le chômage
- l'augmentation des prix
- la violence et les crimes
- la drogue
- les inégalités
- la pauvreté
- l'intolérance et les préjugés
- le racisme
- le sexisme

C. Les catastrophes naturelles. Est-ce qu'il y a quelquefois des inondations, des tremblements de terre ou des tornades dans votre région? Aux États Unis, où est-ce que ces catastrophes sont les plus fréquentes?

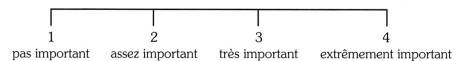

Info-culture: La technologie

La France est à la fois un pays très attaché à son histoire et à ses traditions et un pays tourné vers l'**avenir.** En fait, elle est à la pointe du progrès dans des domaines technologiques importants, en particulier, les transports, l'énergie nucléaire, l'aéronautique et les télécommunications.

Transports: VAL (le métro sans chauffeur en service à Lille), le TGV (train à grande vitesse), et maintenant le TGV Eurostar, un TGV supersophistiqué qui relie Paris, Bruxelles et Londres par le «Chunnel» (c'est-à-dire le tunnel sous la Manche ouvert en 1994). L'Eurostar permet aux voyageurs d'aller de Paris à Londres en trois heures et même d'emmener leur voiture avec eux.

Énergie: Du fait qu'elle ne possède pratiquement pas de pétrole, la France a été obligée de se tourner vers l'énergie nucléaire et elle a construit depuis 1973 un grand nombre de centrales nucléaires, **y compris** un centre de recyclage des déchets nucléaires.

Aéronautique: L'industrie aéronautique française occupe la deuxième place mondiale. Elle produit (en coopération avec d'autres pays européens) des avions de tourisme, des avions d'affaires (les Mystères), des avions commerciaux (le Concorde et l'Airbus), des hélicoptères, des avions militaires (les Mirages), des missiles et des fusées. Le lancement d'Hermès, la première **navette** spatiale européenne, est prévu pour 1995.

Télécommunications: La révolution technologique va des cartes électroniques, appelées «**cartes à mémoire**», inventées dès le début des années 70 au Visiophone (un téléphone qui permet de voir la personne à qui on parle) et au Minitel. Le Minitel, qui est en service depuis 1982, se compose d'un **clavier**, d'un **écran** et d'un modem. Le Minitel donne accès à plus de 4 000 services télématiques et **banques de données.** Il donne les numéros de téléphone de toute la France, les horaires des trains et des spectacles, la météo et les informations. Grâce au Minitel, les **abonnés** peuvent payer leurs **factures** et savoir exactement combien d'argent il reste sur leur compte; ils peuvent communiquer avec les autres abonnés et faire leurs provisions, réserver une chambre d'hôtel ou prendre contact avec un professeur qui aidera directement les enfants à faire leurs devoirs.

Vocabulaire

avenir (m) *future;* **y compris** *including;* **navette** *shuttle;* **carte à mémoire** (f) *"smart card";* **clavier** (m) *keyboard;* **écran** (m) *screen;* **banque de données** (f) *data bank;* **abonné(e)** (m,f) *subscriber;* **facture** (f) *bill*

Et vous?

Imaginez que vous êtes en France et que vous voulez faire un petit voyage à Londres. Utilisez les renseignements suivants pour décider quel moyen de transport vous allez choisir et pourquoi.

PARIS-LONDRES (tarif aller-retour et temps de centre-ville à centre-ville)	Pleins tarifs (en francs)
TGV-Eurostar 4 h 00 (dont 3 h 00 de train fin 1994)	1re classe : 2 000 à 2 400 2e classe : environ 1 400
Avion 4 h 15 (dont 70 min. de vol)	Club : 2 797 Economique : 2 377
Train classique + bateau 9 h 00	1re classe : 1 320 2e classe : 880
Autocar 11 h 00 par le ferry 8 h 00 par le tunnel (début 1995)	+ de 26 ans : 530 – de 26 ans : 430
Voiture 6 h 30 par le ferry 5 h 00 par le tunnel (à partir d'octobre)	Rajouter 200* au prix de la traversée de la Manche (tableau ci-dessous) *(péages + carburant)

Exploration 1

PARLER DE L'AVENIR

Le futur
Présentation

In French, the future tense is a single word formed by adding endings to a stem. It is used both in writing and in speaking, though **aller** + INFINITIVE often replaces the future in conversation.

A. Most verbs form the future by adding the endings shown to the infinitive. When the infinitive ends in **re,** the **e** is dropped.

le futur de *manger*	
je manger**ai**	nous manger**ons**
tu manger**as**	vous manger**ez**
il/elle/on manger**a**	ils/elles manger**ont**

le futur de *finir*	
je finir**ai**	nous finir**ons**
tu finir**as**	vous finir**ez**
il/elle/on finir**a**	ils/elles finir**ont**

le futur d'*attendre*	
j'attendr**ai**	nous attendr**ons**
tu attendr**as**	vous attendr**ez**
il/elle/on attendr**a**	ils/elles attendr**ont**

Je **parlerai** à Jacqueline.
On ne **servira** pas le dîner avant sept heures.
Je suis sûr qu'Anne et Paul se **débrouilleront** bien.

B. Although the future endings are the same for all French verbs, certain common verbs have irregular stems.

Verb	Future stem	
aller	**ir**	Je n'**irai** pas en classe demain.
avoir	**aur**	Vous n'**aurez** pas de difficulté.
devoir	**devr**	Elle **devra** attendre.
être	**ser**	Nous **serons** ici à six heures.
faire	**fer**	Est-ce que vous **ferez** du ski cet hiver?
falloir	**faudr**	Il **faudra** partir à huit heures.
pleuvoir	**pleuvr**	**Pleuvra**-t-il demain?
pouvoir	**pourr**	Je **pourrai** vous aider plus tard.
savoir	**saur**	Avant la fin de l'été, je **saurai** nager.
venir, *etc.*	**viendr**	Quand **reviendras**-tu?
vouloir	**voudr**	Qu'est-ce qu'ils **voudront** faire?

C. In French, when a clause begins with **quand** (*when*), **lorsque** (*when*), **dès que** (*as soon as*), or **aussitôt que** (*as soon as*) and future time is implied, the verb is in the future. In English the present tense is used in similar instances.

Nous ferons une promenade **quand** il **fera** beau.	*We'll take a walk when it's nice.*
Lorsque nous **irons** à Québec, nous visiterons le château Frontenac.	*When we go to Quebec, we'll visit Chateau Frontenac.*
Dès qu'ils **arriveront,** nous nous mettrons à table.	*As soon as they arrive, we'll sit down to eat.*
J'achèterai une maison **aussitôt que** j'**aurai** assez d'argent.	*I'll buy a house as soon as I have enough money.*

Situation

Nos enfants

Paul et Isabelle, un jeune couple, attendent leur premier enfant et ils se demandent comment sera sa vie.

PAUL	Je me demande comment sera le monde quand notre enfant aura notre âge.
ISABELLE	Si on n'arrête pas de polluer la planète, c'est un monde bien triste qu'on lui laissera. Pense à toutes les forêts qui seront détruites et à toutes les espèces animales qui vont disparaître...
PAUL	Oui, mais qu'est-ce qu'on y peut faire? On ne peut pas arrêter le progrès.
ISABELLE	Non, mais il faudra bien faire quelque chose. Sinon, tout ce progrès ne servira à rien.

Vocabulaire

détruire *to destroy;* **disparaître** *to disappear*

Avez-vous bien compris?

Répondez aux questions suivantes.

1. Pourquoi Paul et Isabelle sont-ils inquiets?
2. Quels sont les dangers particuliers qui les préoccupent?
3. Quelle est leur conclusion?

Premiers pas

A. J'ai confiance... Dominique est assez optimiste quand elle pense à l'avenir. Qu'est-ce qu'elle dit?

> **EXEMPLE**   nous / trouver du travail
> **Je suis sûre que nous trouverons du travail.**

1. Hélène / réussir bien
2. vous / faire des progrès
3. Sylvie et Bertrand / se marier
4. ils / être heureux
5. tu / aller à l'université
6. je / apprendre beaucoup de choses
7. vous / avoir assez d'argent
8. nous / pouvoir trouver une solution

B. Quand le ferez-vous? Quelques amis parlent des choses qu'ils doivent faire cette semaine. Qu'est-ce qu'ils disent?

> **EXEMPLE**   Quand est-ce que tu vas faire le ménage? (quand je me sentirai mieux)
> **Je ferai le ménage quand je me sentirai mieux.**

1. Quand est-ce que vous allez vous occuper du jardin? (quand il fera beau)
2. Quand est-ce que Paul va acheter une nouvelle voiture? (quand il aura assez d'argent)
3. Quand est-ce que tu vas être plus sérieux? (quand je serai vieux)
4. Quand est-ce qu'on va faire une promenade? (quand on aura le temps)
5. Quand est-ce que Gérard va acheter de nouveaux vêtements? (quand il ira en ville)
6. Quand est-ce que vous allez vous reposer? (quand nous aurons moins de travail)

Communication et vie pratique

A. Projets d'avenir. Voici une liste de projets d'avenir. Choisissez-en cinq que vous avez l'intention d'accomplir au cours de votre vie. Si vous préférez, vous pouvez substituer vos propres projets. Ensuite, discutez vos choix avec d'autres étudiants et essayez d'en expliquer les raisons.

> EXEMPLE   apprendre à parler une autre langue étrangère
> **J'apprendrai à parler une autre langue étrangère parce que c'est important pour la profession que j'ai choisie.**

1. avoir un métier intéressant
2. faire le tour du monde
3. gagner beaucoup d'argent
4. prendre le temps de s'amuser un peu
5. se marier et avoir des enfants
6. faire du sport régulièrement pour rester en bonne forme physique
7. passer plusieurs années de sa vie dans un pays étranger
8. aller habiter à la campagne
9. acheter une maison
10. ?

B. L'été prochain. Posez des questions aux autres étudiants pour savoir ce qu'ils ont l'intention de faire l'été prochain.

> EXEMPLE   **—Est-ce que tu resteras ici l'été prochain?**
> **—Non, ma famille et moi, nous irons au Canada.**

C. Réactions. Complétez les phrases suivantes pour exprimer vos opinions ou vos intentions.

1. Quand j'aurai trente-cinq ans, je...
2. Je partirai en vacances dès que...
3. Quand j'aurai le temps, je...
4. Dès que j'aurai assez d'argent, je...
5. Les étudiants seront contents quand...
6. Quand j'aurai besoin d'argent, je...
7. Quand il fera froid, nous...
8. Lorsque nous serons au vingt et unième siècle...

 C'est votre tour

Imaginez la conversation entre une personne qui est très optimiste quand il ou elle pense à l'avenir et une autre personne qui est très pessimiste. Avant de jouer les rôles respectifs, pensez aux différentes choses (positives ou négatives) qui risquent d'arriver.

Exploration 2

PARLER DES POSSIBILITÉS

Le conditionnel
Présentation

In English a conditional verb can usually be recognized by the word *would* in a verb phrase: *I would like to study in Quebec; he would like to buy a new car.* In French the conditional is formed by adding the endings of the imperfect tense to the future stem of a verb.

le conditionnel d'*aimer*	
j'aimer**ais**	nous aimer**ions**
tu aimer**ais**	vous aimer**iez**
il/elle/on aimer**ait**	ils/elles aimer**aient**

The conditional is used:

A. To express a wish or suggestion:

| Je **préférerais** partir demain. | *I'd prefer to leave tomorrow.* |
| Nous **voudrions** faire une promenade. | *We'd like to go for a walk.* |

B. When a condition is stated or implied:

| A votre place, je ne **dirais** pas ça. | *In your place, I wouldn't say that.* |
| Dans ce cas-là, tu **pourrais** venir demain. | *In that case, you could come tomorrow.* |

C. In order to be less direct and more polite in:

1. Making requests or suggestions: **je voudrais… ; pourriez-vous… ; accepteriez-vous… ; aimeriez-vous… ;** etc.
2. Accepting invitations: **ça me ferait plaisir; ce serait une excellente idée; j'aimerais bien.**

| —**Aimeriez**-vous venir dîner à la maison? | *Would you like to come have dinner at our house?* |
| —Oui, ça me **ferait** plaisir. | *I'd love to. (Yes, that would please me.)* |

D. In indirect style, to relate what somebody has said:

| Il a dit qu'il **parlerait** au professeur. | *He said that he would speak to the instructor.* |

Situation

Un nouvel appartement

Jean-Claude a envie d'avoir son propre appartement. Il essaie de persuader sa mère.

JEAN-CLAUDE	Je voudrais bien louer un petit studio près du campus l'année prochaine.
SA MÈRE	J'aimerais mieux que tu restes dans une résidence. Je me sentirais plus tranquille... Et puis, ça coûterait moins cher.
JEAN-CLAUDE	Oui, un peu, mais pas trop. Je pourrais peut-être travailler à McDo pour gagner un peu d'argent.
SA MÈRE	Et, qu'est-ce que tu ferais à McDo, la cuisine?
JEAN-CLAUDE	Et pourquoi pas?

Avez-vous bien compris?

Que propose Jean-Claude? Pourquoi sa mère hésite-t-elle et que dit Jean-Claude pour la rassurer?

Premiers pas

A. Chacun a ses responsabilités. Plusieurs amis ont décidé de faire un voyage au Canada. Voici ce que chaque personne a promis de faire.

> EXEMPLE   Luc va choisir l'itinéraire.
> **Luc a dit qu'il choisirait l'itinéraire.**

1. Nous allons louer une voiture.
2. Tu vas acheter une carte.
3. Michel va consulter une agence de voyages.
4. Catherine va écrire à ses cousins québécois.
5. Vous allez acheter les billets d'avion.
6. Mes amis vont me prêter une valise.

B. Je me suis trompée. Monique a mal compris ce que les autres ont dit. Elle est surprise quand on lui dit qu'elle s'est trompée.

> EXEMPLE   Il viendra demain. (aujourd'hui)
> **Ah, oui? Je croyais qu'il viendrait aujourd'hui.**

1. Le concert aura lieu vendredi. (samedi)
2. Nous irons au cinéma. (au théâtre)
3. Nos amis arriveront lundi. (dimanche)
4. On mangera à la maison. (au restaurant)
5. Tu m'attendras devant le musée. (dans le parc)
6. On sera de retour à huit heures. (à sept heures)

C. Politesse. Monsieur Bourru n'a pas toujours le succès qu'il aimerait avoir avec ses employés parce qu'il est souvent trop direct. Pourriez-vous l'aider à être plus poli?

EXEMPLES   Je veux vous parler.
Je voudrais vous parler.
Aidez-moi.
Pourriez-vous m'aider?

1. Je veux voir le rapport que vous avez écrit.
2. Jeune homme, apportez-moi un café.
3. Je veux une réponse aujourd'hui.
4. Soyez ici à huit heures.
5. Dites à Georges que je veux le voir tout de suite.
6. Téléphonez à Bernard et dites-lui que je veux lui parler.

Communication et vie pratique

A. À votre place. Que feriez-vous à la place de la personne qui parle?

EXEMPLE   Je vais me coucher à trois heures du matin parce
que j'ai un examen demain matin.
Moi, à votre place, je me coucherais avant minuit.
ou: **Moi, je ferais la même chose.**
ou: **A votre place, je ne me coucherais pas à trois
heures du matin.**

1. Je vais aller faire une promenade. J'irai en classe un autre jour.
2. J'ai besoin de perdre quelques kilos. Je vais manger un seul repas par
jour.
3. Je n'ai pas envie de téléphoner à mes parents aujourd'hui. Je leur télé-
phonerai un autre jour.
4. Je n'ai pas assez d'argent en ce moment. Mais j'ai vraiment envie d'un
nouveau magnétoscope. Je vais l'acheter à crédit.
5. Je vais regarder la télévision. Je finirai mes devoirs demain.
6. Moi, je ne permettrai pas à mes enfants de sortir seuls le soir.

B. Invitations. Posez les questions suivantes (ou d'autres questions) à un(e)
autre étudiant(e) qui va accepter—ou refuser—vos suggestions aussi poli-
ment que possible.

EXEMPLE   Demandez-lui si vous pourriez l'accompagner à la
gare.
**—Est-ce que je pourrais t'accompagner à la
gare?**
—Oui, ce serait gentil de ta part.
ou: **—Ce serait gentil mais Pierre a déjà dit qu'il
m'accompagnerait.**

Demandez-lui...

1. s'il/si elle voudrait boire quelque chose.
2. s'il/si elle aimerait aller au cinéma ce soir.
3. si cela lui ferait plaisir de venir au match avec vous.
4. s'il/si elle aimerait jouer au tennis cet après-midi.
5. s'il/si elle aurait le temps de vous aider à faire vos devoirs.
6. s'il/si elle pourrait vous prêter ses notes de classe.
7. s'il/si elle aurait envie de faire une petite promenade.

C'est votre tour

Imaginez que vous avez envie de faire des changements dans votre vie (par exemple, changement de ville, d'université, de programme d'études, d'appartement). Vous voyez tous les avantages (**ce serait formidable, j'aurais plus de liberté**). Vos amis, au contraire, voient tous les inconvénients (**cela présenterait trop de problèmes, ça coûterait trop cher**).

Exploration 3

INDIQUER CE QUI POURRAIT ÊTRE

La phrase conditionnelle
Présentation

When thinking about how things could be, the **si** clause is in the imperfect tense and the result clause is in the conditional tense.

Si Jean **étudiait** plus, il **réussirait** mieux.	*If John studied more (If John were to study more), he would do better.*
J'**achèterais** un ordinateur si j'**avais** assez d'argent.	*I would buy a computer if I had enough money.*

Sentences with **si** clauses in the present can have result clauses with the present, the future, or the imperative.

Si vous **êtes** fatigué, vous **pouvez** vous reposer.
Si vous **êtes** fatigué, **reposez**-vous.
Vous **serez** fatigué si vous ne vous **reposez** pas.

Situation

Projets de voyage
André et Robert sont des amis de Liliane, une Québécoise qu'ils ont connue quand elle faisait un séjour à Paris. Ils aimeraient bien la revoir et lui rendre visite dans son pays.

ANDRÉ	**Si** on allait au Canada pendant les vacances de printemps? Qu'est-ce que tu en penses?
ROBERT	Ce serait une bonne idée. Si tu veux, nous pourrions rendre visite à Liliane.
ANDRÉ	Si c'était possible, je serais content de la **revoir.**
ROBERT	Je suis sûr que ça lui ferait plaisir aussi.
ANDRÉ	Alors, je vais lui **écrire**[1] tout de suite et lui demander si elle est libre.

---

[1]**Écrire** is an irregular verb. Its present tense forms are: **j'écris, tu écris, il/elle écrit; nous écrivons, vous écrivez, ils/elles écrivent.** For other forms, see the verb charts in the appendix.

Vocabulaire

si *what if;* **revoir** *to see again;* **écrire** *to write*

Avez-vous bien compris?

1. Où est-ce qu'André voudrait aller pendant les vacances de printemps?
2. Qu'est-ce que Robert en pense?
3. Qui André et Robert aimeraient-ils revoir?
4. Pourquoi est-ce qu'André va écrire à Liliane?

Premiers pas

A. Si c'était possible... Serge parle des choses qu'il aimerait faire.

> **EXEMPLE** chercher un autre travail
> **Si je pouvais, je chercherais un autre travail.**

1. continuer mes études
2. suivre des cours de comptabilité
3. habiter dans un autre quartier
4. apprendre un autre métier
5. vendre ma vieille voiture
6. m'acheter une nouvelle voiture
7. rendre visite à mes amis espagnols

B. Interview. Un reporter a interviewé des Québécois et leur a posé la question suivante: «Que feriez-vous si vous aviez plus d'argent?» Donnez leurs réponses.

> **EXEMPLE** je/aller aux États-Unis
> **J'irais aux États-Unis si j'avais plus d'argent.**

1. je/prendre de longues vacances
2. Paul et sa femme/acheter une maison à la campagne
3. nous/faire un voyage au Mexique
4. ma femme/retourner à l'université
5. Pierre/acheter un bateau
6. Jean et moi, nous/mettre un peu d'argent à la banque
7. nous/aller à la Martinique

Communication et vie pratique

A. Que feriez-vous? Que feriez-vous si vous étiez dans les situations suivantes? Complétez les phrases selon vos préférences.

1. S'il n'y avait pas de cours aujourd'hui...
2. Si j'avais besoin d'une nouvelle voiture...
3. Si je pouvais être une autre personne...
4. Si j'avais soixante ans...
5. Si j'étais millionnaire...
6. Si j'habitais dans un autre pays...

B. **Changez de rôle.** Que feriez-vous si vous étiez à la place des personnes suivantes?

1. le professeur
2. le président des États-Unis
3. le président de votre université
4. un acteur ou une actrice célèbre
5. ?

C'est votre tour

Imaginez que vous êtes conseiller (conseillère) pédagogique et que vous parlez avec un(e) étudiant(e) qui ne sait pas dans quel domaine il/elle veut se spécialiser ni ce qu'il/elle veut faire dans la vie. Aidez cette personne à explorer les différentes possibilités. (**Si vous vous spécialisiez dans le marketing, vous pourriez peut-être travailler pour une compagnie internationale.**)

Intégration et perspectives: Soyez acteur de l'environnement

Le texte suivant fait partie d'une brochure invitant les Français à devenir «acteur de l'environnement», c'est-à-dire à participer activement à la protection de l'environnement.

Comme le texte l'indique, ce programme est **parrainé** par différentes compagnies. Vous noterez dans ce texte l'utilisation fréquente du gérondif qui indique comment on peut faire quelque chose, par exemple, «en utilisant» veut dire *by using* et «en ne les abandonnant pas» veut dire *by not abandoning them.*

Avez-vous bien compris?

Quelles sont les dix choses principales que ferait un bon «acteur de l'environnement» (e.g., un bon acteur de l'environnement est une personne qui prendrait l'autobus au lieu d'utiliser sa voiture).

Vocabulaire

parrainé *sponsored;* **sensible** *sensitive;* **marais** (m) *swamp;* **autant que** *as much as;* **poubelle** (f) *trashcan;* **huile** (f) *oil;* **pile** (f) *battery;* **encombrant** *bulky;* **déchetterie** (f) *waste collection center;* **veiller** *to watch over;* **gérer** *to manage;* **se déplacer** *to move about;* **futé** *smart, wise;* **économiser** *to save;* **éteindre** *to turn off;* **chauffer** *to heat;* **se renseigner** *to inform oneself;* **méfaits** (m pl) *damages;* **baisser** *to lower;* **mobylette** (f) *moped;* **tondeuse à gazon** (f) *lawnmower;* **cahier** (m) **des charges** *terms and conditions;* **règle** (f) *rule;* **emballage** (m) *packaging;* **auprès de** *with, about*

Signez

la charte **Acteur de l'Environnement**

LES 10 ENGAGEMENTS DE

l'Acteur de l'Environnement

1 Je respecte la nature et ses éléments,
plantes, fleurs, animaux et tout milieu naturel sensible (marais, lacs, rivières, bords de mer...) avec Sélection du Reader's Digest, acteur de l'environnement.

2 Je suis responsable de mes déchets,
en ne les abandonnant pas, en utilisant autant que possible les poubelles appropriées (verre, huile, carton, papier, piles) et, pour les déchets les plus encombrants, en allant à la déchetterie... avec Allibert Développement Urbain, acteur de l'environnement.

3 Je protège l'eau,
en veillant à la préservation de l'environnement, en ne rejetant pas de produits toxiques dans les cours d'eau, en gérant ma consommation... avec la Lyonnaise des Eaux-Dumez, acteur de l'environnement.

4 Je me déplace "futé",
en utilisant prioritairement les transports en commun, en adaptant mon véhicule à mon itinéraire, en me déplaçant à pied ou en vélo, ce qui est bon pour ma santé... avec la SNCF, acteur de l'environnement.

5 J'économise l'énergie,
en éteignant la lumière, en ne chauffant pas la fenêtre ouverte, en isolant ma maison, en me renseignant sur toutes les économies d'énergie protectrices de l'environnement et en choisissant des matériels appropriés... avec IBM, acteur de l'environnement.

6 Je lutte contre le bruit et ses méfaits,
en baissant mon poste de télévision, ma radio et ma chaîne hi-fi, en réglant ma mobylette, en utilisant ma tondeuse à gazon à une heure raisonnable... avec le Centre d'Information et de Documentation sur le Bruit (CIDB), acteur de l'environnement.

7 Je préserve ma santé en préservant l'environnement,
en appliquant chacun des principes de la charte, et notamment en portant attention à l'eau, aux déchets, au bruit, au comportement de mes animaux... avec Rhône-Poulenc, acteur de l'environnement.

8 Je préserve le paysage,
en respectant le cahier des charges de mon immeuble, de ma commune, de ma région, et les règles élémentaires du bon voisinage, en laissant la nature plus propre encore que j'ai pu la trouver... avec Vacances Propres, acteur de l'environnement.

9 Je choisis des produits,
et autant que possible des matériaux recyclés ou réutilisables (papier, verre, plastique, etc.) dont les emballages sont recyclables et réduits au minimum... avec Carrefour, acteur de l'environnement.

10 J'informe et je m'informe,
je m'informe auprès des associations, de ma mairie et de tout organisme compétent en ce domaine. Je sensibilise ma famille, mes amis, mes collègues de travail à la protection et à la promotion de l'environnement... avec Elf, acteur de l'environnement.

▐ Info-culture:
▐ Le mouvement écologique

Le rôle que jouent les deux partis écologiques—Les Verts et Génération Écologique—sur la scène politique française est une indication de l'importance que les Français accordent maintenant à la protection de l'environnement. Cette **prise de conscience** s'est manifestée officiellement dès 1972 par la création du Ministère de l'Environnement. Des groupes écologiques de leur côté ont commencé à s'organiser. Leur action **vise** à **sensibiliser** le public et à faire pression sur le gouvernement **pour qu**'il prenne des mesures en faveur de la protection de l'environnement.

Selon les experts, les deux plus grands problèmes écologiques en France sont l'eau et les déchets. Les centres de traitement des déchets ne sont pas assez nombreux et leur opération est assez **coûteuse**. Certaines villes ont cependant mis en place un système expérimental de **tri** et de traitement sélectif des déchets. La ville de Dunkerque, par exemple, a adopté le système des trois poubelles: une pour les déchets ménagers qui peuvent être brûlés (et produire de l'électricité), une pour le plastique et le **verre** et une pour les déchets toxiques.

Vocabulaire

prise de conscience (f) *awareness;* **viser** *to aim;* **sensibiliser** *to sensitize;* **pour que** *so that;* **coûteux/euse** *costly;* **tri** (m) *sorting;* **verre** (m) *glass*

Et vous?

La carte du monde qui suit indique les principaux problèmes écologiques qui menacent notre planète. Répondez aux questions suivantes selon les renseignements que cette carte nous donne.

1. Quelles espèces animales sont en voie d'extinction?
2. Dans quels pays du monde la déforestation est-elle un problème?
3. Dans quels pays l'émission de CO_2 (gaz carbonique) présente-t-elle un problème sérieux?
4. Quels sont les pays du monde où il n'y a pas assez d'eau potable (*drinking water*)?
5. Dans quels pays existe-t-il un risque nucléaire?

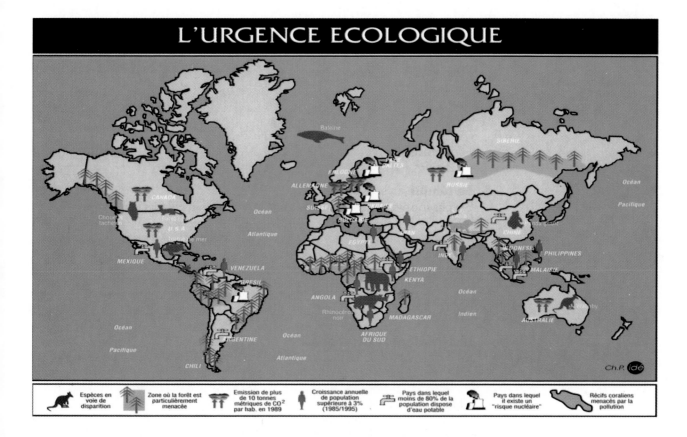

Communication et vie pratique

A. Soyez acteur de l'environnement. Quelles sont les choses que vous ferez ou pourriez faire pour devenir acteur de l'environnement?

> **EXEMPLE**   **Je ferai partie d'une organisation écologique.**

B. Dans vingt ans. Comment imaginez-vous votre avenir? Les questions suivantes font partie d'un sondage d'opinion. Comment allez-vous y répondre? Comparez et discutez vos réponses.

1. **Votre cadeau d'anniversaire dans 20 ans**
   Pour fêter votre anniversaire, vous pourrez enfin vous acheter...

   - Un vieux cottage à la campagne
   - Une machine à remonter dans (*go back in*) le temps
   - Un week-end dans l'espace
   - Une voiture entièrement programmable
   - Un abri (*shelter*) antinucléaire
   - Autre

2. **Les plaisirs**
   Quels seront vos plus grands plaisirs dans 20 ans?

   - Me promener dans la nature
   - Faire du sport
   - Faire l'amour
   - Me baigner dans ma piscine privée
   - Voir des films
   - Jouer avec mon ordinateur
   - Autre

3. **La famille**
   Si vous formez un jour un couple stable, combien d'enfants aurez-vous?

   - Je ne veux pas d'enfants
   - Un seul suffira
   - Deux enfants
   - Trois enfants
   - Quatre et plus
   - Autre

4. **Le travail et la personnalité**
   En dehors des diplômes, qu'est-ce qui vous sera, à votre avis, le plus utile pour trouver un emploi?

   - Mes qualités personnelles
   - La façon de me présenter
   - Les relations de ma famille
   - C'est uniquement une question de chance.
   - Autre

5. **Le niveau de vie**
   Par rapport à vos parents, votre niveau de vie dans 20 ans sera-t-il...

   - Supérieur au niveau de vie de vos parents
   - Égal
   - Inférieur
   - Autre

6. **Les problèmes sociaux**
   Pensez-vous que vous connaîtrez une période de chômage?

   - Oui, à tout moment il y aura un risque.
   - Oui, sans doute au début.
   - Je pense que non.

7. **La retraite**
   Aujourd'hui la retraite est à 60 ans. Pour vous, qu'en pensez-vous?

   - 60 ans, ce sera bien pour moi.
   - 60 ans, c'est trop tôt pour arrêter de travailler.
   - 60 ans, c'est trop tard pour arrêter de travailler.
   - Autre

8. **Le monde où nous vivons**

Quel est le problème qui devra être résolu en priorité d'ici 20 ans?

- La faim dans le monde
- Le chômage
- La prolifération des armes nucléaires
- Le cancer
- Le racisme
- Autre

C. Sondage d'opinion. Vous travaillez pour une société de sondages d'opinion et on vous a demandé de préparer un sondage sur l'attitude des gens envers les différents problèmes sociaux et politiques. Préparez vos questions et ensuite posez-les aux autres étudiants de la classe.

> EXEMPLE **Si vous pouviez résoudre un seul problème, à quel problème donneriez-vous la priorité?**

Invitation à écouter

L'avenir? Quel avenir? Au cours d'une enquête sur les sentiments des jeunes Françaises au sujet de leur avenir, une journaliste parle avec Christine, une Parisienne. Écoutez l'interview et ensuite donnez l'opinion de Christine sur les sujets indiqués.

Quelle est l'opinion de Christine sur…

1. les études
2. le mariage
3. le travail
4. l'égalité entre les sexes
5. l'avenir

Vocabulaire

Les catastrophes (Voir p. 357)
Les événements politiques (Voir p. 357)
La nature et l'environnement (Voir p. 358)
Les problèmes économiques et sociaux (Voir p. 356)
Le progrès et la recherche scientifique (Voir p. 359)
Les relations internationales (Voir p. 356)

Noms

le comportement......*behavior*
la dépense......*expense, expenditure*
l'électricité (f)......*electricity*
le gaz......*gas*
l'huile (f)......*oil*
la lumière......*light*
la Mobylette......*a type of moped*
la pile......*battery*
le poste de télévision......*television set*
la poubelle......*trash can*
la préservation......*protection, preservation*
la tondeuse......*lawn mower*

Les verbes

appliquer......*to apply*
baisser......*to lower, decrease*
se déplacer......*to move, travel*
détruire......*to destroy*
disparaître......*to disappear*
éteindre......*to put out, turn off (lights)*
favoriser......*to favor*
s'informer......*to find out, inquire*
lancer......*to launch*
rejeter......*to reject*
se renseigner......*to seek information*
souhaiter......*to wish*

Adjectifs

protecteur, protectrice......*protective*
sensible......*sensitive*

Divers

aussitôt que......*as soon as*
autant que......*as much as, as many as*
avoir conscience......*to be aware*
chacun d'entre nous......*each of us*
dès que......*when, as soon as*
lorsque......*when*

Appendixes

Appendix A

International phonetic alphabet

Vowels

a	la
ɑ	pâte
e	été
ɛ	fête
ə	le
i	midi
o	dos
ɔ	votre
ø	deux
œ	leur
u	nous
y	du
ɑ̃	dans
ɛ̃	vin
ɔ̃	mon
œ̃	un

Consonants

b	beau
d	danger
f	fin
g	gare
k	quand
l	livre
m	maman
n	non
p	petit
r	rêve
s	sa
t	tête
v	victoire
z	zéro
ʃ	chien
ʒ	juge
ɲ	montagne

Semivowels

j	famille, métier, crayon
w	Louis, voici
ɥ	lui, depuis

381

adjective   a word used to modify, qualify, define, or specify a noun or noun equivalent (*intricate* design, *volcanic* ash, *medical* examination)
     demonstrative adjective designates or points out a specific item (*this* area)
     descriptive adjective provides description (*narrow* street)
     interrogative adjective asks or questions (*Which* page?)
     possessive adjective indicates possession (*our* house)

In French, the adjective form must agree with, or show the same gender and number as, the noun it modifies.

adverb   a word used to qualify or modify a verb, adjective, another adverb, or some other modifying phrase or clause (soared *gracefully*, *rapidly* approaching train)

agreement   The accordance of forms between subject and verb, in terms of person and number, or between tenses of verbs (The bystander *witnessed* the accident but *failed* to report it.)

In French, the form of the adjective must conform in gender and number with the modified noun or noun equivalent.

article   one of several types of words used before a noun
     definite article limits, defines, or specifies (*the* village)
     indefinite article refers to a nonspecific member of a group or class (*a* village, *an* arrangement)
     partitive article refers to an indefinite quantity of an item (*some* coffee, *any* tea).

In French, the article takes different forms to indicate the gender and number of a noun.

auxiliary   a verb or verb form used with other verbs to construct certain tenses, voices, or moods (He *is* leaving. She *has* arrived. You *must* listen.)

clause   a group of words consisting of a subject and a predicate and functioning as part of a complex or compound sentence rather than as a complete sentence
     subordinate clause modifies and is dependent upon another clause (*Since the rain has stopped,* we can have a picnic.)
     main clause is capable of standing independently as a complete sentence (If all goes well, *the plane will depart in twenty minutes.*)

cognate   a word resembling a word in another language (*university* and *université* in French)

command   *See* **mood (imperative).**

comparative   level of comparison used to show an increase or decrease of quantity or quality or to compare or show inequality between two items (*higher* prices, the *more* beautiful of the two mirrors, *less* diligently, *better* than)

comparison   modification of the form of an adjective or adverb to show change in the quantity or quality of an item or to show the relation between the items

conditional   a verb construction used in a contrary-to-fact statement consisting of a condition or an *if*-clause and a conclusion (If you had told me you were sick, *I would have offered* to help.)

conjugation   the set of forms a verb takes to indicate changes of person, number, tense, mood, and voice

conjunction   a word used to link or connect sentences or parts of sentences (*and, but*)

contraction   an abbreviated or shortened form of a word or word group (*can't, we'll*)

gender   the classification of a word by sex. In English, almost all nouns are classified as masculine, feminine, or neuter according to the biological sex of the thing named; in French, however, a word is classified as feminine or masculine (there is no neuter classification) primarily on the basis of its linguistic form or derivation.

idiom   an expression that is grammatically or semantically unique to a particular language (*I caught a cold. Happy birthday.*)

imperative   *See* **mood**.

indicative   *See* **mood**.

infinitive   the basic form of the verb, and the one listed in dictionaries, with no indication of person or number; it is often used in verb constructions and as a verbal noun, usually with "to" in English or with **-er, -ir,** or **-re** in French.

inversion   *See* **word order (inverted)**.

mood   the form and construction a verb assumes to express the manner in which the action or state takes place
imperative mood used to express commands (*Walk* to the park with me.)
indicative mood the form most frequently used, usually expressive of certainty and fact (My neighbor *walks* to the park every afternoon.)
subjunctive mood used in expression of possibility, doubt, or hypothetical situations (I wish he *were* here.)

noun   a word that names something and usually functions as a subject or an object (*lady, country, family*)

number   the form a word or phrase assumes to indicate singular or plural (*light/lights, mouse/mice, he has/they have*)
cardinal number used in counting or expressing quantity (*1, 23, 6,825*)
ordinal number refers to sequence (*second, fifteenth, thirty-first*)

object	a noun or noun equivalent
	direct object receives the action of the verb (The boy caught a *fish.*)
	indirect object affected by the action of the verb (Please do *me* a favor.)
participle	a verb form used as an adjective or adverb and in forming tenses
	past participle relates to the past or a perfect tense and takes the appropriate ending (*written* proof, the door has been *locked*)
	present participle assumes the progressive "-ing" ending in English (*protesting* loudly; *seeing* them)

In French, a participle used as an adjective or in an adjectival phrase must agree in gender and number with the modified noun or noun equivalent.

passive	*See* **voice (passive)**.
person	designated by the personal pronoun and/or by the verb form
	first person the speaker or writer (*I, we*)
	second person the person(s) addressed (*you*)

In French, there are two forms of address: the familiar and the polite.

	third person the person or thing spoken about (*she, he, it, they*)
phrase	a word group that forms a unit of expression, often named after the part of speech it contains or forms
prefix	a letter or letter group added at the beginning of a word to alter the meaning (*non*committal, *re*discover)
preposition	a connecting word used to indicate a spatial, temporal, causal, affective, directional, or some other relation between a noun or pronoun and the sentence or a portion of it (We waited *for* six hours. The article was written *by* a famous journalist.)
pronoun	a word used in place of a noun
	demonstrative pronoun refers to something previously mentioned in context (If you need hiking boots, I recommend *these.*)
	indefinite pronoun denotes a nonspecific class or item (*Nothing* has changed.)
	interrogative pronoun asks about a person or thing (*Whose* is this?)
	object pronoun functions as a direct, an indirect, or a prepositional object (Three people saw *her.* Write *me* a letter. The flowers are for *you.*)
	possessive pronoun indicates possession (The blue car is *ours.*)
	reflexive pronoun refers back to the subject (They introduced *themselves.*)

subject pronoun functions as the subject of a clause or sentence (*He* departed a while ago.)

reflexive construction

See **pronoun (reflexive)**.

sentence

a word group, or even a single word, that forms a meaningful complete expression

declarative sentence states something and is followed by a period (*The museum contains many fine examples of folk art.*)

exclamatory sentence exhibits force or passion and is followed by an exclamation point (*I want to be left alone!*)

interrogative sentence asks a question and is followed by a question mark (*Who are you?*)

subject

a noun or noun equivalent acting as the agent of the action or the person, place, thing, or abstraction spoken about (*The fishermen* drew in their nets. *The nets* were filled with the day's catch.)

suffix

a letter or letter group added to the end of a word to alter the meaning or function (like*ness*, transport*ation*, joy*ous*, love*ly*)

superlative

level of comparison used to express the utmost or lowest level or to indicate the highest or lowest relation in comparing more than two terms (*highest* prices, the *most* beautiful, *least* diligently)

tense

the form a verb takes to express the time of the action, state, or condition in relation to the time of speaking or writing

imparfait relates to an action that continued over a period of time in the past (It *was existing.* We *were learning.*)

futur antérieur relates to something that has not yet occurred but will have taken place and be complete by some future time (It *will* have existed. We *will have* learned.)

future tense relates to something that has not yet occurred (It *will exist.* We *will learn.*)

passé composé relates to an occurrence that began at some point in the past but was finished by the time of speaking or writing (It *has existed.* We *have learned.*)

present tense relates to now, the time of speaking or writing, or to a general, timeless fact (It *exists.* We *learn.* Fish *swim.*)

verb

a word that expresses action or a state or condition (*walk, be, feel*)

intransitive verb no receiver is necessary (The light *shines.*)

orthographic-changing verb undergoes spelling changes in conjugation (infinitive: *buy*; past indicative: *bought*)

transitive verb requires a receiver or an object to complete the predicate (He *throws* the ball.)

voice	the form a verb takes to indicate the relation between the expressed action or state and the subject
	active voice indicates that the subject is the agent of the action (The child *sleeps.* The professor *lectures.*)
	passive voice indicates that the subject does not initiate the action but that the action is directed toward the subject (I *was contacted* by my attorney. The road *got slippery* from the rain.)
word order	the sequence of words in a clause or sentence
	inverted word order an element other than the subject appears first (*If the weather permits,* we plan to vacation in the country. *Please* be on time. *Have* you met my parents?)

Appendix C

Verbs

Regular Verbs

Infinitif Participes	Indicatif				
	Présent	Imparfait	Passé composé	Passé simple	Plus-que-parfait
parler parlant parlé	parle parles parle parlons parlez parlent	parlais parlais parlait parlions parliez parlaient	ai parlé as parlé a parlé avons parlé avez parlé ont parlé	parlai parlas parla parlâmes parlâtes parlèrent	avais parlé avais parlé avait parlé avions parlé aviez parlé avaient parlé
finir finissant fini	finis finis finit finissons finissez finissent	finissais finissais finissait finissions finissiez finissaient	ai fini as fini a fini avons fini avez fini ont fini	finis finis finit finîmes finîtes finirent	avais fini avais fini avait fini avions fini aviez fini avaient fini
rendre rendant rendu	rends rends rend rendons rendez rendent	rendais rendais rendait rendions rendiez rendaient	ai rendu as rendu a rendu avons rendu avez rendu ont rendu	rendis rendis rendit rendîmes rendîtes rendirent	avais rendu avais rendu avait rendu avions rendu aviez rendu avaient rendu
partir (dormir, s'endormir, mentir, sentir, servir, sortir) partant parti	pars pars part partons partez partent	partais partais partait partions partiez partaient	suis parti(e) es parti(e) est parti(e) sommes parti(e)s êtes parti(e)(s) sont parti(e)s	partis partis partit partîmes partîtes partirent	étais parti(e) étais parti(e) était parti(e) étions parti(e)s étiez parti(e)(s) étaient parti(e)s

		Conditionnel		Impératif	Subjonctif	
Futur	**Futur antérieur**	**Présent**	**Passé**		**Présent**	**Passé composé du subjonctif**
parlerai	aurai parlé	parlerais	aurais parlé		parle	aie parlé
parleras	auras parlé	parlerais	aurais parlé	parle	parles	aies parlé
parlera	aura parlé	parlerait	aurait parlé		parle	ait parlé
parlerons	aurons parlé	parlerions	aurions parlé	parlons	parlions	ayons parlé
parlerez	aurez parlé	parleriez	auriez parlé	parlez	parliez	ayez parlé
parleront	auront parlé	parleraient	auraient parlé		parlent	aient parlé
finirai	aurai fini	finirais	aurais fini		finisse	aie fini
finiras	auras fini	finirais	aurais fini	finis	finisses	aies fini
finira	aura fini	finirait	aurait fini		finisse	ait fini
finirons	aurons fini	finirions	aurions fini	finissons	finissions	ayons fini
finirez	aurez fini	finiriez	auriez fini	finissez	finissiez	ayez fini
finiront	auront fini	finiraient	auraient fini		finissent	aient fini
rendrai	aurai rendu	rendrais	aurais rendu		rende	aie rendu
rendras	auras rendu	rendrais	aurais rendu	rends	rendes	aies rendu
rendra	aura rendu	rendrait	aurait rendu		rende	ait rendu
rendrons	aurons rendu	rendrions	aurions rendu	rendons	rendions	ayons rendu
rendrez	aurez rendu	rendriez	auriez rendu	rendez	rendiez	ayez rendu
rendront	auront rendu	rendraient	auraient rendu		rendent	aient rendu
partirai	serai parti(e)	partirais	serais parti(e)		parte	sois parti(e)
partiras	seras parti(e)	partirais	serais parti(e)	pars	partes	sois parti(e)
partira	sera parti(e)	partirait	serait parti(e)		parte	soit parti(e)
partirons	serons parti(e)s	partirions	serions parti(e)s	partons	partions	soyons parti(e)s
partirez	serez parti(e)(s)	partiriez	seriez parti(e)(s)	partez	partiez	soyez parti(e)(s)
partiront	seront parti(e)s	partiraient	seraient parti(e)s		partent	soient parti(e)s

Spelling-Changing Verbs

Infinitif Participes	Indicatif				
	Présent	Imparfait	Passé composé	Passé simple	Plus-que-parfait
acheter (lever, mener, promener) achetant acheté	achète achètes achète achetons achetez achètent	achetais achetais achetait achetions achetiez achetaient	ai acheté as acheté a acheté avons acheté avez acheté ont acheté	achetai achetas acheta achetâmes achetâtes achetèrent	avais acheté avais acheté avait acheté avions acheté aviez acheté avaient acheté
préférer (considérer, espérer, exagérer, inquiéter, répéter) préférant préféré	préfère préfères préfère préférons préférez préfèrent	préférais préférais préférait préférions préfériez préféraient	ai préféré as préféré a préféré avons préféré avez préféré ont préféré	préférai préféras préféra préférâmes préférâtes préférèrent	avais préféré avais préféré avait préféré avions préféré aviez préféré avaient préféré
manger (arranger, changer, corriger, déranger, diriger, encourager, nager) mangeant mangé	mange manges mange mangeons mangez mangent	mangeais mangeais mangeait mangions mangiez mangeaient	ai mangé as mangé a mangé avons mangé avez mangé ont mangé	mangeai mangeas mangea mangeâmes mangeâtes mangèrent	avais mangé avais mangé avait mangé avions mangé aviez mangé avaient mangé
payer (essayer) payant payé	paie paies paie payons payez paient	payais payais payait payions payiez payaient	ai payé as payé a payé avons payé avez payé ont payé	payai payas paya payâmes payâtes payèrent	avais payé avais payé avait payé avions payé aviez payé avaient payé
commencer commençant commencé	commence commences commence commençons commencez commencent	commençais commençais commençait commencions commenciez commençaient	ai commencé as commencé a commencé avons commencé avez commencé ont commencé	commençai commenças commença commençâmes commençâtes commencèrent	avais commencé avais commencé avait commencé avions commencé aviez commencé avaient commencé
appeler (rappeler) appelant appelé	appelle appelles appelle appelons appelez appellent	appelais appelais appelait appelions appeliez appelaient	ai appelé as appelé a appelé avons appelé avez appelé ont appelé	appelai appelas appela appelâmes appelâtes appelèrent	avais appelé avais appelé avait appelé avions appelé aviez appelé avaient appelé

		Conditionnel		Impératif	Subjonctif	
Futur	**Futur antérieur**	**Présent**	**Passé**		**Présent**	**Passé composé du subjonctif**
achèterai	aurai acheté	achèterais	aurais acheté		achète	aie acheté
achèteras	auras acheté	achèterais	aurais acheté	achète	achètes	aies acheté
achètera	aura acheté	achèterait	aurait acheté		achète	ait acheté
achèterons	aurons acheté	achèterions	aurions acheté	achetons	achetions	ayons acheté
achèterez	aurez acheté	achèteriez	auriez acheté	achetez	achetiez	ayez acheté
achèteront	auront acheté	achèteraient	auraient acheté		achètent	aient acheté
préférerai	aurai préféré	préférerais	aurais préféré		préfère	aie préféré
préféreras	auras préféré	préférerais	aurais préféré	préfère	préfères	aies préféré
préférera	aura préféré	préférerait	aurait préféré		préfère	ait préféré
préférerons	aurons préféré	préférerions	aurions préféré	préférons	préférions	ayons préféré
préférerez	aurez préféré	préféreriez	auriez préféré	préférez	préfériez	ayez préféré
préféreront	auront préféré	préféreraient	auraient préféré		préfèrent	aient préféré
mangerai	aurai mangé	mangerais	aurais mangé		mange	aie mangé
mangeras	auras mangé	mangerais	aurais mangé	mange	manges	aies mangé
mangera	aura mangé	mangerait	aurait mangé		mange	ait mangé
mangerons	aurons mangé	mangerions	aurions mangé	mangeons	mangions	ayons mangé
mangerez	aurez mangé	mangeriez	auriez mangé	mangez	mangiez	ayez mangé
mangeront	auront mangé	mangeraient	auraient mangé		mangent	aient mangé
paierai	aurai payé	paierais	aurais payé		paie	aie payé
paieras	auras payé	paierais	aurais payé	paie	paies	aies payé
paiera	aura payé	paierait	aurait payé		paie	ait payé
paierons	aurons payé	paierions	aurions payé	payons	payions	ayons payé
paierez	aurez payé	paieriez	auriez payé	payez	payiez	ayez payé
paieront	auront payé	paieraient	auraient payé		paient	aient payé
commencerai	aurai commencé	commencerais	aurais commencé		commence	aie commencé
commenceras	auras commencé	commencerais	aurais commencé	commence	commences	aies commencé
commencera	aura commencé	commencerait	aurait commencé		commence	ait commencé
commencerons	aurons commencé	commencerions	aurions commencé	commençons	commencions	ayons commencé
commencerez	aurez commencé	commenceriez	auriez commencé	commencez	commenciez	ayez commencé
commenceront	auront commencé	commenceraient	auraient commencé		commencent	aient commencé
appellerai	aurai appelé	appellerais	aurais appelé		appelle	aie appelé
appelleras	auras appelé	appellerais	aurais appelé	appelle	appelles	aies appelé
appellera	aura appelé	appellerait	aurait appelé		appelle	ait appelé
appellerons	aurons appelé	appellerions	aurions appelé	appelons	appelions	ayons appelé
appellerez	aurez appelé	appelleriez	auriez appelé	appelez	appeliez	ayez appelé
appelleront	auront appelé	appelleraient	auraient appelé		appellent	aient appelé

Auxiliary Verbs

Infinitif Participes						Indicatif
	Présent	Imparfait	Passé composé	Passé simple	Plus-que-parfait	
être étant été	suis es est sommes êtes sont	étais étais était étions étiez étaient	ai été as été a été avons été avez été ont été	fus fus fut fûmes fûtes furent	avais été avais été avait été avions été aviez été avaient été	
avoir ayant eu	ai as a avons avez ont	avais avais avait avions aviez avaient	ai eu as eu a eu avons eu avez eu ont eu	eus eus eut eûmes eûtes eurent	avais eu avais eu avait eu avions eu aviez eu avaient eu	

		Conditionnel		Impératif	Subjonctif	
Futur	**Futur antérieur**	**Présent**	**Passé**		**Présent**	**Passé composé du subjonctif**
serai	aurai été	serais	aurais été		sois	aie été
seras	auras été	serais	aurais été	sois	sois	aies été
sera	aura été	serait	aurait été		soit	ait été
serons	aurons été	serions	aurions été	soyons	soyons	ayons été
serez	aurez été	seriez	auriez été	soyez	soyez	ayez été
seront	auront été	seraient	auraient été		soient	aient été
aurai	aurai eu	aurais	aurais eu		aie	aie eu
auras	auras eu	aurais	aurais eu	aie	aies	aies eu
aura	aura eu	aurait	aurait eu		ait	ait eu
aurons	aurons eu	aurions	aurions eu	ayons	ayons	ayons eu
aurez	aurez eu	auriez	auriez eu	ayez	ayez	ayez eu
auront	auront eu	auraient	auraient eu		aient	aient eu

Irregular Verbs

Each verb in this list is conjugated like the model indicated by number. See the table of irregular verbs for the model

admettre 13	découvrir 17	paraître 4	reconnaître 4	satisfaire 11
(s')apercevoir 22	décrire 9	permettre 13	redire 8	souffrir 16
apprendre 21	devenir 27	poursuivre 25	relire 12	se souvenir 27
commettre 13	disparaître 4	prévoir 29	remettre 13	surprendre 21
comprendre 21	inscrire 9	produire 3	retenir 27	se taire 18
construire 3	introduire 3	promettre 13	revenir 27	tenir 27
couvrir 17	obtenir 27	reconduire 3	revoir 29	traduire 3
décevoir 22				

Infinitif Participes		Indicatif				
		Présent	**Imparfait**	**Passé composé**	**Passé simple**	**Plus-que-parfait**
1		vais	allais	suis allé(e)	allai	étais allé(e)
		vas	allais	es allé(e)	allas	étais allé(e)
aller		va	allait	est allé(e)	alla	était allé(e)
allant		allons	allions	sommes allé(e)s	allâmes	étions allé(e)s
allé		allez	alliez	êtes allé(e)(s)	allâtes	étiez allé(e)(s)
		vont	allaient	sont allé(e)s	allèrent	étaient allé(e)s
2		bois	buvais	ai bu	bus	avais bu
		bois	buvais	as bu	bus	avais bu
boire		boit	buvait	a bu	but	avait bu
buvant		buvons	buvions	avons bu	bûmes	avions bu
bu		buvez	buviez	avez bu	bûtes	aviez bu
		boivent	buvaient	ont bu	burent	avaient bu
3		conduis	conduisais	ai conduit	conduisis	avais conduit
		conduis	conduisais	as conduit	conduisis	avais conduit
conduire		conduit	conduisait	a conduit	conduisit	avait conduit
conduisant		conduisons	conduisions	avons conduit	conduisîmes	avions conduit
conduit		conduisez	conduisiez	avez conduit	conduisîtes	aviez conduit
		conduisent	conduisaient	ont conduit	conduisirent	avaient conduit
4		connais	connaissais	ai connu	connus	avais connu
		connais	connaissais	as connu	connus	avais connu
connaître		connaît	connaissait	a connu	connut	avait connu
connaissant		connaissons	connaissions	avons connu	connûmes	avions connu
connu		connaissez	connaissiez	avez connu	connûtes	aviez connu
		connaissent	connaissaient	ont connu	connurent	avaient connu

		Conditionnel		Impératif	Subjonctif	
Futur	Futur antérieur	Présent	Passé		Présent	Passé composé du subjonctif
irai	serai allé(e)	irais	serais allé(e)		aille	sois allé(e)
iras	seras allé(e)	irais	serais allé(e)	va	ailles	sois allé(e)
ira	sera allé(e)	irait	serait allé(e)		aille	soit allé(e)
irons	serons allé(e)s	irions	serions allé(e)s	allons	allions	soyons allé(e)s
irez	serez allé(e)(s)	iriez	seriez allé(e)(s)	allez	alliez	soyez allé(e)(s)
iront	seront allé(e)s	iraient	seraient allé(e)s		aillent	soient allé(e)s
boirai	aurai bu	boirais	aurais bu		boive	aie bu
boiras	auras bu	boirais	aurais bu	bois	boives	aies bu
boira	aura bu	boirait	aurait bu		boive	ait bu
boirons	aurons bu	boirions	aurions bu	buvons	buvions	ayons bu
boirez	aurez bu	boiriez	auriez bu	buvez	buviez	ayez bu
boiront	auront bu	boiraient	auraient bu		boivent	aient bu
conduirai	aurai conduit	conduirais	aurais conduit		conduise	aie conduit
conduiras	auras conduit	conduirais	aurais conduit	conduis	conduises	aies conduit
conduira	aura conduit	conduirait	aurait conduit		conduise	ait conduit
conduirons	aurons conduit	conduirions	aurions conduit	conduisons	conduisions	ayons conduit
conduirez	aurez conduit	conduiriez	auriez conduit	conduisez	conduisiez	ayez conduit
conduiront	auront conduit	conduiraient	auraient conduit		conduisent	aient conduit
connaîtrai	aurai connu	connaîtrais	aurais connu		connaisse	aie connu
connaîtras	auras connu	connaîtrais	aurais connu	connais	connaisses	aies connu
connaîtra	aura connu	connaîtrait	aurait connu		connaisse	ait connu
connaîtrons	aurons connu	connaîtrions	aurions connu	connaissons	connaissions	ayons connu
connaîtrez	aurez connu	connaîtriez	auriez connu	connaissez	connaissiez	ayez connu
connaîtront	auront connu	connaîtraient	auraient connu		connaissent	aient connu

Infinitif Participes	Indicatif				
	Présent	Imparfait	Passé composé	Passé simple	Plus-que-parfait
5 **courir** courant couru	cours cours court courons courez courent	courais courais courait courions couriez couraient	ai couru as couru a couru avons couru avez couru ont couru	courus courus courut courûmes courûtes coururent	avais couru avais couru avait couru avions couru aviez couru avaient couru
6 **croire** croyant cru	crois crois croit croyons croyez croient	croyais croyais croyait croyions croyiez croyaient	ai cru as cru a cru avons cru avez cru ont cru	crus crus crut crûmes crûtes crurent	avais cru avais cru avait cru avions cru aviez cru avaient cru
7 **devoir** devant dû	dois dois doit devons devez doivent	devais devais devait devions deviez devaient	ai dû as dû a dû avons dû avez dû ont dû	dus dus dut dûmes dûtes durent	avais dû avais dû avait dû avions dû aviez dû avaient dû
8 **dire** disant dit	dis dis dit disons dites disent	disais disais disait disions disiez disaient	ai dit as dit a dit avons dit avez dit ont dit	dis dis dit dîmes dîtes dirent	avais dit avais dit avait dit avions dit aviez dit avaient dit
9 **écrire** écrivant écrit	écris écris écrit écrivons écrivez écrivent	écrivais écrivais écrivait écrivions écriviez écrivaient	ai écrit as écrit a écrit avons écrit avez écrit ont écrit	écrivis écrivis écrivit écrivîmes écrivîtes écrivirent	avais écrit avais écrit avait écrit avions écrit aviez écrit avaient écrit
10 **envoyer** envoyant envoyé	envoie envoies envoie envoyons envoyez envoient	envoyais envoyais envoyait envoyions envoyiez envoyaient	ai envoyé as envoyé a envoyé avons envoyé avez envoyé ont envoyé	envoyai envoyas envoya envoyâmes envoyâtes envoyèrent	avais envoyé avais envoyé avait envoyé avions envoyé aviez envoyé avaient envoyé
11 **faire** faisant fait	fais fais fait faisons faites font	faisais faisais faisait faisions faisiez faisaient	ai fait as fait a fait avons fait avez fait ont fait	fis fis fit fîmes fîtes firent	avais fait avais fait avait fait avions fait aviez fait avaient fait

		Conditionnel		Impératif	Subjonctif	
Futur	**Futur antérieur**	**Présent**	**Passé**		**Présent**	**Passé composé du subjonctif**
courrai	aurai couru	courrais	aurais couru		coure	aie couru
courras	auras couru	courrais	aurais couru	cours	coures	aies couru
courra	aura couru	courrait	aurait couru		coure	ait couru
courrons	aurons couru	courrions	aurions couru	courons	courions	ayons couru
courrez	aurez couru	courriez	auriez couru	courez	couriez	ayez couru
courront	auront couru	courraient	auraient couru		courent	aient couru
croirai	aurai cru	croirais	aurais cru		croie	aie cru
croiras	auras cru	croirais	aurais cru	crois	croies	aies cru
croira	aura cru	croirait	aurait cru		croie	ait cru
croirons	aurons cru	croirions	aurions cru	croyons	croyions	ayons cru
croirez	aurez cru	croiriez	auriez cru	croyez	croyiez	ayez cru
croiront	auront cru	croiraient	auraient cru		croient	aient cru
devrai	aurai dû	devrais	aurais dû		doive	aie dû
devras	auras dû	devrais	aurais dû	dois	doives	aies dû
devra	aura dû	devrait	aurait dû		doive	ait dû
devrons	aurons dû	devrions	aurions dû	devons	devions	ayons dû
devrez	aurez dû	devriez	auriez dû	devez	deviez	ayez dû
devront	auront dû	devraient	auraient dû		doivent	aient dû
dirai	aurai dit	dirais	aurais dit		dise	aie dit
diras	auras dit	dirais	aurais dit	dis	dises	aies dit
dira	aura dit	dirait	aurait dit		dise	ait dit
dirons	aurons dit	dirions	aurions dit	disons	disions	ayons dit
direz	aurez dit	diriez	auriez dit	dites	disiez	ayez dit
diront	auront dit	diraient	auraient dit		disent	aient dit
écrirai	aurai écrit	écrirais	aurais écrit		écrive	aie écrit
écriras	auras écrit	écrirais	aurais écrit	écris	écrives	aies écrit
écrira	aura écrit	écrirait	aurait écrit		écrive	ait écrit
écrirons	aurons écrit	écririons	aurions écrit	écrivons	écrivions	ayons écrit
écrirez	aurez écrit	écririez	auriez écrit	écrivez	écriviez	ayez écrit
écriront	auront écrit	écriraient	auraient écrit		écrivent	aient écrit
enverrai	aurai envoyé	enverrais	aurais envoyé		envoie	aie envoyé
enverras	auras envoyé	enverrais	aurais envoyé	envoie	envoies	aies envoyé
enverra	aura envoyé	enverrait	aurait envoyé		envoie	ait envoyé
enverrons	aurons envoyé	enverrions	aurions envoyé	envoyons	envoyions	ayons envoyé
enverrez	aurez envoyé	enverriez	auriez envoyé	envoyez	envoyiez	ayez envoyé
enverront	auront envoyé	enverraient	auraient envoyé		envoient	aient envoyé
ferai	aurai fait	ferais	aurais fait		fasse	aie fait
feras	auras fait	ferais	aurais fait	fais	fasses	aies fait
fera	aura fait	ferait	aurait fait		fasse	ait fait
ferons	aurons fait	ferions	aurions fait	faisons	fassions	ayons fait
ferez	aurez fait	feriez	auriez fait	faites	fassiez	ayez fait
feront	auront fait	feraient	auraient fait		fassent	aient fait

Infinitif Participes	Indicatif				
	Présent	Imparfait	Passé composé	Passé simple	Plus-que-parfait
12 **lire** lisant lu	lis lis lit lisons lisez lisent	lisais lisais lisait lisions lisiez lisaient	ai lu as lu a lu avons lu avez lu ont lu	lus lus lut lûmes lûtes lurent	avais lu avais lu avait lu avions lu aviez lu avaient lu
13 **mettre** mettant mis	mets mets met mettons mettez mettent	mettais mettais mettait mettions mettiez mettaient	ai mis as mis a mis avons mis avez mis ont mis	mis mis mit mîmes mîtes mirent	avais mis avais mis avait mis avions mis aviez mis avaient mis
14 **mourir** mourant mort	meurs meurs meurt mourons mourez meurent	mourais mourais mourait mourions mouriez mouraient	suis mort(e) es mort(e) est mort(e) sommes mort(e)s êtes mort(e)(s) sont mort(e)s	mourus mourus mourut mourûmes mourûtes moururent	étais mort(e) étais mort(e) était mort(e) étions mort(e)s étiez mort(e)(s) étaient mort(e)s
15 **naître** naissant né	nais nais naît naissons naissez naissent	naissais naissais naissait naissions naissiez naissaient	suis né(e) es né(e) est né(e) sommes né(e)s êtes né(e)(s) sont né(e)s	naquis naquis naquit naquîmes naquîtes naquirent	étais né(e) étais né(e) était né(e) étions né(e)s étiez né(e)(s) étaient né(e)s
16 **offrir** offrant offert	offre offres offre offrons offrez offrent	offrais offrais offrait offrions offriez offraient	ai offert as offert a offert avons offert avez offert ont offert	offris offris offrit offrîmes offrîtes offrirent	avais offert avais offert avait offert avions offert aviez offert avaient offert
17 **ouvrir** ouvrant ouvert	ouvre ouvres ouvre ouvrons ouvrez ouvrent	ouvrais ouvrais ouvrait ouvrions ouvriez ouvraient	ai ouvert as ouvert a ouvert avons ouvert avez ouvert ont ouvert	ouvris ouvris ouvrit ouvrîmes ouvrîtes ouvrirent	avais ouvert avais ouvert avait ouvert avions ouvert aviez ouvert avaient ouvert
18 **plaire** plaisant plu	plais plais plaît plaisons plaisez plaisent	plaisais plaisais plaisait plaisions plaisiez plaisaient	ai plu as plu a plu avons plu avez plu ont plu	plus plus plut plûmes plûtes plurent	avais plu avais plu avait plu avions plu aviez plu avaient plu

		Conditionnel		**Impératif**	**Subjonctif**	
Futur	Futur antérieur	Présent	Passé		Présent	Passé composé du subjonctif
lirai	aurai lu	lirais	aurais lu		lise	aie lu
liras	auras lu	lirais	aurais lu	lis	lises	aies lu
lira	aura lu	lirait	aurait lu		lise	ait lu
lirons	aurons lu	lirions	aurions lu	lisons	lisions	ayons lu
lirez	aurez lu	liriez	auriez lu	lisez	lisiez	ayez lu
liront	auront lu	liraient	auraient lu		lisent	aient lu
mettrai	aurai mis	mettrais	aurais mis		mette	aie mis
mettras	auras mis	mettrais	aurais mis	mets	mettes	aies mis
mettra	aura mis	mettrait	aurait mis		mette	ait mis
mettrons	aurons mis	mettrions	aurions mis	mettons	mettions	ayons mis
mettrez	aurez mis	mettriez	auriez mis	mettez	mettiez	ayez mis
mettront	auront mis	mettraient	auraient mis		mettent	aient mis
mourrai	serai mort(e)	mourrais	serais mort(e)		meure	sois mort(e)
mourras	seras mort(e)	mourrais	serais mort(e)	meurs	meures	sois mort(e)
mourra	sera mort(e)	mourrait	serait mort(e)		meure	soit mort(e)
mourrons	serons mort(e)s	mourrions	serions mort(e)s	mourons	mourions	soyons mort(e)s
mourrez	serez mort(e)(s)	mourriez	seriez mort(e)(s)	mourez	mouriez	soyez mort(e)(s)
mourront	seront mort(e)s	mourraient	seraient mort(e)s		meurent	soient mort(e)s
naîtrai	serai né(e)	naîtrais	serais né(e)		naisse	sois né(e)
naîtras	seras né(e)	naîtrais	serais né(e)	nais	naisses	sois né(e)
naîtra	sera né(e)	naîtrait	serait né(e)		naisse	soit né(e)
naîtrons	serons né(e)s	naîtrions	serions né(e)s	naissons	naissions	soyons né(e)s
naîtrez	serez né(e)(s)	naîtriez	seriez né(e)(s)	naissez	naissiez	soyez né(e)(s)
naîtront	seront né(e)s	naîtraient	seraient né(e)s		naissent	soient né(e)s
offrirai	aurai offert	offrirais	aurais offert		offre	aie offert
offriras	auras offert	offrirais	aurais offert	offre	offres	aies offert
offrira	aura offert	offrirait	aurait offert		offre	ait offert
offrirons	aurons offert	offririons	aurions offert	offrons	offrions	ayons offert
offrirez	aurez offert	offririez	auriez offert	offrez	offriez	ayez offert
offriront	auront offert	offriraient	auraient offert		offrent	aient offert
ouvrirai	aurai ouvert	ouvrirais	aurais ouvert		ouvre	aie ouvert
ouvriras	auras ouvert	ouvrirais	aurais ouvert	ouvre	ouvres	aies ouvert
ouvrira	aura ouvert	ouvrirait	aurait ouvert		ouvre	ait ouvert
ouvrirons	aurons ouvert	ouvririons	aurions ouvert	ouvrons	ouvrions	ayons ouvert
ouvrirez	aurez ouvert	ouvririez	auriez ouvert	ouvrez	ouvriez	ayez ouvert
ouvriront	auront ouvert	ouvriraient	auraient ouvert		ouvrent	aient ouvert
plairai	aurai plu	plairais	aurais plu		plaise	aie plu
plairas	auras plu	plairais	aurais plu	plais	plaises	aies plu
plaira	aura plu	plairait	aurait plu		plaise	ait plu
plairons	aurons plu	plairions	aurions plu	plaisons	plaisions	ayons plu
plairez	aurez plu	plairiez	auriez plu	plaisez	plaisiez	ayez plu
plairont	auront plu	plairaient	auraient plu		plaisent	aient plu

Infinitif Participes	Indicatif				
	Présent	Imparfait	Passé composé	Passé simple	Plus-que-parfait
19 pleuvoir pleuvant plu	pleut	pleuvait	a plu	plut	avait plu
20 **pouvoir** pouvant pu	peux peux peut pouvons pouvez peuvent	pouvais pouvais pouvait pouvions pouviez pouvaient	ai pu as pu a pu avons pu avez pu ont pu	pus pus put pûmes pûtes purent	avais pu avais pu avait pu avions pu aviez pu avaient pu
21 **prendre** prenant pris	prends prends prend prenons prenez prennent	prenais prenais prenait prenions preniez prenaient	ai pris as pris a pris avons pris avez pris ont pris	pris pris prit prîmes prîtes prirent	avais pris avais pris avait pris avions pris aviez pris avaient pris
22 **recevoir** recevant reçu	reçois reçois reçoit recevons recevez reçoivent	recevais recevais recevait recevions receviez recevaient	ai reçu as reçu a reçu avons reçu avez reçu ont reçu	reçus reçus reçut reçûmes reçûtes reçurent	avais reçu avais reçu avait reçu avions reçu aviez reçu avaient reçu
23 **rire** riant ri	ris ris rit rions riez rient	riais riais riait riions riiez riaient	ai ri as ri a ri avons ri avez ri ont ri	ris ris rit rîmes rîtes rirent	avais ri avais ri avait ri avions ri aviez ri avaient ri
24 **savoir** sachant su	sais sais sait savons savez savent	savais savais savait savions saviez savaient	ai su as su a su avons su avez su ont su	sus sus sut sûmes sûtes surent	avais su avais su avait su avions su aviez su avaient su
25 **suivre** suivant suivi	suis suis suit suivons suivez suivent	suivais suivais suivait suivions suiviez suivaient	ai suivi as suivi a suivi avons suivi avez suivi ont suivi	suivis suivis suivit suvîmes suivîtes suivirent	avais suivi avais suivi avait suivi avions suivi aviez suivi avaient suivi

		Conditionnel		Impératif	Subjonctif	
Futur	Futur antérieur	Présent	Passé		Présent	Passé composé du subjonctif
pleuvra	aura plu	pleuvrait	aurait plu		pleuve	ait plu
pourrai	aurai pu	pourrais	aurais pu	(pas d'impératif)	puisse	aie pu
pourras	auras pu	pourrais	aurais pu		puisses	aies pu
pourra	aura pu	pourrait	aurait pu		puisse	ait pu
pourrons	aurons pu	pourrions	aurions pu		puissions	ayons pu
pourrez	aurez pu	pourriez	auriez pu		puissiez	ayez pu
pourront	auront pu	pourraient	auraient pu		puissent	aient pu
prendrai	aurai pris	prendrais	aurais pris		prenne	aie pris
prendras	auras pris	prendrais	aurais pris	prends	prennes	aies pris
prendra	aura pris	prendrait	aurait pris		prenne	ait pris
prendrons	aurons pris	prendrions	aurions pris	prenons	prenions	ayons pris
prendrez	aurez pris	prendriez	auriez pris	prenez	preniez	ayez pris
prendront	auront pris	prendraient	auraient pris		prennent	aient pris
recevrai	aurai reçu	recevrais	aurais reçu		reçoive	aie reçu
recevras	auras reçu	recevrais	aurais reçu	reçois	reçoives	aies reçu
recevra	aura reçu	recevrait	aurait reçu		reçoive	ait reçu
recevrons	aurons reçu	recevrions	aurions reçu	recevons	recevions	ayons reçu
recevrez	aurez reçu	recevriez	auriez reçu	recevez	receviez	ayez reçu
recevront	auront reçu	recevraient	auraient reçu		reçoivent	aient reçu
rirai	aurai ri	rirais	aurais ri		rie	aie ri
riras	auras ri	rirais	aurais ri	ris	ries	aies ri
rira	aura ri	rirait	aurait ri		rie	ait ri
rirons	aurons ri	ririons	aurions ri	rions	riions	ayons ri
rirez	aurez ri	ririez	auriez ri	riez	riiez	ayez ri
riront	auront ri	riraient	auraient ri		rient	aient ri
saurai	aurai su	saurais	aurais su		sache	aie su
sauras	auras su	saurais	aurais su	sache	saches	aies su
saura	aura su	saurait	aurait su		sache	ait su
saurons	aurons su	saurions	aurions su	sachons	sachions	ayons su
saurez	aurez su	sauriez	auriez su	sachez	sachiez	ayez su
sauront	auront su	sauraient	auraient su		sachent	aient su
suivrai	aurai suivi	suivrais	aurais suivi		suive	aie suivi
suivras	auras suivi	suivrais	aurais suivi	suis	suives	aies suivi
suivra	aura suivi	suivrait	aurait suivi		suive	ait suivi
suivrons	aurons suivi	suivrions	aurions suivi	suivons	suivions	ayons suivi
suivrez	aurez suivi	suivriez	auriez suivi	suivez	suiviez	ayez suivi
suivront	auront suivi	suivraient	auraient suivi		suivent	aient suivi

Infinitif Participes	Présent	Imparfait	Passé composé	Passé simple	Plus-que-parfait
26 **valoir** valant valu	vaux vaux vaut valons valez valent	valais valais valait valions valiez valaient	ai valu as valu a valu avons valu avez valu ont valu	valus valus valut valûmes valûtes valurent	avais valu avais valu avait valu avions valu aviez valu avaient valu
27 **venir** venant venu	viens viens vient venons venez viennent	venais venais venait venions veniez venaient	suis venu(e) es venu(e) est venu(e) sommes venu(e)s êtes venu(e)(s) sont venu(e)s	vins vins vint vînmes vîntes vinrent	étais venu(e) étais venu(e) était venu(e) étions venu(e)s étiez venu(e)(s) étaient venu(e)s
28 **vivre** vivant vécu	vis vis vit vivons vivez vivent	vivais vivais vivait vivions viviez vivaient	ai vécu as vécu a vécu avons vécu avez vécu ont vécu	vécus vécus vécut vécûmes vécûtes vécurent	avais vécu avais vécu avait vécu avions vécu aviez vécu avaient vécu
29 **voir** voyant vu	vois vois voit voyons voyez voient	voyais voyais voyait voyions voyiez voyaient	ai vu as vu a vu avons vu avez vu ont vu	vis vis vit vîmes vîtes virent	avais vu avais vu avait vu avions vu aviez vu avaient vu
30 **vouloir** voulant voulu	veux veux veut voulons voulez veulent	voulais voulais voulait voulions vouliez voulaient	ai voulu as voulu a voulu avons voulu avez voulu ont voulu	voulus voulus voulut voulûmes voulûtes voulurent	avais voulu avais voulu avait voulu avions voulu aviez voulu avaient voulu

		Conditionnel		Impératif	Subjonctif	
Futur	Futur antérieur	Présent	Passé		Présent	Passé composé du subjonctif
vaudrai	aurai valu	vaudrais	aurais valu		vaille	aie valu
vaudras	auras valu	vaudrais	aurais valu	vaux	vailles	aies valu
vaudra	aura valu	vaudrait	aurait valu		vaille	ait valu
vaudrons	aurons valu	vaudrions	aurions valu	valons	valions	ayons valu
vaudrez	aurez valu	vaudriez	auriez valu	valez	valiez	ayez valu
vaudront	auront valu	vaudraient	auraient valu		vaillent	aient valu
viendrai	serai venu(e)	viendrais	serais venu(e)		vienne	sois venu(e)
viendras	seras venu(e)	viendrais	serais venu(e)	viens	viennes	sois venu(e)
viendra	sera venu(e)	viendrait	serait venu(e)		vienne	soit venu(e)
viendrons	serons venu(e)s	viendrions	serions venu(e)s	venons	venions	soyons venu(e)s
viendrez	serez venu(e)(s)	viendriez	seriez venu(e)(s)	venez	veniez	soyez venu(e)(s)
viendront	seront venu(e)s	viendraient	seraient venu(e)s		viennent	soient venu(e)s
vivrai	aurai vécu	vivrais	aurais vécu		vive	aie vécu
vivras	auras vécu	vivrais	aurais vécu	vis	vives	aies vécu
vivra	aura vécu	vivrait	aurait vécu		vive	ait vécu
vivrons	aurons vécu	vivrions	aurions vécu	vivons	vivions	ayons vécu
vivrez	aurez vécu	vivriez	auriez vécu	vivez	viviez	ayez vécu
vivront	auront vécu	vivraient	auraient vécu		vivent	aient vécu
verrai	aurai vu	verrais	aurais vu		voie	aie vu
verras	auras vu	verrais	aurais vu	vois	voies	aies vu
verra	aura vu	verrait	aurait vu		voie	ait vu
verrons	aurons vu	verrions	aurions vu	voyons	voyions	ayons vu
verrez	aurez vu	verriez	auriez vu	voyez	voyiez	ayez vu
verront	auront vu	verraient	auraient vu		voient	aient vu
voudrai	aurai voulu	voudrais	aurais voulu		veuille	aie voulu
voudras	auras voulu	voudrais	aurais voulu	veuille	veuilles	aies voulu
voudra	aura voulu	voudrait	aurait voulu		veuille	ait voulu
voudrons	aurons voulu	voudrions	aurions voulu	veuillons	voulions	ayons voulu
voudrez	aurez voulu	voudriez	auriez voulu	veuillez	vouliez	ayez voulu
voudront	auront voulu	voudraient	auraient voulu		veuillent	aient voulu

Vocabulaire Français-Anglais

à at, in, to; **—côté de** next to, beside; **—demain** see you tomorrow; **—la mode** in style; **—l'avance** in advance; **—l'étranger** abroad; **—l'heure** on time; **—mon avis** in my opinion; **—tout à l'heure** see you later 1

abandonner to give up, abandon 9

abdominaux *m pl* sit-ups 11

absence *f* absence 10

accepter to accept 9

accessoire *m* accessory 10

accompagner to accompany 9

acheter to buy 4

acteur *m* actor, **actrice** *f* actress 2

activité *f* activity 4

adieu good-bye 8

administration *f* administration 1

admirer to admire 9

aéroport *m* airport 6

affaire *f* business, matter 9

affiche *f* poster P

âge *m* age 3

agence *m* agency; **—de voyages** travel agency; **—immobilière** real estate agency 6

agréable pleasant 1

agricole agricultural 8

aider to help, assist 9

aimer to like, love; **—mieux** to prefer; **s'—bien** to like each other 1

ajouter to add 5

algérien(ne) Algerian 2

allemand German 2

aller to go; **—bien** to be fine P

allô hello (*on the phone*) 4

allumer to light 13

alors then, well then, so 4

ambitieux (-euse) ambitious 3

américain American 2

ami(e) *m,f* friend 1

amour *m* love 11

amoureux (-euse) in love 12

amusant funny 2

anglais English P

animateur *m*, **animatrice** *f* television host 7

année *f* year 4

annonce *f* announcement, notification, advertisement 9

anorak *m* ski jacket 12

août *m* August 4

apéritif *m* before-dinner drink 5

appartement *m* apartment 1

appeler to call; **s'—** to be called, named P

appliquer to apply 14

apprendre to learn 7

après after 1

après-midi *m* afternoon 7

arabe *m* Arabic language, an Arabic person 1

architecte *m,f* architect 9

arrêt d'autobus *m* bus stop 6

arrêter to stop; **s'—** to stop 11

arriver to arrive, happen; **—à** to manage, succeed 6

arrondissement *m* administrative division 6

artère *f* artery 11

ascenseur *m* elevator 10

assez enough P

associer to associate 12

assurer to ensure, assure 11

attendre to wait for, expect 10

attente *f* wait, waiting; **liste d'—** waiting list 9

attention *f* attention 12

au to, in, at; **—coin de** on the corner of; **être—courant de** to be well-informed about; **—milieu de** in the middle of; **—revoir** good-bye 4

auberge de jeunesse *f* youth hostel 4

aujourd'hui today 4

auprès de with, next to 14

aussi also 1

aussitôt que as soon as 14

autant que as much as, as many as 14

autobus *m* bus 6

autocar *m* interurban bus 4

automne *m* autumn 4

autoroute *f* expressway 6

autour de around 5

autre other 6

autrefois formerly 13

avant before 4

avantage *m* advantage 6

avec with 1

avion *m* plane 4

avocat *m*, **avocate** *f* lawyer 2

avoir to have; **—besoin de** to need; **—chaud** to be warm; **—conscience** to be aware; **—envie de** to feel like, want; **—faim** to be hungry; **—froid** to be cold; **—l'air** to appear, look; **—l'habitude** to be in the habit of, to be used to; **—soif** to be thirsty 3

avril April 4

baguette *f* long loaf of bread 5

baignoire *f* bathtub 3

bain *m* bath; **—de soleil** sun bath; **salle de —s** bathroom 3

baisser to lower, decrease 14

balcon *m* balcony 13

banane *f* banana 5

banlieue *f* suburb 3

baser to base, found upon 12

bateau(x) *m* boat 4

bâtiment *m* building 1

beau, bel, belle, beaux, belles beautiful, handsome

beaucoup much, many, a great deal; **—de** much, many 1

beauté *f* beauty 10

beige beige 2

belge Belgian 2

bête stupid 7

beurre *m* butter 5

bibliothèque *f* library 1

biceps *m* biceps muscle 11

bien well, fine, good; **—sûr** of course 1

bière *f* beer 5

bijou (-x) *m* jewel, piece of jewelry 10

bijouterie *f* jewelry store 10

billet *m* ticket 4

biologie *f* biology 1

blanc(he) white 12

bleu blue 12

bœuf *m* beef 5

boire to drink 5

boîte *f* box, can, package 5

bon, bonne good; **—occasion** *f* bargain 3

bonbon *m* candy 12

bonjour hello P

boucherie *f* butcher shop 5

boulangerie *f* bakery 5

bouteille *f* bottle 5

boutique *f* shop, boutique 12

braderie *f* discount counter, center 10

bronzé suntanned 8

brosse *f* brush 10

bureau *m* office, desk P

ça (cela) that P

cabosser to dent 10

cadeau *m* gift 10

cadre *m* structure; **—d'entreprise** *m* business executive 6

café *m* coffee, café 5

cahier *m* notebook P

calculatrice *f* calculator 3

calme calm 6

camarade de chambre *m,f* roommate 1

caméscope *m* camcorder 3

campagne *f* country, countryside 3

camper to camp 8

camping *m* camping; **faire du—** to go camping 4

campus *m* campus 1

canadien *m*, **canadienne** *f* Canadian 2

canapé *m* sofa 3

candidat(e) *m,f* candidate 14

canyon *m* canyon 8

car for, because 8

carafe *f* carafe 5

carotte *f* carrot 5

carte *f* menu, map, card 5

casser to break 11

cassette *f* cassette tape 3

cauchemar *m* nightmare 6

causerie *f* talk show, chat 7

ce que that which, what 3

célèbre famous 2

célibataire unmarried, single 2

cendre *f* ash 13

cendrier *m* ashtray 13

centrale *f* power plant 13

centre *m* center 6

cependant however 12

céréale *f* grain, cereal 5

cerise *f* cherry 5

chaîne stéréo *f* stereo 3

chaise *f* chair P

chambre *f* bedroom; **camarade de—** roommate 1

chance *f* luck 3

chanson *f* song 2

chaque each 6

charcuterie *f* pork butcher shop, delicatessen 5

chat *m*, **chatte** *f* cat 3

chaud hot, warm; **avoir—** to be warm (persons); **faire—** to be warm (weather) 5

chaussette *f* sock 12

chaussure *f* shoe 10

chef *m* head, person in charge, cook 9

chemin *m* road 2

chemise *f* shirt 12

chemisier *m* blouse 12

chèque *m* check 4

cher, chère dear, expensive 1

chercher to look for, to seek 1

chercheur *m*, **chercheuse** *f* researcher 9

chic stylish 12

chien *m*, **chienne** *f* dog 3

chimie *f* chemistry 1
chimique chemical 14
chocolat *m* chocolate 5
chômage *m* unemployment 14
choquer to shock 12
chrysanthème *m* chrysanthemum 12
cinéma *m* movie theater, cinema industry 4
clair light (of a color) 12
classique classic 12
client *m*, **cliente** *f* customer 9
climat *m* climate, weather 1
club *m* club 11
cœur *m* heart 11
colline *f* hill 8
combien how much, how many; **—de** how much, how many 4
commander to order 5
commencer to begin 4
comment how; **—vous appelez-vous** what's your name P
commerce *m* business, commerce 9
commode *f* chest of drawers, cabinet 3
compagnie *f* company 1
comparaison *f* comparison 8
compliqué complicated 2
comportement *m* behavior 14
compris included 4
comptable *m,f* accountant 2
compter to count 6
concert *m* concert 4
concret (-ète) concrete 14
condition *f* condition 9
conférence *f* lecture 11
confirmer to confirm 6
confiture *f* jam, preserves 5
conflit *m* conflict 14
confort *m* comfort 3
conquête *f* conquest 11
conseil *m* advice 11
conseiller *m*, **conseillère** *f* counselor, adviser 8
conserver to conserve 14
consulter to consult 4
contact *m* contact 9
content happy, glad 2
continuer to continue 6
contraste *m* contrast 8

contre against; **par—** on the other hand 2
coopérative *f* cooperative 8
copain *m*, **copine** *f* pal, friend, buddy 8
costume *m* suit 12
côte *f* coast 9
côtelette *f* chop 5; **—de porc** pork chop 5
se coucher to go to bed 11
coude *m* elbow 12
coup de foudre *m* love at first sight 11
couper to cut 5
courageux (-euse) courageous, brave 2
cours *m* course, class 1
court short 12
coûter to cost 1
couvert covered, cloudy 8
craie *f* chalk P
cravate *f* tie 12
crédit *m* credit 10
créer to create 9
crème *f* cream 5
crime *m* crime 14
critiquer to criticize 9
croire to believe, think 9
croissant *m* croissant 5
cuillère (or **cuiller**) *f* spoon 5
cuisine *f* kitchen, cooking 3
cuisinière *f* kitchen range, stove, cook 3
cultivateur *m*, **cultivatrice** *f* farmer 9
culturel(le) cultural 7

d'abord first, at first 8
d'accord agreed, okay, in agreement; **être—** to agree 7
dans in 4
danser to dance 1
date *f* date 4
de of, from, by; **—préférence** preferably; **—rien** you're welcome P
débouché *m* opening, opportunity, prospect 9
débrouillard resourceful 9
se débrouiller to manage, work things out 11

début *m* beginning, start 8
décembre *m* December 4
déchet *m* waste 14
déchetterie *f* waste collection site 14
décision *f* decision; **prendre une—** to make a decision 14
découverte *f* discovery 14
déjà already 7
déjeuner *m* lunch; **petit—** breakfast 5
délicieux (-euse) delicious 5
demain tomorrow 4
demander to ask, ask for; **se—** to wonder 6
dent *f* tooth 10
dentifrice *m* toothpaste 10
dentiste *m,f* dentist 2
déodorant *m* deodorant 10
se dépêcher to hurry 11
dépense *f* expense, expenditure 14
se déplacer to move, travel 14
déprimé depressed 13
depuis since, for 8
déranger to disturb 10
dernier (-ère) last 3
derrière behind 6
des of the, some, any 1
dès que when, as soon as 14
désaccord *m* discord, conflict 13
désagréable unpleasant 1
descendre to go down, get off 6
désirer to want, desire 2
dessert *m* dessert 5
dessin animé *m* cartoon 7
se détendre to relax 11
détente *f* relaxation 13
détester to hate 1
détruire to destroy 14
deuil *m* mourning 12
devant in front of 3
développer to develop 11
devenir to become 8
devoir to have to, must 9
devoirs *m, pl* homework, assignment 1
d'habitude usually 4
dictionnaire *m* dictionary P
diététique dietetic 11
difficile difficult 1

digestif *m* after-dinner drink 5
dimanche *m* Sunday P
diplômé holding a diploma, a degree 9
dire to say, tell 10
disparaître to disappear 14
se disputer to quarrel, argue 13
disque *m* disk, record; **—compact** compact disk 3
divorcer to divorce 13
dizaine *f* ten or so 9
documentaire *m* documentary film, program 7
dommage: il est/c'est— that's too bad, it's a pity 8
donc therefore 11
donner to give 1
dormir to sleep 11
douche *f* shower 3
douleur *f* pain 13
douter to doubt 13
drogue *f* drug 14
droguerie *f* drug store 10
droit *m* law 1
droit straight; **tout—** straight ahead; **à droite** to the right 6
du of the, some 1
dur hard 9
dynamique dynamic 9

eau *f* water 5
échanger to exchange 8
écologie *f* ecology 7
écologiste *m,f* environmentalist, ecologist 13
écouter to listen 1
écran *m* screen 3
église *f* church 6
élection *f* election 14
électricien *m,* **électricienne** *f* electrician 9
électricité *f* electricity 14
élégant elegant 12
élément *m* element 14
élève *m,f* pupil 9
élevé high, raised 9
elle she, her, it 1
elles they, them 1
emballage *m* packaging material 14

embaucher to hire, take on 9
embêtant annoying, boring 2
embêter to annoy, bother 9
s'embrasser to kiss (each other) 11
émission *f* broadcast, program 7
emmener to take along (someone) 9
emploi *m* job, employment 9
emprunter to borrow 9
en in, to, at; **—avance** early; **—face de** across from, facing; **—fait** in fact; **—général** in general; **—retard** late 1
encore yet, still, again 7
endroit *m* place 6
énergie *f* energy 14
enfance *f* childhood 13
enfant *m,f* child 3
ennui *m* trouble, difficulty 8
enseignement *m* teaching 9
enseigner to teach 9
ensemble together 1
ensuite then, next 5
entendre to hear 10; **s'—** to get along 11
entre between 6
entrée *f* entrance 6
entrer to enter 8
entretien *m* maintenance, upkeep 10
environ approximately, about 6
environnement *m* environment 14
envoyer to send 9
épicerie *f* grocery store 5
espagnol *m* Spanish language, Spanish person *(m,f)* 1
espèce *f* species, kind 14
espérer to hope 8
espoir *m* hope 9
essayer to try 8
est *m* east 6
et and P
établir to establish 9
étage *m* floor, story 10
étape *f* stage 13
été *m* summer 4
éteindre to put out, turn off (lights) 14

étonner to surprise 13
être to be 1; **—en train de** to be in the process of 8
étudiant *m,* **étudiante** *f* student 1
étudier to study 1
européen(ne) European 12
eux them, they 8
éviter to avoid 12
exagérer to exaggerate 11
examen *m* examination, test P
excellent excellent 2
excepté except 12
excursion *f* trip, excursion 4
excuser to excuse 6
explication *f* explanation, analysis 10
expliquer to explain 8
exploration *f* exploration 14
explorer to explore 9
exprimer to express 13
extinction *f* extinction 14

se fâcher to become angry 11
facile easy 1
faire to do, make; **—de son mieux** to do one's best; **—du camping** to go camping; **—la connaissance** to meet, get to know (someone); **—l'ascension de** to climb; **—sa toilette** to wash, get ready; **—le tour** to go around; **—une promenade** to go for a walk, a ride 1
famille *f* family 3
fatigant tiring 8
fatigue *f* fatigue 6
fatigué tired 2
fauteuil *m* armchair 3
faux pas *m* mistake 12
favoriser to favor 14
fenêtre *f* window P
fermer to close 4
feuilleton *m* soap opera, story 7
février *m* February 4
fier (-ère) proud 10
fille *f* daughter, girl 3
film *m* film 1
fils *m* son 3
fin *f* end 10

finalement finally 8
finir to end, finish 9; **—par** end up 11
flatter to flatter 9
fleur *f* flower 6
fleuriste *m,f* florist 10
fois *f* time, instance 9
foncé dark (of a color) 12
fond *m* back, end, bottom 10
formation *f* training, education 9
formidable great, terrific, wonderful 2
fort strong 2
fou *m,* **folle** *f* crazy person 11
four à micro-ondes *m* microwave oven 3
fourchette *f* fork 12
fournitures *f pl* supplies 10
frais, fraîche fresh 5
fraise *f* strawberry 5
français *m* French language; **Français, Française** French person 1
francophone French-speaking 12
frère *m* brother 3
frites *f pl* French fries 5
froid cold 8
fromage *m* cheese 5
fumée *f* smoke 13
fumer to smoke 10
futé smart, clever 14

gagner to win, earn 9
garage *m* garage 3
garçon *m* boy, waiter 4
garder to keep, take care of 7
gare *f* railroad station 6
gaspillage *m* waste 14
gâteau (-x) *m* cake 5
gauche *f* left 6; **à—** to the left 6
gens *m pl* people 1
gentil(le) nice, kind 3
géographie *f* geography 1
gérer to manage 14
gestion *f* management, administration 1
glace *f* ice cream, ice 5
gosse *m,f* kid 7
gouvernement *m* government 14
gramme *m* gram 5

grand large, great, tall 3
grand-mère *f* grandmother 3
grand-père *m* grandfather 3
grandir to grow up, to grow 9
grève *f* strike 9
grillé toasted, grilled 5
gris gray 8
groupe *m* group 4
guerre *f* war 13
guitare *f* guitar 12

s'habiller to get dressed 11
habiter to live, live in 1
haricots verts *m pl* green beans 5
haut high 8
herbe *f* grass 6
heure *f* hour, time, o'clock 6
heureux (-euse) happy, fortunate 2
hier yesterday 7
histoire *f* history, story 1
hiver *m* winter 4
honnête honest 2
horaire *m* schedule, timetable 9
hôte *m* host 12
hôtel *m* hotel 4
hôtesse *f* hostess 12
huile *f* oil 14
humain human 9
hygiène *f* hygiene 10
hygiénique hygienic; **papier—** toilet paper 10
hypermarché *m* very large retail store, hyperstore 10

ici here 1
identité *f* identity 2
il he, it; **—faut** you have to, it is necessary, one must; **—vaut mieux** it's better; **—y a** there is, there are 1
île *f* island 8
ils they 1
image *f* picture, image 10
immeuble *m* apartment building 3
immobilier *m* real estate 3
impatient impatient 2
impossible impossible 2

impulsif (-ive) impulsive 2
incendie *m* fire 14
inconvénient *m* disadvantage 6
indépendant independent 2
indicatif *m* telephone area code 4
industrie *f* industry 9
inégalité *f* inequality 14
infirmier *m,* **infirmière** *f* nurse 2
inflation *f* inflation 14
informaticien(ne) *m,f* computer scientist, analyst 2
informations *f pl* news 7
informatique *f* computer science 1
s'informer to find out, inquire 14
ingénieur(e) *m,f* engineer 2
initiative *f* initiative 9
injustice *f* injustice, unfairness 14
inondation *f* flood 14
inquiet (-ète) worried, anxious, uneasy 13
inquiétude *f* anxiety, worry 13
instant *m* moment, instant 10
instituteur *m,* **institutrice** *f* elementary school teacher 9
insulter to insult 9
intelligent intelligent 2
intéressant interesting 1
intéresser to interest; **s'—à** to be interested in 11
international international 1
interprète *m,f* interpreter 1
interview *f* interview 9
intolérance *f* intolerance 14
inutile useless 1
inventer to invent 9
invité *m,* **invitée** *f* guest 9
inviter to invite 9
isoler to insulate 14
italien(ne) Italian 2
itinéraire *m* itinerary 4

jambon *m* ham 5
jardin *m* garden 2
jaune yellow 12
je I; **—voudrais** I would like 1
jean *m* jeans 12
jeu *m* game 7
jeudi *m* Thursday P
jeune young 13

jeunesse *f* youth; **auberge de—** youth hostel 4
jogging *m* sweatsuit, jogging suit 12
joli pretty 3
jouer to play 7
jouet *m* toy 10
jour *m* day P
journal *m* newspaper, journal 9
journaliste *m,f* journalist 2
journée *f* day, daytime 5
juillet *m* July 4
juin *m* June 4
jupe *f* skirt 12
jus *m* juice 5
jusqu'à up to, until, as far as 6

kilogramme (kilo) *m* kilogram 5
kiosque *m* kiosk 10

là there 13
là-bas over there 6
laid ugly 6
laisser to let, allow, leave 5
lait *m* milk 5
lancer to launch, throw 14
langue *f* language, tongue 1
laver to wash; **se—** to wash (one-self) 11
lecteur de disques compacts *m* compact disk reader 3
se lever to get up 11
libéral liberal 9
librairie *f* bookstore 10
libre free 8
liste *f* list 9
lit *m* bed 3
litre *m* liter 5
littérature *f* literature 1
livre *m* book P
loin de far from 6
loisirs *m pl* leisure activities, rec-reation 9
long(ue) long 9
lorsque when 14
louer to rent 3
lumière *f* light 14
lundi *m* Monday P
lunettes *f pl* eye glasses 10
lutte *f* struggle, wrestling 2
lycée *m* French secondary school 1

madame *f* lady, ma'am, Mrs. P
mademoiselle *f* Miss, ma'am P
magasin *m* store 1
magazine *m* magazine 11
magnétophone *m* tape recorder 3
magnétoscope *m* video recorder 3
mai *m* May 4
maillot de bain *m* swimsuit 12
maintenant now 2
mairie *f* city hall 6
mais but 1
maison *f* house, home 1
mal badly 1
malade sick, ill 8
maladie *f* sickness 14
malentendu *m* misunderstanding 12
malheureusement unfortunately 8
manger to eat 1
manière *f* manner, way, style 12
manifestation (manif) *f* demon-stration 13
manquer to miss, lack 7
manteau (-x) *m* coat 12
manuel(le) manual, blue-collar 9
maquillage *m* makeup 10
marais *m* marsh, swamp 14
marchand *m*, **marchande** *f* mer-chant, shopkeeper 10
marcher to walk; to run (opera-tion of a machine) 1
mardi *m* Tuesday P
mari *m* husband 3
marié married 2
se marier to get married; **—avec** to marry (someone) 11
marine *f* navy 9
maroquinerie *f* leather goods store 10
marron brown 12
mars *m* March 4
match *m* game, match 7
mathématiques (maths) *f pl* mathematics 1
matin *m* morning 7
mauvais bad 8
mécanicien *m*, **mécanicienne** *f* mechanic 9

médecin *m* physician, medical doctor 2
médecine *f* medicine (the profes-sion) 1
médical medical 9
médicament *m* medicine (taken to gain health) 10
méfaits *m pl* damage 14
melon *m* melon 5
même same, even, self 1
mener to lead 9
mer *f* sea 2
merci thank you P
mercredi *m* Wednesday P
mère *f* mother 3
merveilleux (-euse) wonderful, marvelous 8
message *m* message 10
météo *f* weather report 9
métier *m* occupation, trade, profession 9
métro *m* subway 3
mettre to put; **se—en colère** to become angry 5
meublé furnished 3
midi *m* noon; **Midi** south of France 7
militaire military 8
millier *m* thousand 6
million *m* million 3
minéral *m* mineral 5
mini-croisière *f* mini-cruise 9
minuit *m* midnight 7
mi-temps *f* half-time 9
Mobylette *f* type of moped 14
modèle *m* model 12
moderne modern 2
modeste modest 2
mois *m* month 4
monotonie *f* monotony 3
monsieur *m* (*pl* **messieurs**) mister, sir, gentleman P
montagne *f* mountain 4
monter to go up, mount, climb, get on, get in 8
montre *f* watch 10
montrer to show 3
morceau *m* piece, chunk P
mort *f* death 12
moto *f* motorcycle 3
mourir to die 8

moyen(ne) average 9
musicien *m,* **musicienne** *f* musician 2
musique *f* music 1

nager to swim 1
naïf (-ïve) naive 2
naissance *f* birth 13
naître to be born 8
nationalité *f* nationality 2
naturel(le) natural 14
neige *f* snow 8
neiger to snow 8
ne... jamais never 2
ne... pas not 1
n'est-ce pas? right? isn't it so? 2
neuf (-ve) new, brand new 10
noir black 12
nom *m* name, noun 2
nombre *m* number P
nord *m* north 6
nourriture *f* food 5
nous we, us 1
nouveau, nouvel, nouvelle, nouveaux, nouvelles new 3
novembre *m* November 4
nucléaire nuclear 13
nuit *f* night 4

objet *m* object 10
observer to observe 12
s'occuper de to take care of, be busy with 11
octobre *m* October 4
œuf *m* egg 5
oignon *m* onion 5
omelette *f* omelet 5
oncle *m* uncle 3
opticien *m,* **opticienne** *f* optician 10
optimiste optimistic 2
orage *m* storm 8
orange *f* orange (*also inv. adjective*) 5
orchestre *m* orchestra, orchestra seat 13
ordinateur *m* computer 3
organiser to organize 9
ou or 6
où where, when 1
oublier to forget 13

ouest *m* west 6
ouvrier *m,* **ouvrière** *f* worker 6

pain *m* bread; **—grillé** toast 5
pantalon *m* pants 10
papeterie *f* store for stationery and office supplies 10
papier *m* paper 10; **—hygiénique** toilet paper 10
par by 2; **—contre** on the other hand 8
paradis *m* paradise 6
parapluie *m* umbrella 10
parc *m* park 6
parce que because 1
parent *m* parent, relative 2
paresseux (-euse) lazy 2
parfait perfect 2
parfois sometimes 13
parfum *m* perfume, scent 6
parfumerie *f* perfume and beauty products store 10
parking *m* parking lot or garage 6
parler to speak 1
parmi among 11
parole *f* word 13
partager to share 1
parti *m* party (political) 14
partie *f* part; **faire—** to be a part of 3
partir to leave 8
partout everywhere 6
passé last, past 7
passé *m* past 12
passer to spend, pass 2
se passer to happen 11
passionnant exciting 1
passionné(e) *m,f* fan, enthusiast 8
patience *f* patience 10
patient patient 2
pâtisserie *f* pastry, pastry shop 5
patron *m,* **patronne** *f* boss, proprietor 9
pauvre poor 2
pauvreté *f* poverty 14
pays *m* country 4
pêche *f* peach 5
pectoraux *m pl* pectoral muscles 11

se peigner to comb one's hair 11
pelouse *f* lawn 6
pendant during 1
penser to think; **—que oui** to think so 1
perdre to lose 10
permettre to permit 12
personnel(le) personal 9
persuader to persuade 11
pessimiste pessimistic 2
petit small; **—déjeuner** *m* breakfast 3
peut-être perhaps 3
pharmacie *f* pharmacy, drug store 10
photo *f* photograph 3
physique *f* physics 1
pièce *f* room 7
pied *m* foot 4
pile *f* battery 14
piscine *f* swimming pool 6
placard *m* cupboard, closet 3
place *f* place, seat, square 6
plage *f* beach 4
plaire to please 12
plan *m* map, plan 6
plante *f* plant 10
plat *m* dish, course 5
plein full 9
pleurer to cry 13
pleuvoir to rain 8
plombier *m,* **plombière** *f* plumber 9
poids *m* weight 11
pointure *f* size (of shoes) 12
pois *m pl:* **petits—** green peas 5
poivre *m* pepper 5
politesse *f* politeness 12
pollution *f* pollution 14
pomme *f* apple; **—de terre** potato 5
pont *m* bridge 6
porc *m* pork 5
porte *f* door P
portefeuille *m* billfold 10
poser to place, put, ask (a question) 12
posséder to possess 6
possibilité *f* possibility 9
possible possible 2

postal postal; **carte—** *f* postcard 10

poste *f* post office 6

poste de télévision *m* television set 14

poubelle *f* trash can 14

poulet *m* chicken 5

poumon *m* lung 11

poupée *f* doll 10

pour for 1

pourquoi why 6

pouvoir to be able, can 9

pratiquement practically 10

préférer to prefer 1

préjugé *m* prejudice 14

prendre to take, eat (food or drink) 5

prénom *m* first name, given name 2

préoccupé preoccupied 9

préoccuper to worry 13

préparatif *m* preparation 12

préparer to prepare; **se—** to get ready 11

près de near 6

présenter to introduce 2

préservation *f* protection, preservation 14

presque almost 1

pressé hurried, in a hurry 9

prestige *m* prestige 9

prêt ready 5

printemps *m* spring 4

prisonnier *m*, **prisonnière** *f* prisoner 6

prix *m* price, prize 4

prochain next 4

produit *m* product 10

professeur *m* teacher, professor P

profession *f* profession 3

profiter to take advantage of, enjoy 8

programme *m* program 7

projet *m* plan, 4

promettre to promise 12

promotion *f* promotion 9

propre own 9

propriétaire *m,f* owner, proprietor, landlord, landlady 3

protecteur, protectrice protective 14

protection *f* protection 14

protéger to protect 14

provisions *f pl* food, supplies 5

psychologue *m,f* psychologist 2

public (-que) public 6

publicitaire advertising; **agence—** advertising agency 9

publicité *f* **(la pub)** advertising 7

puis then, next 8

pull-over *m* sweater 12

pyjama *m* pyjamas 12

qualité *f* quality 12

quand when; **—même** even though, anyway, nevertheless 6

quart *m* quarter 6

quartier *m* neighborhood, district, area 3

que that, what 6

qu'est-ce que what 2

qu'est-ce que c'est what is it P

qu'est-ce qui what 9

quel, quelle what 2

quelquefois sometimes 1

quelques a few, some 2

quelqu'un someone 7

qui who, that, which 1

quitter to leave a place or person 9

quoi what 5

rabais *m* discount, reduction 10

racisme *m* racism 14

radio *f* radio 1

rang *m* row 13

rapide fast, quick, rapid 5

rare rare 8

rarement rarely 1

rasoir *m* razor 10

ravi delighted 6

rayon *m* department, counter 10

réaction *f* reaction 13

réaliser to achieve, make, realize 9

réalité *f* reality 6

recette *f* recipe 5

recevoir to receive 8

se réconcilier to make up, reconcile 13

recycler to recycle 14

réduction *f* reduction 10

réduit reduced, small-scale 10

réfrigérateur *m* **(le frigo)** refrigerator 3

regarder to look at, watch 1

région *f* region 4

regretter to regret 3

régulier (-ère) regular 8

rejeter to reject 14

remercier to thank 9

rencontrer to meet, encounter 1

rendez-vous *m* appointment; **avoir—** to have an appointment 9

rendre to return, give back, make 10

renseignements *m pl* information 6

se renseigner to seek information 14

rentrée *f* return, start of a new school year 8

rentrer to come back, go back, return home 8

repas *m* meal 5

repasser to pass back 12

répondre to answer 10

reportage *m* news report, commentary 7

reposer to put back 13

se reposer to rest 11

représentant(e) *m,f* representative 9

réputation *f* reputation 9

réserver to reserve 4

résidence *f* residence; **—universitaire** dormitory, residence hall 1

résigné resigned 3

résister to resist 11

respecter to respect 9

respirer to breathe 9

ressource *f* resource 14

restaurant *m* restaurant 1

reste *m* rest, what is left 3

rester to stay 1

résultat *m* result 6

retenir to reserve, hold, retain 13

retourner to return 8

retraite *f* retirement 13
réussir to succeed; **—à un exa-men** to pass a test 9
rêve *m* dream 3
réveiller to awaken 13
se réveiller to wake up 11
revenir to come back 8
revue *f* magazine 10
riche rich 2
rien nothing; **—de spécial** nothing special 7
risquer to risk 12
robe *f* dress 10
rond *m* ring 13
rose pink 12
rouge red 5
rouspéter to grumble, complain 11
route *f* road 6
rue *f* street 1

sable *m* sand 8
sac *m* bag; **—à main** purse 10
sage well-behaved, sensible 10
saison *f* season 4
salade *f* salad 5
salaire *m* salary 9
salle *f* room; **—de bains** bath-room; **—à manger** dining room; **—de séjour** living room 3
salut hi, hello P
samedi *m* Saturday P
santé *f* health 10
satisfait satisfied 3
sauf except 12
sauvage wild 8
savon *m* soap 10
sceptique skeptical 6
science *f* science 1
scientifique scientific 7
scolaire school 10
séance *f* session, meeting, show-ing (of a movie) 7
secrétaire *m,f* secretary 3
sécurité *f* security 9
séduire to charm, captivate, seduce 10
séjour *m* stay 8
sel *m* salt 5

selon according to 6
semaine *f* week P
semblable similar 3
sensible sensitive 14
sentiment *m* feeling, sentiment 13
se sentir to feel 11
se séparer to separate, break up 13
septembre *m* September 4
série *f* series 7
sérieux (-euse) serious 2
se serrer la main to shake hands 12
service *m* service 6
servir to serve 9
seulement only 4
sévère strict 2
sexisme *m* sexism 14
shampooing *m* shampoo 10
short *m* shorts 12
si yes (in response to a negative question) 4
si if 6
signer to sign 14
sinon if not, otherwise 9
situé located 6
social social 9
sociologie *f* sociology 1
sœur *f* sister 3
soigneusement carefully 10
soir *m* evening 1
soirée *f* party 12
solde *f* sale; **en—** on sale 10
soleil *m* sun 8
solidarité *f* solidarity 13
solution *f* solution 9
sondage *m* poll 6
sorte *f* kind, type, sort 5
sortie *f* exit, outing 3
sortir to go out 1
souci *m* worry; **se faire du—** to worry 13
souhaiter to wish 14
soupe *f* soup 5
souple flexible 9
sous under 6
sous-sol *m* basement 10
sous-vêtements *m pl* underwear 12

souvenir *m* souvenir, memory 4
se souvenir de to remember 11
souvent often 1
spatial space 14
spécialité *f* specialty 4
spectacle *m* show; **—de varié-tés** variety show 7
spontané spontaneous 13
sport *m* sport; **faire du—** to participate in sports 1
sportif, sportive athletic 2
station *f* station; **—de métro** subway station 6
statue *f* statue 6
steak *m* steak 5
studieux (-euse) studious 9
studio *m* studio apartment 3
style *m* style 12
stylo *m* pen P
succession *f* succession 8
sucre *m* sugar 5
sud *m* south 6
suer to perspire 10
suffisamment sufficiently 13
suisse Swiss 2
superbe superb 5
supérieur higher, advanced, superior 9
sur on 6
sûr sure 8
surfing *m* surfing 8
surfiste *m* surfer 8
surtout especially 12
sweat *m* sweatsuit 12
sympathique (sympa) nice 2
syndicat *m* union 14

table *f* table P
taille *f* size (of clothing), waist 12
tante *f* aunt 3
taper to type 9
tard late 7
tarte *f* pie, tart 5
tasse *f* cup 5
technicien *m,* **technicienne** *f* technician 2
technique technical 8
technologie *f* technology 14
tee-shirt *m* tee-shirt 12
téléfilm *m* television movie 8

téléphone *m* telephone 3
téléphoner to telephone 2
téléviser to televise 7
téléviseur *m* television set 3
télévision (télé) *f* television 1
témoin *m* witness 13
temps *m* time, weather 1
se tenir to keep, remain 12
tennis *m* tennis 6
thé *m* tea 5
théâtre *m* theater; **pièce de—** *f*
 play 4
timide shy 2
titre *m* title, headline 7
toi you (*familiar*) P
tomate *f* tomato 5
tomber to fall; **—amoureux** to
 fall in love; **—en panne** to
 break down; **—malade** to get
 sick 8
tondeuse *f* lawn mower 14
tornade *f* tornado 14
tôt soon 7
toujours always 1
tourner to turn 6
tout, toute, tous, toutes all,
 every, quite; **—de suite** right
 away; **—droit** straight ahead;
 —le monde everyone; **—le
 temps** all the time 4
toxique toxic 14
train *m* train 4
traité *m* treaty 14
tranquil(le) safe, quiet, tranquil
 14
transport *m* transportation 9
travailler to work 1
travailleur (-euse) hardworking 2
traverser to cross 6

tremblement de terre *m* earthquake 14
très very 2
tricot *m* sweater, knitted wear 12
triste sad 13
tristesse *f* sadness 13
trop too much, too many 1
tropical tropical 8
tu you (*familiar*) 1
tunisien(ne) Tunisian 2
tutoyer to address someone with
 tu 12
type *m* type, sort, guy 2

universitaire pertaining to the
 university 1
université *f* university 1
usine *f* factory 2
utile useful 1

vacances *f pl* vacation 1
vague *f* wave 8
valise *f* suitcase 10
vanille *f* vanilla 8
varier to vary 12
végétation *f* vegetation 8
véhicule *m* vehicle 14
veiller to watch over 14
vélo *m* bicycle 3
vendre to sell 10
vendredi *m* Friday P
venir to come; **—de** to have just
 (done something) 8
vent *m* wind 10
vente *f* sale 10
ventre *m* abdomen, belly, stomach 11
verre *m* glass, drink; **—s de contact** contact lenses 5

vers toward 11
vert green 10
veste *f* jacket 10
vêtement *m* item of clothing; **—s**
 clothes 3
vétérinaire *m,f* veterinarian 2
viande *f* meat 5
vice versa vice versa 6
victime *f* victim 14
vidéoclip *m* music video 7
vie *f* life; **gagner sa—** to earn
 one's living 1
vieillir to age, grow old 13
**vieux, vieil, vieille, vieux,
 vieilles** old 3
village *m* village 6
ville *f* city 1
vin *m* wine 5
visiteur *m,* **visiteuse** *f* visitor 9
vitamine *f* vitamin 11
vite quickly, fast 8
vitrine *f* display window 11
vivre to live 13
voici here is 1
voie *f* way; **en—de** on the way to
voir to see 7
voisin *m,* **voisine** *f* neighbor 3
voiture *f* car 3
volcan *m* volcano 8
voter to vote 14
vouloir to want, wish 9
vous you (*formal or plural*) 1
voyager to travel 1
vrai true 2
vulgaire vulgar 12

w-c *m pl* toilet 3

a(n) un, une
absence absence *f*
accept (to) accepter
accessory accessoire *m*
accompany (to) accompagner
according to selon
accountant comptable *m,f*
achieve (to) réaliser
activity activité *f*
actor acteur *m*
actress actrice *f*
add (to) ajouter
administration administration *f*
admire (to) admirer
advantage avantage *m*
advertising publicité *f*
advice conseil *m*
after après
afternoon après-midi *m*
again encore
against contre
age âge *m*
age (to) vieillir
agency agence *m*; **travel—** agence de voyages; **real estate —** agence immobilière
agricultural agricole
airport aéroport *m*
all tout, toute, tous, toutes
almost presque
already déjà
also aussi
always toujours
ambitious ambitieux (-euse)
American américain
among parmi
and et
angry (to become) se fâcher, se mettre en colère
announcement annonce *f*
annoy (to) embêter

annoying embêtant
answer (to) répondre; *n* réponse *f*
anxious inquiet (-ète)
any du, de la, de l', des, en
apartment appartement *m*
apartment building immeuble *m*
appear (to) apparaître, avoir l'air, sembler
apple pomme *f*
apply (to) appliquer
appointment rendez-vous *m*; **to have an—** avoir rendez-vous
approximately environ
architect architecte *m,f*
argue (to) se disputer
armchair fauteuil *m*
around autour de, vers, environ
arrive (to) arriver
as much (many) as autant que
as soon as dès que, aussitôt que
ash cendre *f*
ashtray cendrier *m*
ask (to) demander; poser (une question)
assignment devoir *m*
assist (to) aider
associate (to) associer
assure (to) assurer
at à, en; **—the house of** chez; **—least** au moins; **—once** tout de suite
athletic sportif (-ive)
attention attention *f*; **pay—** faire attention
August août *m*
aunt tante *f*
autumn automne *m*
average moyen(ne)
avoid (to) éviter
awaken (to) réveiller, se réveiller

415

bad mauvais; **the weather is—** il fait mauvais
badly mal
bakery boulangerie *f*
balcony balcon *m*
banana banane *f*
basement sous-sol *m*
bathroom salle de bains *f*
be (to) être; **—hungry** avoir faim; **—thirsty** avoir soif; **—in the habit of** avoir l'habitude; **—cold** avoir froid; **—warm** avoir chaud; **—able** pouvoir; **—born** naître; **—busy with** s'occuper de
beach plage *f*
beans (green) les haricots verts *m pl*
beautiful beau, bel, belle, beaux, belles
beauty beauté *f*
because parce que, car
become (to) devenir
bed lit *m*
bedroom chambre *f*
beef bœuf *m*
beer bière *f*
before avant (time), devant (place)
begin (to) commencer, se mettre à
beginning début *m*
behavior comportement *m*
behind derrière
beige beige
believe (to) croire
between entre
bicycle bicyclette *f*, vélo *m*
billfold portefeuille *m*
biology biologie *f*
birth naissance *f*
black noir
blouse chemisier *m*
blue bleu
boat bateau *m*
book livre *m*
bookstore librairie *f*
borrow (to) emprunter
bother (to) embêter
bottle bouteille *f*
box boîte *f*

boy garçon *m*
bread pain *m*
break (to) casser, se casser
breakfast petit déjeuner *m*
breathe (to) respirer
bridge pont *m*
broadcast émission *f*
brother frère *m*
building bâtiment *m*
bus autobus *m*, autocar *m*; **—stop** arrêt d'autobus *m*
business commerce *m*
but mais
butcher shop boucherie *f*
butter beurre *m*
buy (to) acheter
by par

cake gâteau *m*
calculator calculatrice *f*
call (to) appeler, téléphoner
camcorder caméscope *m*
camp (to) faire du camping
campus campus *m*
can pouvoir
candy bonbon *m*
car voiture *f*
card carte *f*
carefully soigneusement
carrot carotte *f*
cartoon dessin animé *m*
cassette tape cassette *f*
cat chat *m*, chatte *f*
center centre *m*
chair chaise *f*
chalk craie *f*
check chèque *m*
cheese fromage *m*
chemistry chimie *f*
cherry cerise *f*
chicken poulet *m*
child enfant *m,f*
childhood enfance *f*
chocolate chocolat *m*
chop cotelette *f*, **pork—** cotelette de porc *f*
church église *f*
city ville *f*
class classe *f*
classic classique

climb (to) monter
close (to) fermer
clothes vêtements *m pl*
club club *m*
coast côte *f*
coat manteau *m*
coffee café *m*
come (to) venir
comfort confort *m*
compact disk disque compact *m*
company compagnie *f*
complicated compliqué
computer ordinateur *m*
computer science informatique *f*
computer scientist informaticien *m*, informaticienne *f*
concert concert *m*
condition condition *f*
confirm (to) confirmer
conflict conflit *m*
consult (to) consulter
contact lenses verres de contact *m pl*
continue (to) continuer
contrast contraste *m*
cooking cuisine *f*
cost (to) coûter
count (to) compter
country pays *m*
countryside paysage *m*
courageous courageux (-euse)
course cours *m*
cream crème *f*
create créer
crime crime *m*
criticize (to) critiquer
croissant croissant *m*
cry (to) pleurer
cultural culturel(le)
cup tasse *f*
customer client *m*, cliente *f*
cut (to) couper

dance (to) danser
date date *f*
daughter fille *f*
day jour *m*, journée *f*
dear cher, chère
death mort *f*
December décembre *m*

decision décision *f*
delicious délicieux (-euse)
delighted ravi
demonstration manifestation
 (manif) *f*
dentist dentiste *m,f*
deodorant déodorant *m*
depressed déprimé
descend (to) descendre
desk bureau *m*
dessert dessert *m*
destroy (to) détruire
develop (to) développer
dictionary dictionnaire *m*
die (to) mourir
difficult difficile
difficulty ennui *m*
dining room salle à manger *f*
disadvantage inconvénient *m*
disappear (to) disparaître
discovery découverte *f*
divorce (to) divorcer
do (to) faire
documentary film documentaire
 m
dog chien *m*, chienne *f*
door porte *f*
doubt (to) douter
dream rêve *m*
dress robe *f*
drink (to) boire
drug drogue *f*
during pendant
dynamic dynamique

each chaque
earn (to) gagner
east est *m*
easy facile
eat (to) manger
ecology écologie *f*
egg œuf *m*
election élection *f*
electrician électricien *m*,
 électricienne *f*
electricity électricité *f*
elegant élégant
element élément *m*
elevator ascenseur *m*
encounter (to) rencontrer

end (to) finir
end fin *f*, bout *m*
energy énergie *f*
English anglais *m*
enough assez, assez de
enter (to) entrer
entrance entrée *f*
environmentalist écologiste *m,f*
especially surtout
establish (to) établir
even même
evening soir *m*
every tout, toute
everyone tout le monde
everywhere partout
exaggerate (to) exagérer
examination examen *m*
excellent excellent
except sauf
exchange (to) échanger
exit sortie *f*
expensive cher, chère
explain (to) expliquer
exploration exploration *f*
explore (to) explorer
express (to) exprimer
expressway autoroute *f*
eye œil *m*; **—s** yeux *m*; **—
 glasses** lunettes *f pl*

factory usine *f*
fall (to) tomber
family famille *f*
famous célèbre
far from loin de
farmer cultivateur *m*, cultivatrice *f*
fast vite
fatigue fatigue *f*
favor (to) favoriser
February février *m*
feel (to) sentir
feel like (to) avoir envie de
feeling sentiment *m*
few peu de
film film *m*
finally enfin
finish (to) finir
fire feu *m*
first premier, première, d'abord
flatter (to) flatter

florist fleuriste *m,f*
flower fleur *f*
food nourriture *f*
foot pied *m*
for pour, car
forget (to) oublier
fork fourchette *f*
formerly autrefois
free libre
French français
French fries frites *f pl*
fresh frais, fraîche
Friday vendredi *m*
friend ami *m*, amie *f*
from de, du, de la, de l', des
full plein
furnished meublé

game jeu *m*, match *m*
garage garage *m*
garden jardin *m*
gentleman monsieur *m*
geography géographie *f*
German allemand *m*
get dressed (to) s'habiller
get sick (to) tomber malade
get up (to) se lever
gift cadeau *m*
girl fille *f*, jeune fille *f*
give (to) donner
glad content
glass verre *m*
go (to) aller
go down (to) descendre
go for a walk (to) faire une
 promenade
go out (to) sortir
go to bed (to) se coucher
go up (to) monter
good bon, bonne
good-bye au revoir
government gouvernement *m*
grandfather grand-père *m*
grandmother grand-mère *f*
grass herbe *f*
gray gris
great grand, formidable
green vert
grocery store épicerie *f*
group groupe *m*

grow up (to) grandir
guest invité *m*, invitée *f*
guitar guitare *f*

half-time mi-temps *f*
ham jambon *m*
happen (to) arriver, se passer
happy heureux (-euse)
hard dur
hate (to) détester
have (to) avoir
he il
headline titre *m*
health santé *f*
hear (to) entendre
heart cœur *m*
hello bonjour, allô
help (to) aider
here ici
here is voici
high haut
hill colline *f*
history histoire *f*
home maison *f*
homework devoir *m*
honest honnête
hope espoir *m*
hope (to) espérer
host hôte *m*
hostess hôtesse *f*
hot chaud
hotel hôtel *m*
hour heure *f*
house maison *f*
how comment
how much, how many combien
    de
however cependant
human humain
hurried pressé
hurry (to) se dépêcher
husband mari *m*

I je
ice glace *f*
ice cream glace *f*
identity identité *f*
if si
ill malade
impatient impatient

impossible impossible
in dans, en, à
in advance en avance
in front of devant
in my opinion à mon avis
independent indépendant
industry industrie *f*
instance fois *f*
insult (to) insulter
intelligent intelligent
interest (to) intéresser
interesting intéressant
international international
interpreter interprète *m,f*
interview interview *f*
introduce (to) présenter
invent (to) inventer
invite (to) inviter
island île *f*
Italian italien(ne)

jacket veste *f*
jam confiture *f*
jeans jean *m*
jewel bijou *m*
jewelry store bijouterie *f*
journalist journaliste *m,f*
juice jus *m*
July juillet *m*
June juin *m*

keep (to) garder
kilogram kilogramme *m*
kind sorte *f*, type *m*
kiss (to) s'embrasser
kitchen cuisine *f*

lack (to) manquer
lady dame *f*
language langue *f*
last dernier (-ère)
late en retard, tard
launch (to) lancer
law droit *m*
lawn pelouse *f*
lawyer avocat *m*, avocate *f*
lazy paresseux (-euse)
lead (to) mener
learn (to) apprendre
leave (to) partir

lecture conférence *f*
left gauche *f*, **to the—** à gauche
library bibliothèque *f*
life vie *f*
light (to) allumer
like (to) aimer
list liste *f*
listen (to) écouter
liter litre *m*
literature littérature *f*
live (to) vivre
live in (to) habiter
living room salle de séjour *f*
located situé
long long(ue)
look at (to) regarder
look for (to) chercher
lose (to) perdre
love (to) aimer
love amour *m*
luck chance *f*
lunch déjeuner *m*

magazine magazine *m*
make (to) faire
makeup maquillage *m*
manage (to) gérer
manner façon *f*
many beaucoup de
map carte *f*, plan *m*
marry se marier avec
marvelous merveilleux (-euse)
mathematics mathématiques
    (maths) *f pl*
May mai *m*
meal repas *m*
meat viande *f*
mechanic mécanicien *m*, mécani-
    cienne *f*
medicine médicament *m*
meet (to) faire la connaissance,
    rencontrer
melon melon *m*
menu menu *m*
message message *m*
microwave oven four à micro-
    ondes *m*
midnight minuit *m*
milk lait *m*
million million *m*

miss (to) manquer
mister monsieur
misunderstanding malentendu *m*
model modèle *m*
modern moderne
modest modeste
Monday lundi *m*
monotony monotonie *f*
month mois *m*
morning matin *m*
mother mère *f*
motorcycle moto *f*
mountain montagne *f*
move (to) se déplacer
movie theater cinéma *m*
much beaucoup, beaucoup de
music musique *f*
musician musicien *m*, musicienne *f*

name nom *m*
nationality nationalité *f*
natural naturel(le)
navy marine *f*
near près de
need (to) avoir besoin de
neighbor voisin *m*, voisine *f*
neighborhood quartier *m*
never jamais, ne... jamais
new nouveau, nouvel, nouvelle, nouveaux, nouvelles; neuf, neuve
newspaper journal *m*
next prochain, ensuite, puis
next to à côté de
nice gentil(le)
night nuit *f*
nightmare cauchemar *m*
noon midi *m*
north nord *m*
notebook cahier *m*
nothing rien, ne... rien
noun nom *m*
November novembre *m*
now maintenant
nuclear nucléaire
number nombre *m*
nurse infirmier *m*, infirmière *f*

object objet *m*
observe (to) observer

October octobre *m*
of de, du, de la, de l', des
office bureau *m*
often souvent
oil huile *f*
old vieux, vieil, vieille, vieux, vieilles
omelet omelette *f*
on sur, **—time** à l'heure
onion oignon *m*
only seulement, ne... que
optician opticien *m*, opticienne *f*
optimistic optimiste
or ou
orange orange *f*
order (to) commander
organize (to) organiser
other autre
over there là-bas

pants pantalon *m*
paper papier *m*
paradise paradis *m*
park parc *m*
party (evening) soirée *f*, **political—** parti *m*
past passé *m*
pastry pâtisserie *f*
patient patient
peach pêche *f*
peas petits pois *m pl*
pen stylo *m*
people gens *m pl*
pepper poivre *m*
perfect parfait
perfume parfum *m*
perhaps peut-être
permit (to) permettre
personal personnel(le)
persuade (to) persuader
pessimistic pessimiste
pharmacy pharmacie *f*
photograph photo *f*
physician médecin *m*
physics physique *f*
picture image *f*
pie tarte *f*
piece morceau *m*
pink rose
place place *f*, lieu *m*

plan projet *m*
plane avion *m*
play (to) jouer
please (to) plaire
plumber plombier *m*, plombière *f*
politeness politesse *f*
poll sondage *m*
pollution pollution *f*
poor pauvre
pork porc *m*
pork butcher shop boucherie *f*
possess (to) posséder
possibility possibilité *f*
possible possible
poster affiche *f*
prefer (to) préférer
prepare (to) préparer
prestige prestige *m*
pretty joli
price prix *m*
prisoner prisonnier *m*, prisonnière *f*
prize prix *m*
product produit *m*
professor professeur *m*
program programme *m*, émission *f*
promise (to) promettre
promotion promotion *f*
protect (to) protéger
protection protection *f*
proud fier, fière
psychologist psychologue *m,f*
public public (-que)
purse sac à main *m*
pyjamas pyjama *m*

quality qualité *f*
quarrel (to) se disputer
quarter quart *m*
quickly vite

racism racisme *m*
radio radio *f*
railroad station gare *f*
rain (to) pleuvoir
rapid rapide
rare rare
rarely rarement
reaction réaction *f*

ready prêt
reality réalité *f*
receive (to) recevoir
recipe recette *f*
record disque *m*
recycle (to) recycler
red rouge
refrigerator réfrigérateur *m*
region région *f*
regret (to) regretter
reject (to) rejeter
relative parent(e) *m,f*
relax (to) se détendre
remember (to) se souvenir de
rent (to) louer
researcher chercheur *m,* chercheuse *f*
reserve (to) réserver
residence hall résidence *f*
resist (to) résister
respect (to) respecter
rest reste *m*
restaurant restaurant *m*
result résultat *m*
retirement retraite *f*
return (to) retourner
rich riche
ring rond *m*
risk (to) risquer
road chemin *m,* route *f*
room salle *f,* pièce *f*
roommate camarade de chambre *m,f*
row rang *m*

sad triste
sadness tristesse *f*
salad salade *f*
salary salaire *m*
sale solde *f*
salt sel *m*
same même
sand sable *m*
Saturday samedi *m*
say (to) dire
science science *f*
screen écran *m*
sea mer *f*
season saison *f*

seat place *f*
secretary secrétaire *m,f*
security sécurité *f*
see (to) voir
seek (to) chercher
sell (to) vendre
send (to) envoyer
sensitive sensible
separate (to) séparer
September septembre *m*
series série *f*
serve (to) servir
sexism sexisme *m*
shampoo shampooing *m*
share (to) partager
she elle
shirt chemise *f*
shoe chaussure *f*
shop boutique *f*
shorts short *m*
show (to) montrer
shower douche *f*
shy timide
sick malade
sickness maladie *f*
sign (to) signer
similar semblable
since depuis
single seul, célibataire
sister sœur *f*
size (of clothing) taille *f;* —**(of shoes)** pointure *f*
skirt jupe *f*
sleep (to) dormir
small petit
smoke (to) fumer
snow (to) neiger
soap savon *m*
soap opera feuilleton *m*
social social
sociology sociologie *f*
sock chaussette *f*
solution solution *f*
some des, du, de la, de l', quelques
someone quelqu'un(e)
sometimes quelquefois
son fils *m*
song chanson *f*
soon bientôt, tôt

sort sorte *f*
soup soupe *f*
south sud *m*
Spanish espagnol
speak (to) parler
specialty spécialité *f*
species espèce *f*
spend (to) dépenser **(money),** passer **(time)**
spoon cuillère *or* cuiller *f*
sport sport *m*
spring printemps *m*
station station *f*
statue statue *f*
stay (to) rester
steak steak *m*
still encore
stop (to) arrêter, s'arrêter
store magasin *m*
storm orage *m*
story histoire *f*
strawberry fraise *f*
street rue *f*
strict sévère
strike grève *f*
strong fort
struggle lutte *f*
student étudiant *m,* étudiante *f*
studious studieux (-euse)
stupid bête
style style *m*
stylish chic
suburb banlieue *f*
subway métro *m*
succeed (to) réussir
sugar sucre *m*
suit (men's) complet *m,* **(women's)** tailleur *m*
suitcase valise *f*
summer été *m*
sun soleil *m*
Sunday dimanche *m*
sure sûr
surprise (to) étonner
swamp marais *m*
sweater tricot *m,* pull-over *m*
sweatsuit sweat *m*
swim (to) nager
swimming pool piscine *f*
Swiss suisse

table table *f*
take (to) prendre
tall grand
tape recorder magnétophone *m*
tea thé *m*
teach (to) enseigner
teacher professeur *m*
technician technicien *m*,
   technicienne *f*
technology technologie *f*
tee-shirt tee-shirt *m*
telephone téléphone *m*
television télévision *f*
tell (to) dire
tennis tennis *m*
terrific formidable
thank (to) remercier
thank you merci
that ce, cet, cette, ces, cela (ça)
that which ce qui, ce que
theater théâtre *m*
then ensuite, puis, alors
there là, y
therefore donc
they ils, elles, eux
think (to) penser
this ce, cet, cette, ces
Thursday jeudi *m*
ticket billet *m*
tie cravate *f*
time temps *m*
tired fatigué
title titre *m*
to à, en
today aujourd'hui
together ensemble
tomato tomate *f*
tomorrow demain
too much trop
tooth dent *f*
toothpaste dentifrice *m*
toward vers
toy jouet *m*
train train *m*
trash can poubelle *f*

travel (to) voyager
trip voyage *m*
trouble ennui *m*
true vrai
try (to) essayer
Tuesday mardi *m*
turn (to) tourner

ugly laid
umbrella parapluie *m*
uncle oncle *m*
under sous
underwear sous-vêtements *m pl*
unemployment chômage *m*
unfortunately malheureusement
union syndicat *m*
university université *f*
unmarried célibataire
until jusqu'à
us nous
useful utile
useless inutile
usually d'habitude

vacation vacances *f pl*
vary (to) varier
vehicle véhicule *m*
very très
veterinarian vétérinaire *m,f*
victim victime *f*
video recorder magnétoscope *m*
village village *m*
visit (to) visiter
vitamin vitamine *f*
volcano volcan *m*
vote (to) voter

waiter serveur *m*, serveuse *f*
walk (to) marcher
want (to) vouloir
war guerre *f*
warm chaud
wash (to) laver, se laver
watch montre *f*
watch (to) regarder

water eau *f*
wave vague *f*
way voie *f*, façon *f*
we nous
weather temps *m*
weather report bulletin météoro-
   logique *m*, météo *f*
Wednesday mercredi *m*
week semaine *f*
weight poids *m*
well bien
west ouest *m*
what quel, quelle, qu'est-ce que,
   qu'est-ce qui, que
when quand, lorsque
where où
white blanc(he)
who qui
wild sauvage
win (to) gagner
wind vent *m*
window fenêtre *f*
wine vin *m*
winter hiver *m*
wish (to) vouloir
with avec
witness témoin *m*
wonder (to) se demander
wonderful formidable, merveilleux (-euse)
word mot *m*
work (to) travailler
worry souci *m*
wrestling lutte *f*

year an *m*, année *f*
yellow jaune
yesterday hier
yet encore
young jeune
youth jeunesse *f*
youth hostel auberge de
   jeunesse *f*

Index

Photo Credits

Literary and Realia Credits

The authors are indebted to the following sources for permission to reproduce this material.

Jacques PRÉVERT, «Déjeuner du matin» extrait de *Paroles,* © Éditions GALLIMARD.

SECODIP in *Francoscopie 93* Larousse.
CREDOC in *Francoscopie 93* Larousse.

"Tunnel de la Manche" tiré du *Nouvel Observateur* du 5–11 mai, 1994.

Plan du Métro. Reprinted by permission of the RÉGIE AUTONOME DES TRANSPORTS PARISIENS.

TV HEBDO, 4 au 10 septembre, 1993, Canada.